対人援助の技とこころ —— 心理療法再入門

臨床心理学 増刊 第1号　　編集　村瀬嘉代子＋岸本寛史

座談会「対人援助職とは何か？」……村瀬嘉代子・下山晴彦・岸本寛史　3

第1部　心理療法の基本となること

対人援助とは……………………………………………………… 村瀬嘉代子　16
理論と技法：どのように学ぶのか……………………………… 下山晴彦　19
本や論文の読み方，事例研究を学ぶ…………………………… 太田裕一　23
セラピストの基本的態度………………………………………… 鶴　光代　26
実践と研究：質的研究と量的研究……………………………… 斎藤清二　29
倫理：守秘義務…………………………………………………… 津川律子　35
わが国の精神風土と対人援助職………………………………… 大塚義孝　38

第2部　心理療法の構造と展開過程

臨床場面に応じた面接構造の調節，選択，構築について…… 杉原保史　42
心理療法の社会文化的背景……………………………………… 大山泰宏　48
臨床の記述と語り………………………………………………… 江口重幸　54
初回面接，見立て………………………………………………… 原田誠一　60
役立つアセスメント……………………………………………… 角藤比呂志　64
心理療法の過程——生きられた時間を求めて………………… 村瀬嘉代子　70
治癒機転：人が変わるとき……………………………………… 青木省三　74
精神療法の終結…………………………………………………… 熊倉伸宏　81

第3部　セラピスト─クライエント関係を考える

治療者と患者の関係：なにが形成され，なにが問われるのか……… 田中康雄　90
セラピストの資質・条件・メンタルヘルス…………………… 乾　吉佑　96
解釈することとその展開——「案外」体験を支える………… 名取琢自　100
共感・違和感，受容……………………………………………… 山中康裕　106
クライエントの自尊心…………………………………………… 山上敏子　109
転移・逆転移……………………………………………………… 岡　昌之　113
起こりうる不適切な関係：クライエントとの適切な関係を維持する ……… 成田善弘　118
事実の聴き方，告げ方，分かちあい方………………………… 神谷信行　121
治療的野心，為にする行為，問題の外在化…………………… 黒川由紀子　127
心理臨床における治療的環境…………………………………… 増沢　高　130

第4部　対人援助の実際

聴くことと問いかけること——セラピーにおける言葉……… 森岡正芳　138
親・家族への援助，その他の環境へのサポート……………… 松本晃明　143
治療的連携について，チームワーク，コラボレーション…… 山田　均　148
非言語的アプローチの活かし方………………………………… 中井久夫　151
治療戦略的プラセボ——精神科薬物療法の目指す未来……… 熊木徹夫　158
法律家と協働する心理的援助…………………………………… 橋本和明　162
心理療法における身体性………………………………………… 岸本寛史　168

編集後記………………………………………………………………………………… 171

装丁：Abe design　　イラスト（カバー／扉）：花松あゆみ

● http://kongoshuppan.co.jp/ ●

幻聴が消えた日　統合失調症32年の旅

K・スティール, C・バーマン著／前田ケイ監訳／白根伊登恵訳

ラジオを消しても追いかけてくる「声」。これが，ケン・スティールの32年にもおよぶ「幻聴」との闘いの始まりだった。
本書は14歳で統合失調症と診断を受け，精神病院を渡り歩き，ときにはホームレスになりながら，幻聴が導く自殺への誘いと闘いつづけ，「メンタルヘルス有権者権利拡大プロジェクト」を推進し2万8千人もの精神障害を持つ人びとの投票登録を支援するなど，社会の精神疾患をもつ人々への見方を大きく変える偉業を成し遂げた一人のアメリカ人男性の統合失調症との闘いの回顧録である。当事者でなくてはわからない現実，微妙な気持ちの動き，アメリカにおける精神医療制度の光と影がくっきりと浮かび上がる。いま統合失調症と闘う人やその家族，精神医療にかかわる専門家，そしてすべての人々に，このすばらしいケンからの「声」を届けたい。　定価2,520円

システム論からみた　援助組織の協働
組織のメタ・アセスメント

吉川　悟編

「メタ・アセスメント」とは，人間関係への介入を専門家間，組織間の連携に応用するための視点であり，これまでの連携，チームアプローチへのシステムズアプローチからの回答である。まず組織を組み合わせていくシステムズアプローチ流の連携論，チーム理論が示され，続いて，それぞれの援助組織，職業的な立場の違いによるアセスメントと実践の「偏り」を網羅し，連携のための基礎資源を提供する。そして個人を対象としたミクロなアセスメントと，複数の援助組織・複数の専門性を俯瞰するマクロなアセスメントを使いこなす視座と実践事例が展開される。　定価4,410円

統合失調症を持つ人への援助論

向谷地生良著　真に当事者の利益につながる面接の仕方，支援の方法をわかりやすく解説し，精神障害者への援助の心得を詳述する。心を病む人の援助に関わるすべての人へ。　2,520円

ストレングスモデル

C・A・ラップ, R・J・ゴスチャ著／田中英樹監訳　地域精神保健福祉に新たな地平を切り開いた『精神障害者のためのケースマネジメント』に大幅な増補がなされた改訂版。　4,620円

現場で使える精神障害者雇用支援ハンドブック

相澤欽一著　本人と一緒に一般就労に向けて挑戦していくためにどのような支援を行ったらよいかを，雇用支援の流れに沿って，わかりやすく具体的に記した支援者必携のハンドブック。　2,940円

改訂増補 統合失調症患者の行動特性

昼田源四郎著　統合失調症の姿をわかりやすく解説し好評を得た初版に，最近WHOで採択された国際障害機能分類（ICF）の解説，現場での活用の可能性への考察を加えた改訂増補版。　3,780円

Ψ 金剛出版　〒112-0005　東京都文京区水道1-5-16　URL http://kongoshuppan.co.jp/
Tel. 03-3815-6661　Fax. 03-3818-6848　e-mail　kongo@kongoshuppan.co.jp

（価格は税込（5％）です）

［座談会］
"対人援助職とは何か？"

村瀬嘉代子・下山晴彦・岸本寛史

2009年6月4日（木）於 東京・八重洲富士屋ホテル

I　対人援助の技

村瀬　金剛出版から「対人援助の技とこころ——心理療法再入門」ということで『臨床心理学』増刊号を刊行したいというお話をいただきましたときに，こんなふうに考えました。ご承知のように心理療法やカウンセリング領域の本は，最近本当にどれを手にしようかと思うぐらいにたくさん出版されていて，この領域の知識は広く人口に膾炙しているように見えます。心理療法の理論や技法は専門分化して多岐にわたっており，その一つひとつも洗練されています。ただ，たとえば非常に物理的な作業についての方法論によれば，基本的にその手順を踏めばほぼ結果は同じ方向にいくということになっておりますけれど，心理療法の理論や技はいくら科学だと自己規定してみても，実態を考えると，人と人との，あるいは人と「もの」や「こと」との関係のあり方が影響していて，なかなか論理的整合性のある解説や方法論にピシッとはまらないような気がいたします。この特集号のタイトルを「こころ」とつけましたのはそのような理由からですが，だからといって人柄が大事だと大まかに強調するということではございません。

人を心理的に援助するという営みについても，幅と深さがございます。たとえば，精神分析は無意識を，カウンセリングは意識的なレベルを，ケースワークはより具体的な生活についての不都合を援助すると規定されています。ですけれど，実際にそこで生じている援助を受ける人と援助する人との関係は，今申しあげたような定義どおりとは到底考えられません。ケースワークであっても人のこころの本質に触れた展開が起きていることもありますし，こころの深層に触れるといわれる心理療法でも，現実的な判断が必要なこともございます。そこで，もう一度現象を忠実にとらえ，そこで大事なことは何かということを考えようというのが，「対人援助」という言葉をもってきた理由であり，この特集の意図するところです。

下山　今お話をお聞きしていて「対人援助の技とこころ」というタイトルからして，「技」は技術にも通じるものだと思いました。そこではどのような場面でも対応できる最低限の能力が問題となります。特に対人援助専門職としての技とは，専門職としての評価に堪えるだけの技術と知識をもっているということだと思います。ある意味では，一番求められる最先端の知識と技術をもっていなければなりません。

しかし今，村瀬先生が「こころ」とおっしゃったところで感じるのは，精神分析がいう「こころ」の内面的な深さがあるのはもちろんですが，むしろ私はそれよりも，「こころ」とは個別性のように思います。「こころ」を見ていくと，一人ひとりが違っている。個別の一人ひとりにどのように対応していくのか，感情の深さをもった方もいれば感情の薄さをもった方もいると思うのですが，いずれにしろ個性をもっている個人にどのようにアプローチしていくのかという面を大事にしなければなりません。その意味で，「対人援助の技」とは，一般的な能力と，一人ひとりに的確に対応する能力という両側面を重視しているということになります。

岸本 先ほど「こころ」についてのお話がありましたが，「技」についてはいかがでしょうか。

村瀬 下山先生がおっしゃったとおりで，「技」はつねに最先端のものを学んでいく，しかも，その技がどのような必然性で生まれ，ひとつの体系立った技としてフォーメーションされたかという文脈との関係でとらえることがとても大事で，技だけを輸入するのは誤りではないかと思います。個別性に対応するということでは，共通の理解やテクニックにもとづきながら，その人や状況に即応したクリエーションと結びついていること，固定した技を使うよりは，ある技をある人にふさわしいものにして使うことが大切です。

岸本 本誌のなかで「技」について，そのまま議論を展開していかれる先生もおられれば，「技」という言葉に引っかかりを感じられて，技術を当てはめるのとは少し違うのではないかというご意見の先生もおられたりして，「技」という観点にはいろいろな立場があるかと思います。おそらく「対人援助の技とこころ」というタイトルをつけられた村瀬先生の意図は，もう少し深いところにあるのではないかと私は感じています。そのあたりをもう少しお話しいただけると，先ほどの下山先生のお話ともつながってくると思うのですが，いかがでしょうか。

村瀬 非常に具体的な例でいうと，行動療法はテキストどおりに取れば，人の要素は関わらないとされているのですが，実際にはどうなのでしょうか。実際の臨床場面で，本来の教授の仕方からすれば違うけれども，ちょっと言葉を一言添えたり，慣れ親しんだ言葉や態度を使ってインストラクションを変えてみるほうが，その人が治癒したり変わっていかれるにはいいのではないでしょうか。原理はわきまえているのだけれど，目の前のその人に合わせて，柔軟性をもって個別的に対応する，技を使うというのはそういうことかと思います。

下山 技術を単に適用することではないとはいうものの，専門職であれば最低限の技術はもっていなければいけないと思います。ややもすると「思い」が先立ってしまう傾向があるのではないでしょうか。私は，思いだけでいくことには危険性を感じています。いくら思いやりがあっても，料理人に最低限の技術や栄養学の知識がなくて料理を作られたのではたまらないのと同じように，まずは技術があり，その上にこころや思いやりがあるということが大切であると思います。ですから，「単に技術を当てはめるだけではない」と言い切っていいのかどうか。最低限の技術はまず押さえましょうということも重要かと思いました。

岸本 個別性との関連ではいかがですか。

下山 先ほど村瀬先生に挙げていただいた行動療法の話もそうだと思うのですが，そういう意味では行動療法がいちばん技術を大事にして，技術の集合体が行動療法だと思います。さらに個々のものを扱っていくときにはケースフォーミュレーションとなるのですが，その人に合った見立てにもとづいて技術を適切に用いていく技が必要になってきます。そこにおいて初めて技とこころが重要になってくる。そこに至るプロセスとしては，たくさんの技術をもっていなければいけないと思います。心理療法の理論には精神分析もありますし，ユング心理学，認知行動療法，クライエント中心療法，コミュニティ心理学もあると思いますが，まず理論があり，次にそれを技術として当てはめていくのもおかしいと私は思います。まず現実があり生活があり，そのなかで生きているクライエン

トがある。そこに有効な介入をするということは，理論や既成の技術を当てはめるのではなく，さまざまな技術のなかで当人に合った支援をするにはどうしたらいいのかという視点から複数の技術を組み合わせる。あるいは必要ならばクリエイティブな形で，よりその人に適切なものをつくっていくという2段階があるのではないかと思います。

岸本 今，下山先生のお話をうかがっていて，技術という言葉に関して思ったのは，最初は先人が手さぐりで行なっていた部分もあるかもしれないのですが，それでは駄目だということが積み重なっていくわけです。その先人の知恵の集合体というニュアンスで技術や技を考えてもいいものでしょうか。

村瀬 私はそう考えております。赤ちゃんを育てるときには行動療法の原則がたくさんあります。ユーモアや楽しさがあり，もっと柔らかな言葉遣い，テキストの言葉とは違った世界が一見展開されていますが，たとえば排泄習慣の自立ができるよう子どもを励まして育てていくときや，お食事の仕方や洋服の着方でも原理はそうだと思います。精神分析でも，非常に特殊な言葉でいうと，そこに何か特別な現象があるかのごとく思いますが，深く相手の立場を思いやるとか，一瞬にして知識や経験を総動員して事情を理解するということは，普段の生活でも行なっているはずです。そう考えますと，理論や技法ということは，人間が普段の生活をいかにこころ豊かに深く大切に生きているかということに，実はリンクしております。ですが，一方では，インテレクチュアルな世界のパラダイムがありますから，いつも最先端の勉強をしながらも生活という原点を忘れないことが大切だと思います。

下山 先生が言われたことから連想するのですが，われわれが臨床心理学や心理療法を学んだ時代は，やはり外国の心理療法の理論があり，それが輸入されて議論されていました。そして日本でも森田療法や内観療法があって，それらの理論をどのように解釈して自分たちで適用するかということが大きなテーマだった気がします。それが経験を積むにしたがって，生活のなかで実践することで練られてきた。そこで，もう一度，「では心理療法とは何か」と問うようになった。心理療法が生活に一回通ったという意味での，心理療法再入門ということでもあるのだと思います。

岸本 その意味では，先ほど下山先生が専門職としては専門的な技術を最低限身につけておくべきだとおっしゃったのを私なりに解釈すると，先人が積み重ねてきた知恵の体系を踏まえて進んでいく，できれば先人と同じ誤りを繰り返さずに進んでいくという意味での技術と受けとったのですが，いかがでしょうか。

村瀬嘉代子

村瀬 新しい理論や技術を一生懸命勉強すると，はじめに理論や技術ありきという態度が知らず知らずに自分のなかに固まりがちです。そう意図するわけではないのですが，理論に合うものを現象から拾い，すべて現象をとらえたという態度になりがちです。ですから，学んだ理論が実体験や実生活とどのようにつながるのかを自分のなかで循環させて確かめる必要があるのだろうと思います。一方で，生き生きとした表現で，あることを言い表わすにはそれしかないという言葉やフレーズがあると思います。ですけれど，それが公共性のある理論ではどのような意味があるのかを知らないと，限りなく文学的にあまりにも個別的になってしまいます。人と一緒に分かちあって質を高めていく研究にも，公共性は必要なのですから，やはりその意味で理論は必要だと思います。

II 臨床と研究を往還する

岸本 私が以前からおうかがいしたいと思っていたのが研究というテーマです。私自身は、研究とは自分が臨床のなかで気づいたことや思ったことを共有していくプロセスだと思っておりますが、研究については、どのようにお考えでしょうか。

下山 研究には大きく2つのベクトルがあると思います。1つは実践を通しての研究です。もちろん最初にはある種の理論や研究成果があるわけですが、それを踏まえて臨床実践をするなかでいろいろな発見があり、それを一般化するプロセスによって共有していく。私はこれを、「実践を通しての研究」といっています。これについては質的研究もあって、数量化される前の生きた体験を抽象化・一般化してモデルや理論をつくったりする流れがあります。もう1つは、一般化されたものが普遍性や公共性をもつのかを、違う視点からチェックするということです。つまり、自分たちの経験から共有のものをつくると、仲間内で「そうだよね」となりがちです。それを客観的に分析する研究です。それを私は、「実践に関する研究」と呼んでいます。それが本当に役に立っているのかということには、医療でも治験という形で厳しい視点が入っています。

専門職であれば、社会にしっかりアカウンタビリティを示すという意味でも、実験デザインを組んだ効果研究や調査研究の成果を明らかにして、わたしたちの知見を公共化・普遍化する科学的な研究も必要でしょう。両者を組み合わせることで、研究が臨床に生き、臨床も研究につながる、という循環が重要だろうと私は思っています。理想をいえばですが（笑）。

下山晴彦

村瀬 今のお話はとても立派なスタンダードのお話ですが、卑近な具体例に戻して考えてみますと、臨床実践と研究は表裏一体をなしていて別のものではございません。すぐれた臨床は、目の前の方の苦しみや問題を「なぜだろう」「どうしよう」と考えていること自体、すでに本来の研究であるはずです。また、そのように本当に究めていこうとしているから、すぐに技として結晶化しなくても、相手にはそのような態度だけでもこころの部分で意味があるかもしれないのですから、実践は研究であるはずでしょう。そして、臨床における研究は、実践のなかでの疑問を抽出して、経験則からある共通項を見つけるとき、あるいは基本的に似た条件なのに、なぜ違うことが起きるのかと考えるとき、場合によっては量に訴えるリサーチもありえますが、基本は帰納的であるべきです。心理学は物理学をまねて始まりましたから、演繹的な調査研究がアカデミックな研究だというところがあったように思います。

下山 心理学はほとんどがそうだと思います。それはスタンダードな話だと思います。

村瀬 それが本当に人間の生きている事象とぴったりかみ合っているかというと、非常に要素的で部分的であったりします。「為にする研究」ってたくさんあるでしょう。

下山 そもそもアカデミックな心理学は研究のための研究でしかないと私は思っています。

村瀬 臨床家が限られた時間とエネルギーで進める研究は、臨床と研究が表裏一体をなしているものであろうと思います。これに対して、研究のための研究というと語弊がありますが、マジョリティのなかにある特徴を抽出しようというすぐれた量的研究もあります。これまで質的研究と量的研究は対比的に考えられてきましたが、的確な仮説

にしたがって手順をきちんと踏んだ質のいい量的研究をたくさん見ることは，質的研究の裏打ちになるのです。量をある程度やっていると，量から得られたものは，質と非常に表裏一体をなすような気がします。ここで難しいことは，自分の臨床のことを述べているだけでは妥当性や公共性を欠くということでしょう。

下山 内輪だけで「よかった」ということになりかねないということです。

村瀬 臨床においては責任感をもった形で言葉に対して意識的でなくてはなりません。その意味で，先ほど説明責任を果たすためとかエビデンスとおっしゃいましたが，それを果たすためには言葉の教育が臨床の教育にいるのではないかと思うぐらいです（笑）。

下山 もちろん言葉も大事だと思うのですが，私はやはり数値で示すことも大事だと思います。さらに，言葉と数値がつながってくることが，もっとも重要だと思います。

研究と実践臨床は表裏一体であるということや，質と量は実はつながっているということに通じるのは，仮説・検証という発想です。いわば見立てとは，あるケースに対する仮説だと思います。ある方法を試してクライエントに実際に効果が生まれたときには仮説が検証されたということです。逆にうまくいかないときには修正をしていく。そのことを実践のなかで細かく見ていくことが研究だと思いますし，さらに公共性・妥当性・一般性を検証すれば，それは実験や調査という形の研究になっていきます。

村瀬 下山先生のおっしゃることに水を差すつもりではございませんが，そういう手続きのときにどうしても統計がかかわってきます。臨床研究では，アンケートひとつ取っても「これだけ回答率が高い，だからうまくいった」となりがちですが，どのような研究でも100％の回答率はありません。とすると，答えなかった人が何を考えていたかを考えることが大切だと思います。つねにそういった数字の有効性と，そこに残る疑問をどのように意識しているかが大事だと思います。

下山 それは，臨床から研究へどのようにつなぐか，という問題だと思います。研究にはもうひとつの重要な面，政治の側面があります。統計で本当に真実が拾えるなんて，たぶん誰も思っていないと思います。統計で出てくる真実は，どこにもない真実なわけです。

村瀬 非常に人為的なものだということですね。

下山 ええ，平均はどこにもないものですから。その意味では統計的な，量的な研究で出てきたものは，どこにもない単なる平均ですから，実際に臨床に移そうとしても個別には対応できません。ですから，統計による研究の目的を異なったものとしてみていかなければなりません。社会に訴える，あるいは行政に訴える，あるいはアカウンタビリティとして利用する。そのような目的として研究を活用するのです。そこは割り切ることだと私は思います。

岸本 私が相談を受けている緩和ケアで働いておられる何人かの心理の先生方の業務をお聞きしますと，かなりハードです。そのハードさが，病院で一緒に仕事をしている看護師さんや師長さん，ドクターになかなか伝わらないと訴えられるのです。しかし周りのドクターや看護師さんから見れば，心理の先生方の仕事は何をしているのか見えない部分があり，伝わらないのはもっともだと思える部分もあるのです。そのとき，その先生に私がお話ししたのは，1日に何人ぐらいの方に会っておられるのかとか，今月は何件ぐらいの相談を

受けたのかとか素朴な統計を取り，それを数値として示すことでした。それをもとにお話を聞いてもらうと，もう少し伝わるのではないですかとお話ししました。政治的というと多くの臨床家は自分とは関係ないと思われるかもしれませんが，自分のやっていることをわかってもらうとか，自分はこんなふうに進めたいと思うことはあるわけで，そういう時に，統計的な側面から見ていくことも必要だと考えますと，研究にもそういう側面からのアプローチが必要になってくるのは，そのとおりだと感じます。

下山 それは，社会の論理によるところだと思います。

岸本 どこに訴えかけるかという問題もあります。

下山 臨床心理学も専門職であろうとするならば，専門職のグループに入らなくてはならない。専門職のグループの論理には，科学性がどれだけあるかというコードもあると思います。その有効性を科学的に表わすコードがあるならば，やはりそれを示していかなければいけないでしょう。それは，本当に日々の臨床においてもそうでしょうし，行政に示すためには数量化してどれだけの臨床心理士のニーズがあるのかも示さなくてはいけません。

岸本 使いよう，ということですよね。そのときに，村瀬先生のいわれた，こぼれ落ちる部分への配慮が必要ですし，それを見つづけるには何らかの意味で記述していくことが大事だと思います。

Ⅲ 臨床——ふたつの自己を抱えること

岸本 最初に村瀬先生が出された喩えにありましたが，行動療法の先生方でも個人に合わせた素朴なやりとりがとても大切になってくることはあるのではないでしょうか。そのことも含んで記述していくとき，単に手続きにのっとっているように見えながら，その外で働いている配慮が見えるようになるのではないかと思います。記述していくということは，即そのままよりよい実践につながっていくところもありますから，その意味で研究と実践とは表裏一体だというのはまさにそのとおりだと思いますが，いかがでしょうか。

村瀬 本当に実用的な自然に紡ぎだされるナラティブとは，そういうものだと思います。実態そのものを人に伝えるための記述を考えるとき，そこに本当の語りが記述されていくのだと思います。そうすると必要なのは，自己主張的でなく，しかし自分のしていることを相対的に述べる，ほどよい記述でしょうか。

下山 臨床から研究へともっていくためには……

村瀬 それをあまりにプロパガンダすると，かえって政治的になると思います。

下山 政治的というのは，数字という方法もありますし，語ることを通しての政治ということもあると思います。その場その場で小さな物語をつくっていくということは大切ですが，それを大きな物語にしてしまい，まさにそれが世の中の現実だということにしてしまう怖さも感じます。

村瀬 研究にまつわる怖さについて考えると，臨床は，固定化した段階に沿って考えたり振る舞ったりするより，つねにある状況に合わせながらデリケートなところを過不足なく適切に遇することを探索する，という特徴がございます。

岸本 安住の地にいるのではなく，ただざまようのでもなくという，その間のあたりのところにいるという……

下山 それは危ういことでもある気がします。何があるかわからないというところで，自分の得意なところや安全なところにいってしまう，というように。面接のなかだけ，心のなかだけ，ということもあるのではないかと思います。今，岸本先生がいわれたように，いろいろなところに視点をもちながら臨床実践に取り組むとなると，人が生きている現実を見たときには，1対1の関係，家族，もっと大きな社会，あるいはアカデミックな世界もあったりします。そのなかで，臨床心理学の活動がどのように続いていけばいいのかという広い視点，内輪を離れた視点も必要だと思います。

村瀬 今おっしゃったことを別の表現でいうと，

臨床においてはどこかクールに，自分のことをつねに他人の目で見ながら，しかも今そこで行なわれている焦点化されたことが，クライエントの状況だけではなく，世の中全体のなかにある様を見る，ということでしょうか。いい仕事をするためには，ただ温かいというよりは本当はクールでいるほうが大事だと，お話を聞いていて思いました。

岸本 私が影響を受けているボスナックという先生が「苦痛共感的で残酷な目が必要だ」という言い方をしておられます。研究もやはり少し距離を取るというか，臨床でお話をうかがいながら頭のなかで仮説を立て，実際の流れのなかで仮説を検証していくような，少し離れたクールな視線も必要になってくるということでしょうか。

下山 私もそう思います。

村瀬 ですから，プライベートな時間をすごす自分と，援助職としているときの自分は，外側から見るとまったく同じで自然に話しているようでも，後者のほうはたくさん焦点をもっていて，同時並行でに矛盾したことを考えたり感じたりする。ですから，個人でいるときよりエネルギーはたくさん使っている感じですね。

下山 先ほど話題に上った「温かい」とか「共感」というのは大前提です。そのうえにクールな目があり，そこではじめて技やこころが可能になるように思います。ですから，ことさらに「温かいこころ」などということは逆に怖いような気がします。

村瀬 先ほどボスナック先生の言葉を引かれましたが，あの状態になるということは自分として本当はつらいわけですよね。そんな自分ではいたくないのに，そうしなくては本当のところのコミュニケーションが成り立たない。だから，そういう自分のなかの葛藤，あるいは二律背反的で矛盾した状況を，すっきりさせたいという気持ちが起きてくるところで，何とかその矛盾に耐えていく力を奮い立たせることがむしろ臨床における温かさです。受付の人がにこやかに「いらっしゃいませ」というのとは違います。大切なのは，矛盾に耐えられ，独りでいることにも耐えられ，しかも独りのときにも独りよがりにならないこと，もう一人の自分が相対的に吟味しているため，ほどよいスタンスが保てるかどうか，ということです。

IV 領域を超え，事実を問う

岸本 では，次のテーマに移らせていただきます。私自身は医者ですので，つねに医学的な観点と心理療法的な観点との間で揺れてきた部分があるのですが，村瀬先生は司法の現場にコミットしておられる部分もあると思います。違うパラダイムというか枠組みで動いておられる方々とのやりとりのなかで，逆に臨床心理学的な観点や見方，臨床心理学とは何かというようなことを考えられる部分もあるのではないかと思いますが，いかがでしょうか。

村瀬 私の個人的な経験でいうと，たとえば「自分は精神療法なんて大嫌いだ，薬物第一だ」とおっしゃっているような先生であっても，私が患者さんやそのご家族にお会いして「こういう現状で，こんなふうに思われます」という話をすると，とても自然な感じでコミュニケーションが成り立つことがございます。そこに難しい意味づけなどは何も入らなくても，実態そのものを共有していれば，「では，今の段階はこうだ」となることを若いときからずっと経験してまいりました。大切なことは事実に忠実であるべきだということですが，しかも事実に忠実というのは私たちが出会っている人が少しでも生きやすくなるためだという原点を思い出すと，必ずどこかでコミュニケーションは成り立つのではないかという素朴なことを，20代のころからずっと思ってまいりました。

司法領域では，自分がどのように事実を実証していくかということより，実証された事実そのものによって判断されるわけですが，その意味ではフィーリングでものをいうことがまったく通用しないのが基本です。日本に家庭裁判所という新しい制度が第二次大戦後にとり入れられ，それは司法のなかに行政的なものをもちこむということで，どのように位置づけるのか日本の司法全体で

議論されながら今日に至っています。むしろ今は、地方裁判所で扱っていた民事訴訟が家庭裁判所に入り、家庭裁判所がより広く複雑な問題も扱うようになっています。なぜ自分はこう考えるか、根拠を明示するということをすると、それが物理的な実体ではなくても、法律家とも話はよく通じます。なぜかというと、先に理屈を考える傾向がないからだと思うのです。

ですから、裁判官の方々の研究会で臨床心理学について何か話すようにいわれると、言葉は違うけれど発想と仕事の手順はパラレルで、基本的に用語が少し違うだけだといわれることがございます。それは、事実から話しはじめて、その事実の特質を根拠をもって説明して、その特質がある理論化されたものとこのようにして形で結びつきます、と考えていくと、法律家の思考とマッチするからではないでしょうか。「精神療法なんて大嫌い」とおっしゃっていた先生とお話しすると、事実に即して人の気持ちをくむ技量はおもちで、その患者さんの現象を話すとたいへん納得していただけました。違った領域の方々とお話ししていくときのためにも、現象をしっかりとらえる訓練を心理臨床家は積むべきだろうと思います。意味論から入るような勉強法が多少……

下山 かなり、ではないですか（笑）。

村瀬 またイエローカードが出ますが（笑）、そこが日本の教育は違っていると思います。

下山 大賛成です。

村瀬 外国のサイコロジストの方はもっと現象からプラクティカルに話されます。たとえ精神分析の方でも、私が習った方は柔らかい達意の美しい英語で話され、本に書いてある術語は最低限しか使われないとお話しくださった経験が、若いときに強く印象に残りました。

下山 村瀬先生の話されたテーマ、違う領域とのようにコミュニケートするかという話ですが、やはり現実や事実を見ることだと私も思います。では事実は何なのかと考えると、特に協働やコラボレーションのことを考えたときに、生物学的な面と心理的な面と社会的な面は当然の前提だと思います。われわれは体という生物学的なものに土台があり、それをどのように動かしていくかはこころの側面だと思いますから、そういう体とこころをもった個人個人が社会のなかで生きている、その秩序をどのように保っていくかという面でいくと、医療専門職は体の面から人間を考えていくわけですし、司法は社会的な現実のなかの秩序あるいはシステムを制度として見ていく。そのなかで人間がものを考え、感情をもち、それをどのようにコントロールしていったり、コントロールから外れながらもどう保つのか、そういう側面をもった心理職が協働するのは大事なことだと思います。

そこで大切なことは、やはり生物・心理・社会から成り立っている事実、そして、それらが重なる共通項として行動があるということだと思います。いろいろなものが重なりながら行動として動いていくのですから、最終的には行動がどのようなものになるのか、全員で問題の解決を図る。しかし、アプローチにおいて心理職はこころの面から行動を見ていくし、医療職は体や生理的な面から行動を見ていき、司法関係の人は行動によって判断せざるをえないという面があると思います。どのような罪を犯し、何の問題を起こしたのか、という行動のところから秩序を保っていく。事実、つまり行動というところをベースとして共有しながら問題解決を図ってもいいのではないかと、村瀬先生の話を聞きながら思っていました。

村瀬 医学でもそうだと思いますが、比較的ポピュラーなよくある行動は、ポピュラーだから一見やさしく見えます。しかし、ポピュラーなことは原因やかかわっている要素が多く、それだけに私たちは医師ではないのですからテリトリーをわきまえるべきですが、ただ、ある行動が起きるにはその人の置かれている社会経済的な厳しい条件やこれまでの人間関係が影響しているということが多くあります。たとえば頭痛の原因には無数の要素があるように。そう考えてみますと、自分の専門外であるひとつの現象をどうとらえるかという素養は、臨床上の問題が複雑で難しくなればなる

ほど，縦割の勉強だけではなく，他領域の勉強をしなければ見落とすことが多いのではないでしょうか。

岸本 たとえば先ほどの頭痛でもいいのですが，心理療法の過程のあるセッションで，風邪をひいてクライアントさんが休まれたという場合，医学的にはウイルス感染をしたのだろうという話になります。しかし，流れのなかで見ていけば，そのときに休まれたことに意味がありそうだとか，休んだときにお母さんとのやりとりがあり，そこから展開していくものが生じるとき，医学的な説明と心理療法の流れのなかで身体症状なりを見ていくこととを，ドクターとどのように共有していくかとなると，とても難しくなる気がするのですけれど，いかがでしょうか。

村瀬 今感染とおっしゃいましたが，非常にたちの悪いウイルスに感染して理屈抜きに隔離ということになれば，それは純粋に医学的な問題です。ですがたとえば，発達障害も抱えているし，非常に粗暴で対応に困っていた，いろいろな要素のある子どもがそういう病気になり，その子もこれまでのいきさつ上，何か人に頼れないということがあるとします。そういうときに病気そのものは災いですが，かわいがられて大事に看病される養生のチャンスは，体を治すだけでなく，人のこころの転換にもなるという意味では，すごく大事ではないかと思います。内科のお医者さんや小児科の先生は，こういったことをかなり自然にされているように思います。

V 対人援助職の資質について

岸本 少し戻りますが，事実に込められる意味合いは，先ほどの身体症状と一緒で，いろいろな分野でかなり違ってくる部分もあるかと思います。心理臨床には心的現実という言葉もありますが，そのあたりのことでもう少しお話しいただけますでしょうか。

下山 私はどう説明がつくかということだと思います。たとえば，風邪をひいたことで不登校になった生徒がいたとします。風邪については，単にウイルスにかかったという事実があります。それに加えて，子どもが不登校になったという事実もあります。ウイルスにかかった人が全員不登校になってしまうことはないけれど，たまたまウイルスにかかった人が学校を休むことはあります。もし，不登校になってしまったとしたら，それと不登校になったことがどのようにかかわるのかを考えなくてはなりません。そのときに，この子の心理的なものの考え方の偏りがあるとか，社会的側面として家族が混乱にあるという説明をしたときに，その現象を適切に説明できるということが大切だと思います。その説明をするときに，誰もわからないような理論をもってきて「それは霊がとりついている」などといわれてしまうと説明不可能になる。誰もが観察できたり納得できる事実をもってきて，この現象はこのように成立していると説明ができるかどうかだと思います。

岸本 それをクライアントさんとどう共有できるかということでしょうか。

下山 ええ。あるいは一緒に仕事をする先生方，医者やソーシャルワーカーとどう共有できるかということではないかと思います。

村瀬 今おっしゃったことに加えて，やはり心理的な援助というときには，心的な事実，その人の訴えを一番中心に扱っていくとすれば，この人の語る事実というときに，それを聞いて記述する私という媒体を通してその事実が他者に伝わり，それからまた，私が相手にそれを伝えて共有するわけですから，私というのはみんなと均質ではありえません。こういう領域での事実は，そこにかかわっている専門家の特徴が影響するものです。これは厳然たる実態なので，自分の特徴を知り，こういう自分がこう聞こえることは，他の人が聞くともっとこう聞こえるのかもしれないとか，自分を突き放して眺めて，自分の特徴を通して得られてきた事実と元の現象との違いを吟味する必要がある気がします。そうすると，相手に同一化して「これは意味論的には……である」と突き進まないで，クライエントのペースを保った形で，その

人の事実が比較的公平に伝えられるのではないでしょうか。ですから，自分の特徴を認識していることが，この領域において質を高めるための大事な視点だと思います。
岸本 それは「対人援助職の資質」というところとつながってくる問題になるのでしょうか。
村瀬 そうですね。
岸本 このテーマはなかなか難しいかもしれません。
下山 これまでの議論でいくと，やはり必要なのは事実をしっかりと見る目ということになりますね。あるいは事実にしっかり直面したり，把握したりする力があることが大事でしょう。もちろん共感能力も資質としては必要でしょうけれど，自分勝手な共感をして自分に引きつけてしまい，クライエントも混乱し，周りの専門職とうまくいかないことのほうが問題になる場合もあると思います。そう考えると，事実を把握する力は重要な資質かと思います。
村瀬 事実を把握するためには，観察し，気付くことと考え抜くことだと思います。そうすると，実態をより正確にとらえていけるようになります。そのためには，今日の議論のはじめに最先端の理論や技を学ぶことの必要性が話題に上りましたが，本当はジェネラルアーツがあることだと思います。さらに，気を張ることなく，平凡で質素でも生活を大事に生きているということでしょうか。観念だけの人にならないで，観念と生活の振る舞いがいつも循環していることが，事実をとらえていくには必要だと思います。
下山 事実とは科学の客観的な事実のことではなく，生活のなかの事実を，その人に即して，いろいろな視点から見ることができるということです。社会的な常識をもっていると同時に，ある意味では自由になっていろいろな見方ができること。そういう一見相反するような両面をもっていることも大切かと私は先生の話を聞いていて思いました。

Ⅵ 自己愛からの逃走，矛盾を抱えての実践

岸本 せっかくの増刊号ですから，現在，先生方がぜひ日本の心理臨床家に伝えたいと思っておられることをお話しいただきたいのですが。
村瀬 江口重幸先生が私の著作に書評を書いてくださったときに，「そもそも心理療法というのは成り立ちがたい営みである。ほとんどそれは成り立ちがたいのだけれど，私の本の中には何かしっかりこれだと指さされている感じがする」と書いてくださいました。私も江口先生がおっしゃるように，この道は本当に成り立ちがたいものだと思っています。バブルのようにこの道を進みたいという人が増え，しかもそのことに対して「よく考えて」という警告もほとんどなされないことに私は胸を痛めて，いつも入学試験のときに「今なら間に合う」といって，受験生に妙な顔をされたものです。ですが実際，本来は非常に成り立ちがたいものだということを，まず最初に自覚しなければ続けられない職業です。それから，自分で「こういうことをしています」と概念的に自己規定することに，あまりエネルギーを払うことはないように思います。自己規定ではなく，目の前にある求められたことに対して自分の知識や技術と役割で責任が取れるのはどこまでかという，ぎりぎりのところを工夫して一生懸命になることが大切で，しかも究極のところはこちらが何か差しあげるというよりは，本人の自己治癒というか立ち直る力と周りの流れや動きを見極め，うまく引き寄せてそれに乗っていく手伝いだと思うのです。それをひたすら続けた結果，たまたま心理的援助となるというくらいに思うほうが，むしろ無駄なことにエネルギーを使わないで済みます。
岸本 自己規定というのは臨床心理学の自己規定ということですか。
村瀬 心理的援助とはこういうものであり，心理療法というのはこうで，私はサイコセラピストだということをすごく意識するよりは，自分の資格，これまで受けた教育，自分の立場のなかで，いっ

たい責任をどこまで取れるのか，わからないことは必要な方にどのようにリファーするのかをいつも念頭に置くこと。しかし，早々と人に頼めば失敗はないし楽ですが，それを非常にぎりぎりのラインのところまでクリエイティブに工夫することではないでしょうか。そう考えると，これはたくさんある職業としてはとても地味で，だからこそ意味があると思えればいいのですが，この世の大多数のメジャーになじまないところがあります。努力が報われるといったことを気にする人は，よく考えたほうがいいでしょうね。何かペシミスティックですが……

下山 私の友人が某役所にいるのですが，彼は私と同級生で，卒業するときに「おまえはどんな仕事をするんだ？」といわれて「臨床心理学を志す」といったところ，「どういう仕事だ」と聞かれました。「心理的に混乱している人をサポートする仕事だ」と応えると，「そういう仕事がはやらなければいいよな。そういう仕事がはやったら世の中は不幸な人が多くなるからね」といわれました。彼は「自分は社会を変えることによって，そういう人が出てこないように，そういう仕事がはやらないようにしたい」といっていましたが，納得する部分がありました。

やはり臨床心理や心理療法というものがなく，人間が幸せに生きられれば，基本的にこれほどいいことはありません。そういうものが必要になってきたということは，不幸が多くなったというか，地域にあった不幸をサポートするシステムが弱くなってきたということでもあるのだと思います。その意味では，われわれの仕事は非常に矛盾を含んだものであると思います。しかも，自分のことを自分で対処もできない，人の対処なんてお手伝いできないという部分を私はもっています。ですので，そのような事実を認め，臨床心理はもうそろそろ自己愛はやめよう，ナルシシスティックな世界から出ようというのが，私の臨床心理学への語りかけです。

村瀬 今日のお話の中に，一貫して底流にあったと思うのですが，心理臨床とは矛盾を含んだ営みですね。そういう矛盾に耐えていけるか，不確定な状況に耐えていけるかということが常に問われています。自分はセンスがあるはずだとか人の話が聞けるとか，大切なことはそういうことではないと思います。違った次元に目配りしながら見落とさないようにするのはバランス感覚と全体的視野が要ります。バランス感覚と矛盾や，不確定なことに耐えていこうとされる人は，臨床心理学に携わられたらいいのではないでしょうか。そして，こういう営みから得た知見を，むしろそういう問題が生まれないように，公共性のあるわかりやすい語りかけで経験事実を予防に生かすことも必要ではないかと思っております。

岸本 私自身もやはり矛盾を抱える思い，心理療法的なものの見方と医学的なものの見方の間で引き裂かれるような思いをしてきた部分があります。長い間，自分のなかで2つの観点が相容れなかったのです。医学的な観点は心理療法にとって物理学のような感じで動かしがたい力をもって語りかけてくる部分があったのですが，ナラティブという考え方と出会い，それが少し相対化でき，心理療法的な見方とほぼ同じ比重で見られるようになってから楽になってきました。ものの見方の角度が違うということで，これら2つのものが自分のなかで共存できるようになったという感覚がありました。その意味で村瀬先生が対人援助のなかで矛盾に耐えることが大きなテーマだといわれたことは，私にとって重く響く言葉でした。

村瀬 岸本先生は，最初はそれを両方自分のなかでどのように受けとめるかが課題だと思っていたとおっしゃいましたが，そうではないと思えるようになって，ご自身の実際の診療行為の奥行きが増したとお感じになりますでしょう。

岸本 そうですね。「心理的に見たらこうだ」「医学的に見たらこうだ」というようなことが絶えずあるのではなく，イメージでいうと立体視という感じかもしれません。

村瀬 基本的に医学は合目的的であるのが大前提ですが，すぐにアカウンタビリティに応えるよりは，余裕をもって，縦，横，高さ，プラスアルフ

ァの世界ができた感じですね。そして，がんにかかわらず難病の方は，不思議と患者さん自身がアルファの世界で，こんなにつらいのに今は生きていらっしゃいます。主治医として，そういうことと気持ちがパラレルということはございませんか。

岸本 たとえば痛みのことで相談を受けることが多いのですが，心理的・医学的な意味を超えて，ある意味そのままの流れのなかですごく大事だと思えることに沿っていくようにできているといいますか，昔だったら「心理的に見たらこう」ということと「医学的に見たらこう」ということが対立していたようなところがあるのですが……

村瀬 ある小児病棟で慢性の腎疾患でずっと物心ついたときから病院生活のほうが長いという子どもさんが，学力も遅れているし勉強大嫌い，規制の多い生活もいやだ，と。普通にいうとかなり難しい患者さんがいました。ですが，私が「つらいときや悲しいときは誰にそばにいてほしい？　どう語りかけてほしい？」と聞いたら，「自分は悲しいことってそんなにないって気がついた。ある時期までは痛い処置をたくさん受けて，本当にいやだと反発したり騒いだりしてきた。でも，よく考えてみたら，痛いことは痛い。だけど痛いことは悲しいことではないと思うようになった，病気をしていても，おばさん，そんなに私は悲しくはない。もっと意味をよく考えたほうがいい」と小学校4年の子に言われたことがあるのです。勉強は大嫌いでほとんど院内学級も行けないし，成績はよくありませんでしたが，理屈をいって気張っているのではなく，よく考えていくとつらい処置や痛い処置もそれなりに受けとめられるとその子が思い到ったことに感嘆したことがございます。

岸本「痛いことは悲しいことではない」というのは，ある意味でものすごく深い知恵を含んだ言葉ですよね。そういう言葉を丁寧に聞いていき，そういう思いが形になっていくところが心理臨床の出発点だと思います。その意味で，今日村瀬先生がいわれた事実に即して，あるいは言葉に意識をもって，という姿勢は，そういうところと結びついてくると思います。

村瀬 何人かの子どもから「こういうアンケートも，もっとよく考えてみんながつくるといい」などといわれています（笑）。

岸本 答える側の視点からつくられているかどうかということですかね。

村瀬 それこそ「身を添わせる」というのはそのことでしょうが，心理療法も言葉一つひとつに，そういう掘り下げたこちらの考えがどこまで展開して深められるか，ということかと思います。

岸本 それでは時間が参りました。村瀬先生，下山先生，今日は本当にありがとうございました。

第 1 部

心理療法の基本となること

対人援助とは

北翔大学大学院　村瀬嘉代子

　対人援助という言葉は，本来は心理的援助の他に，物質的・経済的援助や紹介の労をとる等の何らかの便宜をはかる，あるいは後援して後ろ盾の役をとるなど，人を助ける幅広い意味を含んでいる，と言えよう。さて，この特集では，対人援助を心理的援助を意味する言葉として用いているが，これは副題が心理療法再入門と題されていることにも関連している。特集を企画するにあたって，これまで基本とされてきた心理療法の理論や技法を十分に基盤としつつ，その上に，心理療法の新たな展開をも内容に盛りこもうとした。昨今，心理臨床の対象領域が拡がり，生物・心理・社会的な多次元にかかわる原因が輻輳した難しい問題に出会うようになっており，現実の要請に応えるべく必然的に伝統的な理論や技法にさまざまな創意・工夫に基づく展開が生じている。例えば，問題の焦点をより的確に理解する視点と同時に，それに纏わる諸々の全体状況を捉え，クライエントの内面ももちろん大切に考えるが，生活を視野に修めた，生活の質を向上させ，少しでも生きやすくなることを援助しようという方向性や，チームワーク，他職種や他機関との連携やコラボレーションなどを必要に即して活用することなどである。これらは伝統的心理療法の幅を広げ，かつ奥行きを増している。こうした全体的な視野をもって，生活の質の向上に資するという基本的問題意識から，より拡がりと深まりを持つ心理療法を目ざして対人援助と題したのである。

　対象や機関の特質によって，表現にはいささかの違いはありうるが，ここでは心理的対人援助を「被援助者が少しでも生きやすくなって，自尊心を回復できるように，自らのリソースに気づき，自分の歴史を繋ぐこと，さらには自分と周りの人やこととの関係を繋いで，こころの居場所を見出していくために心理学の理論や技法を用いてなしていく援助」と考える。この営みを構成する基本的要因を次に述べよう。

　1．対人援助をそれとして成り立たせるには，それを行う人の基本姿勢とその基本理念を現実に効果ある営みとして具現化した技法や技術がある。言い換えれば，基本姿勢は具体的な技法や技術を通して，現実に現れるのであり，両者は裏打ちしあった関係にある，と言えよう。技法や技術にのみとらわれていて，基本姿勢を見失ってはならないが，基本姿勢だけを理念的に唱えているだけでは，現実に効果的な援助はできない。援助者の基本姿勢としては第一に，被援助者が幼い子どもであれ，きわめて重篤な状態にある人であれ，社会経済的背景に隔たりなく，人として遇する，人格を認める，という姿勢を持つことである。社会通念を一方では確かに持ちながら，被援助者の

現存の必然性をまずは受けとめる，ということが基盤である。

　2．次いで，人が援助を受けるときに抱くこころの痛みについて，想いを致していることである。人から援助を受けねばならない悲しさ，悔しさ，世の不条理を嘆く気持ちに想いを巡らすことである。山上（2002）は被援助者への留意と敬意の必要性を説いている。援助者は責任を持ち，被援助者を護るという意味で援助の場のリーダーシップを持たねばならない。しかし，これは何かを与える，というような上下関係ではなく，役割の上のことである。人としては基本的に等しい。たまたま援助を受けざるを得ない状態になった人の胸の奥にある痛みに想いを深く巡らせれば，自ずと双方の関係の繋がりあう緒が生じるであろう。

　3．心理的援助は当然ながら，援助者が被援助者の求めに応じて，解決を必要とする問題，および全体状況をアセスメントし，それに基づいて援助の営みを展開するわけであるが，援助者の視点ばかりでなく，被援助者にとって，その援助がどのように受けとられているか，被援助者の必要とすることに即応した被援助者にとって，本当に意味のある営みであるかについて考えることが必須である。ある言葉もほとんど出ない，思春期頃までは食事の好み以外はほとんどといっても過言でないくらい，与えられることに従順であるかに考えられていた自閉症の女性の例。急に体格がよくなり，体力が増した青年期に至って，周囲の人々にはこれが契機であると解らない状況で，突発的暴力が頻発するようになった。小さいときは重篤な自閉症だと言われていたが，従順で枠をしっかり与えるとそれなりにことは進んでよい子であったのに，と来し方を振り返りながら，お母様がアルバムを開いてはたと気づかれたのである。マラソンで優勝したときの集合写真を拡大鏡で眺めると，拡大鏡の中の娘さんの表情は苦痛に歪み，それは優勝者の歓びとはほど遠く，笑顔なのは傍らの保護者や先生方……。「思えば，黙々と課題をこなして褒められることがあっても，本人は表情を動かすことなく，むしろ辛そうだったのを思い出しました。喜んでいるのは周囲でした。過剰な努力を強いられ，本人は苦痛だったのだ，と気づきました」。お母様は心底から娘さんに詫びられた。娘さんがどう感じとっているか，受けとっているかを想像するように周囲が留意するようになって，次第に娘さんには生気と穏やかさが戻ってきた，という。

　4．援助者はまずはじめに，自分の意見を述べたり，価値観を示すのではなく，クライエントの伝えようとすること，仮に言語化が難しいクライエントであっても，その存在そのものから伝わってくることをそのまま大切に受けとめるようにすることが基本である。これは決してクライエントの意のままに従うということではない。まずはクライエントが本来の自分として，自由に行為し責任を負う存在であり得ること，言い換えれば真の自尊心を持てるようにするための基本として大切なのである。

　5．一方，援助者は保護の原則に常に留意している必要がある。重い精神疾患で自殺の危険がきわめて高いような緊急事態，あるいは著しく人間として徳性を損なうような，良識からして公序良俗に反する行為，他人に危害を及ぼすような行為をなす虞のあるような事態では，一人で抱え込まずに医療にリファーしたり，関係機関に相談したり，適切に連携をとることを怠ってはならない。その意味でも，援助者は基本的な医学知識，精神保健福祉に関する法的知識やその他，臨床心理活動に纏わる基礎的な法的知識を会得していることが必要である。要は，心理的援助者は自分が責任が負えてできること，してよいことはどこまでか，しては不適切なこと，できないことは何かについて，常に自覚していることが必要である。

　6．臨床活動においてはクライエントと援助過程を可能な限り，共有して進めていくことが望ま

しい。何を目的として，どれ位の期間にどのような状態を目標とするのかを確かめあうことが基底に求められる。ただ，重い発達障害を持つ人や重篤な精神疾患によって，コミュニケーションがままならないクライエントを対象とする場合，可能な限り，相手の体験して感じていることに想像を巡らす，いわば身を添わす営みを大切にしたい。ただ，臨床の場での秘密の取り扱いについても，クライエントの究極の利益とは何かを考えて，必要に応じて，援助者個人で対応することが不適切な場合，あるいは対応し得ないことがらについては，クライエントの理解を得る努力を十二分に払いつつ，対処しなければならないことに留意すべきである。

7．終わりに，これまで述べてきた営みを行う援助者に求められる資質，あるいはその資質の向上に必要なことを列挙しよう。①自分自身の感じ方や考え方を客観的に捉えようとする不断の努力。つまり，相対的視点をもって，自分の営為を点検する。②ジェネラルアーツを豊かにするための常日頃の継続的努力。③よい意味での好奇心をもって，眺めること，聴き入ることを大切にする。すると小さなことにも気づくようになれる。そして，新しい知見の吸収には貪欲だが，ただ鵜呑みにしない。そういう理論や技法が生じ，評価された背景，時代や社会の特質と自分の置かれているそれらとを比較考察して，援用する場合，その長短について吟味する。④安易にわかったつもりにならない，自分の内で，どこまでがわかり，どこからがどうわからないのか，それをクリアにして抱え，わからなさについて考え続ける，不確定さに耐える。⑤援助者はいわば自分という存在を相手に提供して，活用して戴くのだとも言える。今日の自分に可能な程度において，自分の生，存在の意味を問うという営みを常に継続する。⑥すぐれた抽象は具象によって裏打ちされている，ということを心に留め，観念の空回りにならないように注意をする。⑦言葉と実体を繋ぐ。言葉を自分の思考と経験に照合させて使うように心懸ける。

⑧マニュアルは参考にはなるが安易に頼り切らない。常に複眼の視野で観察し，多軸で考え，焦点化して緻密に捉える視点と，全体を俯瞰する，あるいは総合的に捉える視点を同時に働かせられるように自己を訓練する。⑨本物に出会って，畏れと崇敬の眼差しを持っていること。⑩心理的援助とは，他者の生きる上での痛みや苦しみがあることによって，必要とされているということに，しかと留意している。

文　献
山上敏子（2002）対人援助の基礎になるもの―心理学院生の教育をしながら考えていること．精神療法 28-4；461-462.

理論と技法：どのように学ぶのか

東京大学　下山晴彦

I　はじめに：心理療法における理論の位置づけ

　心理療法では，まず心理援助の対象となる問題とは何か，そしてその問題にどのように介入するのかという方針を立てるアセスメントの段階がある。そして，次に問題の解決に向けて実際に介入する段階となる。ただし，臨床心理学の対象となる問題の多くは，生理的要因，発達的要因，行動的要因，対人的要因，社会システムの要因，コミュニティの要因等々，さまざまな要因が絡み合って問題が形成されており，複雑で混沌とした様相を呈している。

　そのため，一度の介入で問題が解決することはむずかしく，通常介入とアセスメントが繰り返し行われる。最初にアセスメントの結果から問題に関する仮説をたて，それに基づいて介入し，その結果について再度アセスメントを行い，より現実に即した仮説に修正し，再び問題に介入していくという，仮説生成－検証過程を循環的に行うことになる。

　このような仮説生成－検証過程において，問題に関する仮説を生成するために照合枠として参照するのが心理療法の理論であり，介入するために活用するのが心理療法の技法である。心理療法の各学派は，心理的問題の成因と介入方法についての独自の理論をそれぞれ提案している。周知のように代表的な理論モデルとして，個人の内面に介入する場合にはクライエント中心療法や精神分析療法や分析心理学，個人の行動に介入する場合には行動療法や認知行動療法，社会集団に介入する場合にはコミュニティ心理学や家族療法などがある。

　これらは，臨床心理学の理論モデルとして，仮説を構成するための有効な照合枠となる。したがって，学派の理論モデルはあくまでも参照枠であって，心理療法で重要となるのは，事例の現実に合わせて方針を立て，介入していくことである。事例の現実は，多元的である。単に個人の内面の要因だけでなく，個人の行動や社会的関係の要因が重なり合って問題が生じている。そこで，実際の心理療法では，さまざまな理論モデルの考え方や技法を統合的に利用して介入することが必要となる。

II　理論と実践の矛盾を超えて

　心理療法を学ぶ上でむずかしいのは，理論と実践という，時として矛盾する両面を併せて学んでいかなければならないからである。この両面の矛盾を抱えられず，その代わりに既存の理論モデルを実践の説明にそのまま適用してそれでよしとす

る安易な態度をとることも起きてくる。理論をそのまま事例理解に当てはめることは，この矛盾が隠れて顕れた現象に相当する。混乱したさまざまな出来事によって構成されているのが事例であり，それを理解するための仮説を生成する作業は，混沌の中から理解のための筋道を見出していく根気のいる作業である。しかも，混沌のなかから筋を見出す作業であるから，混沌を割り切らない態度，つまり分かりにくさに耐える能力が必要となる。

ところが，人間（特に研究者といわれる人間）は，分からないと安心できないといった性癖がある。そのため，混乱した出来事の分かりにくさは，そこにかかわる人間に不安を呼び起こす。したがって，理論を事例理解に当てはめる態度は，臨床過程で必要とされる分かりにくさに耐えることやそれによって生じる不安を回避する態度とみることができる。

事例に関する見立てを得る作業は，ある特定の事例に関して，そこで生じている具体的事実に照らし合わせてその事例の混乱を理解するための行為である。それに対して理論は一般的で抽象化された概念体系である。したがって，事例の理解のために理論を利用する場合には，常に特定と一般，具体と抽象，混乱と体系（つまり秩序や構造）の矛盾に直面することになる。実践とは，その矛盾のなかから事例の事実に適した理解を仮説として生成する作業である。

このように考えるならば，単に理論を事例に当てはめる態度は，この矛盾に耐えることの回避を意味する。単なる理論の適用は，事例の具体的状況に基づかない，つまり根拠のない不安定な推論である。しかし，そのことをセラピスト本人が自覚していない場合には，セラピストは，その不安定に直面する代わりに安定を求めてますます理論に依存する悪循環が生じる。

その結果，理論は，単なる照合枠の域を越えてドグマとなる。そこでは，事例の混乱を理解するための臨床心理士の関心は，具体的出来事から離れ，いかに理論を適用するかに向かうようになる。

そのような臨床心理士の態度は，対応が困難な混乱した事態に直面した場合，まだ自分の理論理解が不十分であるという反省が先に立ち，より一層理論への帰依や修行に励むという発想にもつながる。それは，具体的事実から出発し，具体的事実に戻るという臨床心理学の実証性を見失った，本末転倒した態度である。

理論がドグマ化した場合には，宗教にみられるように個人崇拝や独特の価値観や序列が支配するようになるとともに，他の考え方に対して閉鎖的になる。心理療法の理論を学ぶものは，まずこのことに注意しなければならない。

Ⅲ　問題の各側面に適した技法を用いる

現実場面で生活している人間の心理的問題は，多様な要素が重なり合って生起している。心理的問題は，それだけで独立して成立しているのではない。まず，生理的要素，身体的要素，行動的要素，心理的要素，対人関係的要素，社会的要素などが重なり合って問題が生起する。そして，その問題の一側面が心理的問題として表れているのである。

したがって，対象となる心理的問題が深刻で，複雑になればなるほど，さまざまな要素を包含した介入法が必要となる。そこで，心理的問題の解決に向けて有効な介入を行うためには，さまざまな要素を包括できるように心理療法の技法を組み合わせて，事例の現実に即して統合的なサービスを提供できることが必要となる。

個人の心理的次元は，一方で生物的次元と重なりつつ，他方で行動的次元を介して社会的次元を生きている。それが，現実を生きる人間の"こころ"の在り方といえる。そのような観点に立つならば，心理的問題とは，関係態としての心理機能が損なわれている事態として理解できる。したがって，心理的問題の解決の援助を行う場合，単に心理的次元に介入するだけでなく，他の次元との関係に介在し，そのつながりの在り方を調整する方法が重要となる。

特に現実生活と関連して生じてきた問題に関しては，"こころ"を個人のなかにあるものとして分析するのではなく，個人と社会の間にある関係態とみなし，個人と社会のつながりを調整する方法が重要となる。個人の心理的次元に働きかけるためにはクライエント中心療法，精神分析，分析心理学，ナラティヴセラピー，内観療法の技法が，行動的次元に働きかけるためには行動療法，認知行動療法，ブリーフセラピー，森田療法の技法が，社会的次元に働きかけるためには家族療法やコミュニティ心理学の考え方や技法が有効である。また，生物的次元に働きかけるためには精神医療が重要な役割を果たしている。

さらに具体的な技法としては，次のようなものもある。個人に働きかける場合には遊戯療法，箱庭療法，夢分析，フォーカシング，自律訓練法，動作療法，催眠，人間関係に働きかける場合には親子カウンセリングや集団療法がある。社会システムであるコミュニティを媒介として働きかける方法として，危機介入，スクールカウンセリング，学生相談，デイケア，心理教育などがある。

複雑な事例の現実に対応するためには，このようなさまざまな技法を用意し，それらを有機的に組み合わせて，事例が抱える混沌に対処できる統合的なサービスを構成していかなければならない。

Ⅳ 学派の理論を離れて心理療法の活動を全体として理解する

これまで，日本の臨床心理学では，各学派の集合体として臨床心理学を理解する傾向が強かった。しかし，このような学派単位の見方では，上記のような統合的なサービスを提供していくことは不可能である。そこで，重要となるのが，各学派の立場を離れて，事例の問題を全体として理解し，介入していく視点である。そのためには心理療法の活動を全体として，「コミュニケーション」，「ケース・マネジメント」，「システム・オーガニゼーション」という3次元の構造としてみていくことが有効である。

セラピストが事例に直接関与するのは，「コミュニケーション」を通してである。その点でコミュニケーションの技能は，心理療法の基礎技能としての位置づけとなる。次に，臨床心理士が事例に適切に関与していくためには，事例の問題に関する専門的な判断と，それに基づく介入方針の決定および効果的な介入作業の遂行が必要となる。これが，事例への介入をよりよい方向に運営していく「ケース・マネジメント」の次元である。その点でケース・マネジメントの技能は，臨床心理活動の中核技能となる。

さらに，事例に介入する活動を社会システムのなかに位置づけていく作業も必要となる。具体的には，さまざまな心理療法の活動を統合して臨床心理機関を運営する作業，あるいは医療や学校教育などの他の専門活動や行政などとの間で社会的関係を構成し，臨床心理活動が社会活動として円滑に機能できるような環境を整える作業である。これが，「システム・オーガニゼーション」の次元の活動となる。システム・オーガニゼーションの次元の技能は，心理療法の発展技能として位置づけられる。

実際の臨床心理活動では，さまざまな理論や知識が照合枠として利用される。各学派の理論や技法は，そのような照合枠の単なるひとつに過ぎない。それに加えて臨床心理学以外の心理学の知見，さらに心理学以外の医学，生理学，社会福祉学，法律学等々の知見も照合枠として参照することが必要となる。特に最近では，さまざまな援助専門職が協働して新たなメンタルヘルスの社会システムを構成するコラボレーションの重要性が指摘されている。

その際にモデルとなるのが，生物心理社会モデル（biopsychosocial model）である。そこでは医師や看護職は生物（身体）的次元，臨床心理士は心理（行動）的次元，社会福祉士は社会（制度）的次元というように，それぞれが役割分担をしつつ協働して活動することが目指される。そのような協働システムにおいて心理療法のセラピストが適切に専門的役割を果たすためには，心理療法に

限られない心理学全般の知識，医学や社会福祉学などの幅広い専門知識，そして他の専門職と協働して活動ができる社会性が必要となる。

V　おわりに：心理療法の教育訓練システム

　心理療法実習の訓練の方法として，体験学習，シミュレーション学習，観察学習，事例検討，スーパービジョン，現場研修（インターンシップ）などがある。

　「体験学習」は，自己理解と対人関係構成といった心理療法の基礎技能を習得するために，できたら学部で行っておく実習である。「シミュレーション学習」は，実践活動を始める準備として修士入学後に最初に行う実習である。ロールプレイや試行カウンセリングを行い，会話のプロトコルに基づく見直しを行う。それを通して心理療法の基礎技法であるコミュニケーションの技能の訓練を行う。「観察学習」では，上級者の実践活動に陪席者などの身分で参加し，活動の実際を直接観察し，学習する。

　以上は事例を実際に担当する以前の実習法である。次は，事例を実際に担当した後の実習法である。

　「事例検討会」は，担当した事例の経過を複数のメンバーで検討し，ケースマネジメント（事例運営）の技能を習得するための実習である。「スーパービジョン」は，事例を担当する経過のなかで上級者（スーパーバイザー）に指導を定期的に受け，事例の理解を深めるとともに事例の運営の仕方（ケースマネジメント）の技能を習得するための実習である。「現場研修（インターンシップ）」は，臨床現場における実践活動に参加しての実習である。

　通常，心理療法の教育訓練は，修士課程の臨床心理学コースで行われる。その際，単に心理療法の理論や技法だけでなく，併せて臨床心理学の活動の基本理念，社会的責任と倫理，関連する法規と行政，他職種との連携，心理臨床組織の運営などの理論と態度を学び，援助専門職に就くことの自覚を高める訓練を受けておくことが，何よりも重要となる。

本や論文の読み方，事例研究を学ぶ

静岡大学　太田裕一

I　はじめに

　物心ついた頃から本を読み続けてきたので，強迫的に読み続ける傾向がある。それに拍車がかかったのは，ここ数年金剛出版の雑誌『臨床心理学』の特集記事「今年の注目！　私のBooks & Papers 5」で臨床心理学の関連書ベスト5を選定しているためである。もともとブログ（裕's Object Relational World——http://d.hatena.ne.jp/you999/）には読んだ本の情報をほとんど掲載していたが，依頼を受けてベストというからにはその年に出版されたなるべく多くの本に目を通そうとしている。

　神田橋條治先生が書いておられたが，精神療法にとって最も重要なのは自分を支える仲間の存在で，書籍や論文の順位はずっと下であるという。本来は臨床上で起こるさまざまな困難な状況に役立つ，自分のニードにあった本や論文を探していくプロセスが一番重要なのだと思う。かつて精神分析関連の書籍を手当たり次第読んでいた頃の自分の読書はそういうものだった気がする。現在の自分の読み方は，そのような必死に自分に親和的で最適なものを求めるような読書とは違う。むしろ自己違和的な情報を提供してくれる書籍によって，自分のあり方を相対化・文脈化し，より柔軟な視点を得ようとして読んでいる。そのような意味でこのプロセスは，自らの経験によってある臨床的視点をもったセラピストが，自分とは異なるさまざまな生き方をしてきたクライアントの言葉に耳を傾け，その異質な二つのシステムの間にコミュニケーションが生じることによって変化を模索するセラピーに似ている。

　古典的な「読み」の理解では，著作の言葉を精読することによって，筆者の「正しい」意図を読み込むことが求められた。古典的なセラピーで「正しいクライアント像」の理解が求められたのと同様である。セラピストは何らかの理論的視点を借りて，世界を理解し，クライアントを理解するようになる。そうした視点を手に入れることは重要であるが，一方でそれは硬直化とドグマ化に通じる。書籍を読むにあたっては，自分の立場を確認し深化させつつ，その立場を疑い検証するという矛盾する方向性が必要である。

　ポストモダン的な読みの理解では，テクストは著者の意志を離れ，自由な読み込みが可能であるとされた。セラピーにおいても，セラピストとクライアントの関係性によって新しいテクストの読みを探索しようというナラティブ・アプローチも試みられるようになった。描かれている断片から全体を想像し，連想をかき立て，書かれていることを理解しようとしながら，書かれていないこと

＝文脈に思いをはせる。そこにある種の錬金術的な変化が生じたり，思いも寄らない眺望が開けることが，セラピーの楽しみであり，読書の喜びである。

II 読書

　もともと密やかな個人的な作業であった読書は，インターネットの登場によって手軽に不特定の人々と共有され，多様な読みの可能性を確認できるものになった。自分の読書という作業もネット環境と切り離してはもはや考えられない。読む書籍の選択にあたってネットに存在する多くのデータを参照し，読んだ書籍はネット上に感想などを公開してフィードバックするというのが基本姿勢である。ネットワーク時代においては読みというのは，著者に対するメッセージとなりうる。実際多くの著者は書籍名で検索して自著の書評を読んだりしているので，著者の方が読むことを想定して書くのがよい。前述の『臨床心理学』誌のベスト5でも選択する本を日本人の（なるべく存命の方の）著作から選択するようにしているのはこのためだ。

　まず読む本を選択するという時から読書は始まる。もちろん読む書籍は臨床心理学，精神医学にとらわれず，連想を広げてくれそうなもの，おもしろそうなものを手当たり次第にチェックする。新刊に関してはWindows用フリーソフトウェアの「DISCOVER Your Favorite! (http://www25.big.or.jp/~hidea/discover/)」，ウェブサービスの「新刊.net」(http://shinkan.net/) を使って，出版社，著者，キーワードによって新刊をチェックする。書籍情報に限らず，パソコン，心理学などの情報取得にはRSS購読が有効である。最近のネット情報はRSSという形式によって配信されているものが多いため，ブログの記事や検索結果などをRSSリーダーというウェブサービスを利用して効率よく読むことが可能になっている。筆者は一覧性の高さから「Googleリーダー (http://www.google.com/reader/)」でRSSを購読している（心理系で約120サイト，全体で約900サイト。もちろんこれらのサイトもすべて精読するわけではなく，タイトルを見て読むものをフィルタリングしていく）。ブログの全文検索である「Googleブログ検索」で「精神分析」「psychoanalysis」などのキーワードを検索した結果をRSS購読すると，キーワードを使用したブログを世界中からチェックすることができる。気に入った記事は「はてなブックマーク (http://b.hatena.ne.jp/you999/)」というオンラインブックマークサービスで他のユーザーと共有し，自分と関心の近いユーザーのブックマークも適宜チェックする。そういう中で発見した読みたいと思う本は「読書メーター (http://book.akahoshitakuya.com/u/19844/)」というウェブサービスにどんどん登録する。このサービスは今読んでいる本，読み終わった本などの情報を他のユーザーと共有するもので登録が非常に簡単にできるのが特徴である。ソーシャルネットワーキングの機能もついているので，読書傾向の似た人から書籍情報を得ることもできる。

　年間に発売される多くの臨床心理学，精神医学関連の書籍を読むためには，図書館をうまく利用することが必要である。幸い自分が住んでいる静岡県は県内のすべての図書館から相互貸借で書籍を借りることができ，ウェブから県内図書館の横断検索も可能であるため，読みたい本の半数以上は図書館で借り，残りの中からめぼしいものを研究費やAmazonで購入している。「読書メーター」は一覧性が高く，登録しやすいのでとりあえず読みたい本をチェックするのにはよいが，タグによる分類（例えば書籍に「精神分析」「市立図書館」などの分類項目名を複数設定できる）などはできないので，二度手間ではあるが「メディアマーカー」（"世界は読むべき本にあふれぼくはその前に佇む" http://mediamarker.net/u/you999/) というウェブサービスに再度登録する。県内の市立図書館から12冊，県立図書館から20冊，合計32冊の本が同時に借りられるが，予約可能な書籍も12冊に限られる。気をつけないと予約の本が順番待ちの本でいっぱいになってしまうので，「メ

ディアマーカー」を利用して計画的な予約を行う。図書館を利用するメリットは経済的なこと以外にも，書籍に対して読み切る期限が設定されていて，その時間内で効率よく読むトレーニングができることだ。購入していつでも読める状態にすることは，読書へのモチベーションを下げる場合もある。

　実際の読書で気をつけているのは，「おもしろいものほどゆっくり読む」ということだ。つまらない書籍に時間をかけるのは本末転倒である。またそのときは関心がなくても，およその内容に目を通しておけば後に参照することができる。読書中気づいたこと，思いついたことはブログに記載しておき，たくさんコメントすべきものがあるときは書評にまとめる。自分に対して覚え書きになると同時に，ブログ読者へのフィードバックにもなり，ブログのコメントから新しい情報を得られることもある。

III　文献の整理

　論文に関しては一応研究者という身分にもかかわらず貧弱な数（400本程度）しか手元においていない。論文に関する興味が著者の表現活動の一端としてであって，科学的，客観的データのひとつではないからだ。基本的にオートフィーダつきのカラースキャナ（富士通 ScanSnap fi-5110EOX）でPDF化し，日本語OCRソフト（活字を読み取りテキストファイル化するソフト）によって検索可能な形にして，ノートパソコンで携帯するようにしている。OCRによる日本語化は完全ではないが，キーワードによる検索が可能ならばOKである。学会誌もかさばるので基本的に裁断機（プラス製 PK-513）で裁断してスキャンし，原本は廃棄している。論文は「Ref for Windows」という論文専用のフリーのデータベースソフトを利用して整理している（http://members3.jcom.home.ne.jp/refwin/ よりダウンロード可能）。PDF化は論文だけでなく，紙情報は逐次電子データ化することで，検索可能性，携帯性を高めている。

IV　事例研究を学ぶ

　与えられた課題には事例研究をどう読むかということもあったのだが，実は事例の検討には双方向の対話の場が必要だと思っている。そういう意味では，事例研究よりも事例検討会というライブの場の方が臨床的な力を磨くのにはふさわしい。紀要などの事例研究へのコメントも歓迎である。また面識のある人の事例研究ならば，おそらく論文を読んで感じたことや疑問に思ったことを確認する機会があるだろう。関心をひかれる臨床家がどんな事例検討を書いているか遡って読むこともよいトレーニングになると思う。

V　まとめ

　以上「読み」という作業への個人的な取り組みを記してみた。このテキストを通じて，新たな知識，新たな関係が広がっていけば幸いである。フィードバックは次のアドレスまで（e-mail yousobject@gmail.com）。

セラピストの基本的態度

跡見学園女子大学　鶴 光代

I　はじめに

最近，自分が心理療法を受けるとしたら誰に受けたいかについて問われる機会があった。誰かなと，ぼんやりと考えていると数人の人が浮かんできた。それは尊敬できるセラピストとはまた違い，身近に感じられ，かつ，セラピストとして信頼のおける人であった。この選択には，セラピストとしての態度も無意識的に含まれているはずである。本論では，先達の語るセラピストの基本的態度を見ていくなかで，何を中核と考えるかを検討したい。

II　ロジャースのいう態度条件とは

セラピストの基本的態度としては，ロジャースによる，セラピストの態度3条件があまりにも有名である。この3条件は，「パーソナリティ変化の必要にして十分な条件」（1957）という論文にある6つの条件のうちの第3から第5を指している。第3の条件とは，セラピストは，セラピストとクライエントという関係のなかで，「一致しており，統合されていること」とされ，第4は，セラピストは，クライエントに対して，「無条件の肯定的な配慮を経験していること」となっている。第5では，セラピストは，「クライエントの内部的照合枠に共感的理解を経験しており，そしてこの経験をクライエントに伝達するように努めていること」とされている。

III　一致性（純粋性）

第3の条件は，「一致性」あるいは「純粋性」という用語で代表されている。それは，ロジャース（1957）自身による説明や保坂（1988）らロジャース研究者の解説を参考にすると，クライエントとの関係において，セラピストは自分自身であること，自分の感情や心の動きをよく把握し続け常に気づいていること，そして，自分の経験しているいろいろな感情や心の動きを（サイコセラピィにおいて是とはされないようなものでも）自分自身に否定しないことと理解できる。また，ロジャースは別の論文（1962）では，「一致」を，「カウンセラーがありのままであって，クライエントとの関係において，純粋で"飾り"や見せかけがなく，その瞬間に彼の中を流れる感情や態度が率直に現されている」ことと述べている。そして，彼は，不一致な人として「いつも飾りの影から相手に働きかけるような人びと，つまり，ある役割を演じ，感じもしないようなことを口に出す人びと」を例に挙げ，「私たちは，そういう人びとに

対しては，自分の深い内面の気持ちを示そうとは思わない」としている。筆者自分がクライエントになった場合を想像すると，なるほどと納得でき，分かりやすい。

ロジャース（1962）は，この一致性を，「非常に重要であり，私の述べる条件のうちで，もっとも決定的なもの」と述べている。この第3条件の一致性は，保坂（1988）によると，第4条件の無条件の肯定的な配慮と第5条件の共感的理解との両条件における一種の前提条件として位置づけられるという。

Ⅳ 受容，そして共感

第4条件の肯定的な配慮は「受容」として，第5条件の共感的理解は，「共感」と呼ばれることが多い。これらは，「受容と共感」として，どの心理療法においても基本的な要素とされている。しかし，ロジャースのいう「受容」と「共感」は，ある意味徹底している。

受容に関してロジャース（1962）は，「クライエントの中にある気持ちがどんなものであろうと──敵意かやさしさ，反抗か服従，うぬぼれか卑下，のいずれであっても──クライエントを明らかに喜んで受け入れることを意味している」と述べている。そして，クライエントがこうある場合は受け入れ，違う場合は受け入れないといった条件付きではないところの無条件性を重要視している。

また，共感を説明するにおいて，「クライエントの混乱，はにかみ，怒り，不当に扱われたという気持ち，などをあたかもあなた自身のもののように感じるが，あなた自身の不確かさ，恐れ，怒り，疑い，などをそのなかに結びつけないこと」としている。つまり，あくまで「あたかも」という感じ方であり，自分の個人的感情として感じることではないのである。

氏原（2006）は，共感的理解を論ずるなかで，日本のカウンセラーの多くは，「クライエントの被害者的感情については敏感な人が多い」，「ただし，クライエントの加害者的感情については，カウンセラー自身の防衛的メカニズムが働いて，意外に鈍感な人が多い」のではないかと述べている。共感的理解が大事というだけでなく，個々のセラピスト自身が，どういう感情に共感しやすいのか，共感を苦手とする感情とはどういうものかなどを明らかにしておくことが必要であろう。

Ⅴ 3条件の実現について

こうしたロジャースのいう，一致と受容，共感を，忠実に実行するならば，'クライエントの成長は促進される'ことは想像に難くない。しかし，どの程度のことができればよいのかとつい思ってしまう。

ロジャース（1962）は，「私が述べてきた完全な共感を確実に達成できる人がいないのは，完全な一致を達成することができないのと同様である」と述べているが，そこには，完全の方向に近づくように，体験的に訓練しなさいという声を聞くことができる。ロジャース（1957）は，セラピストの一致性について，日常生活ではそうである必要はなく，クライエントとの関係のこの時間において，自己自身であり，自己のありのままであるならばそれで十分であると述べていることも興味深い。

以前，わが国では，クライエント中心療法において，受容と共感に徹することの重要さが強調されすぎ，セラピストの「自分自身である」という主体性が影にかくれてしまった感の時機もあった。しかし，純粋性を前提条件とする受容と共感であれば，まずは，受容や共感ができないときにはそのことを自分に明らかにし，できない自分を受け入れ，時にはできないということが内包している有意味性を探る主体性が必要であろう。

Ⅵ 中立性について

精神分析における治療者の基本的態度といえば，フロイトが強調した「中立性」であろう。自

由連想では，クライエントはカウチに横たわり，頭に浮かんだことは何でも話すようにいわれる。その際，セラピストはクライエントから見えないところに位置どり，語られる連想を黙って聞く。そこには，「かくれ身」となって，「相手の姿を忠実に映し出す鏡」の役割をとるセラピストの態度がある。一方，サリヴァンの「関与しながらの観察」に見られるのは，クライエントとセラピストとの両者を観察するところのセラピストの態度である。そこには，セラピーにはセラピストの人間性の影響が現れざるをえないという観点がある。

前田（2003）は，「『かくれ身』のつもりでいても，面接者の匂いは大なり小なり伝わっているもの」と言い，「相手の前に，（自分という身をさらして）存在して『居る』」ということの意義が大きいとしている。そして，自己開示は控えて，受け身的な態度で接しながら，相手が自己の内面を見つめるような方向に向かわせるところの態度を語っている。

セラピストからの影響を少なくするというこうした中立性は，クライエントを尊重するということからも，セラピストがクライエントに巻き込まれないためにも留意すべき重要な態度であろう。

Ⅶ　おわりに

フロイトの自由連想は，彼が，質問をしながら面接をしていたときに，クライエントから，「私の考えの流れを邪魔しないでほしい」と言われたことに始まるという。フロイトやロジャース，そして尊敬する臨床家に共通して見られる態度は，クライエントの主体性を尊重することにあるのではないかと考える。これは，当たり前のこととはいえるが実際には難しく，役立ちたいあまりにセラピストの主張が先行しやすい。自分がクライエントになったとき，問題解決の方法を教えてもらうよりも，そうした方法を思いつく力，実行していく力がつくように援助してもらいたい。そのためには，クライエント自身におけるセラピーへの確かな手応えが必要となる。冒頭で，あるセラピストたちが頭に浮かんだのは，彼らにクライエントの主体的活動をうまく伸ばしていく態度を感じ取っていたからだと思うのである。

文　献

保坂亨（1988）クライエント中心療法の再検討．心理臨床学研究 6-1；42-51．
氏原寛（2006）カウンセリングマインド再考．金剛出版．
前田重治（2003）「芸」に学ぶ心理面接技法．誠信書房．
Rogers CR (1957) The necessary and sufficient conditions of therapeutic personality change. Journal of Consulting Psychology 21；95-103.（伊藤博編訳（1966）ロジャース全集 第4巻．サイコセラピィの過程．岩崎学術出版社．第6章 パーソナリティ変化の必要にして十分な条件．）
Rogers CR (1962) The interpersonal relationship : the core of guidance. Harvard Educ. Rev. 32-4；416-429.（畠瀬稔編訳（1967）ロジャース全集 第6巻．人間関係論．岩崎学術出版社．第3章 対人関係：ガイダンスの核心．）

実践と研究：
質的研究と量的研究

富山大学保健管理センター　斎藤清二

論理的に整合の取れた理論構造は，天才の頭脳の中で無限に作ることができます。しかし，その理論を自然が採用しているかどうかは，まったく別問題です。そのため，自然がどの理論を実際に採用しているのかを観察等で調べることは，理論構築と同じかそれ以上に重要な科学作業だと考えているのです。
　　　　　　　　　　　　　　　（戸塚洋二, 2009）

実践とは，各人が身を以てする決断と選択をとおして，隠された現実の諸相を引き出すことなのである。そのことによって，理論が現実からの挑戦を受けて鍛えられ，飛躍するのである。実践が理論の源泉であるというのは，そのような意味で考えられるべきなのである。　（中村雄二郎, 1992）

I　はじめに

さまざまな対人援助領域において，実践と研究との関係に関する議論は多い。心理療法家のアイデンティティを持つ人であっても，実践者だからといって全く研究的視点をもたないことは許されないだろう。ましてや，近年の心理臨床の実践者は，その資格取得の前提として何らかの研究を行い，修士論文等の審査を受けることが必須であるため，臨床心理学あるいは心理臨床領域における研究とはどうあるべきかという議論も活発に行われている。しかし，純粋に学問のための研究，学者を育てるための研究ならともかく，日常の実践と密接な関係をもった研究とはどうあるべきかという問題には簡単な解答はないように思われる。本稿では，主として心理療法に関わる実践者にとっての研究について問題点を整理し，現時点における実践研究のありかたについての考察を行いたい。臨床心理学領域における研究法には非常に幅広いものが含まれるが（下山, 2003）それらの全体像の概観を得ることは本稿の目的ではない。あくまでも心理臨床，心理療法という実践との関連で研究というものを考えていきたい。

II　実践研究，実践科学という考え方

心理臨床とは，臨床心理学という学問の単なる臨床現場への応用ではない。そうではなくて，対人支援としての現場での臨床実践がまず先にある。実践の現場で刻々と体験される現象のシークエンスを注意深く観察し，記述し，データを収集して分析し，そのプロセスをより深く理解し，実践の改善に益するような新しい知を創出し集積し伝達する，このような一連のプロセスが実践研究の一つの典型であると考えられる。しかし，ここで起こってくる素朴な疑問は，そういった活動は科学的な研究と言えるのだろうか？　という問いである。

過去20年ほどの間，医学・医療の世界においては，統計疫学的な研究こそが臨床研究であるという考え方が広く流布してきた。いわゆるEvidence Based Medicine（EBM）というムーブメントである（Guyatt, 1991 ; Sackett et al, 1996）。この潮流は臨床心理学にも影響を与え，心理療法の分野においても，効果研究（outcome study）こそが臨床における科学的研究であり，事例研究などの心理臨床における伝統的な研究方法は科学的研究とは言えないとする主張さえなされるようになった。しかし筆者は，実践研究は効果研究とは異なる種類の科学的研究であると考えている。本稿ではまず，実践領域における科学的研究とはなにかという問題についての議論から始めたいと思う。

本論文の冒頭に掲げた文章は，日本を代表する実験物理学者で，ニュートリノ観測の業績でノーベル賞を確実視されていた戸塚洋二氏が，仏教学者である佐々木閑氏のエッセイに触発されて，自身のブログの中で語った「多世界宇宙論」へのコメントである（戸塚，2009）。ここには，科学の基本的な原則が明瞭に示されている。科学の営みとは，生活世界における現象体験を基盤とした，理論生成とその実証（私たちが生きている現象界での出来事と，その理論がどのくらい適合しているかの検証）のサイクルが作り出す，継続的で漸進的なプロセスである。戸塚氏のコメントにおける「自然」の代わりに，「私が実践を行っているこの現場（ローカルなコンテクスト）」という言葉を代入してみると，これは心理臨床の実践にほぼそのままあてはまる。実際に私たちが生活し，実践活動を行っている現象世界において，理論は常に発展途上であり，最終的に真実が証明されるということはおそらくありえない。ここでは理論と仮説は同義である。そうすると，臨床の実践とは，現場で体験される現象から仮説を生成し，その仮説が次の実践体験に妥当するかどうかを吟味しながら検証し，その経験に基づいて仮説を改変し，さらに精緻化していくという連続的なプロセスということになる。つまりこれは，心理臨床の実践において，世界（あるコンテクスト）がどの理論を実際に採用しているのかを吟味しながら，理論をさらに改良していく作業であるとも言え，これはまさに科学的な営みの定義を満たしていると考えられる。そしてちょうど多次元宇宙の併存が論理的には許容されるように，科学における正しい理論は複数あってもかまわないということになる。言葉を換えれば，ある実践を説明し，予測し，改良するために必要な科学理論は一つであるとは限らず，複数の科学が併存することは論理的に許されるということでもある。

Narrative Based Medicineの創始者であるGreenhalghは，Kuhnのパラダイム論を援用して，複雑な実践領域における科学研究文献の包括的レビューを行うための新しい方法論を開発した（Greenhalgh, 2006）。Kuhnによれば，科学的研究とは，基本概念，単独あるいは複数の理論，合意されている方法論的アプローチ，採用されている道具のセットの4つを必ず備えている。そしてどのような科学的知見も，ある特定の研究パラダイムの中で解釈されることによってのみ意味をもつ。言い換えればどのようなグループの研究者も，パラダイムと呼ばれる特定の「眼鏡のレンズ」を通して世界を見ている。あるパラダイムの中では当たり前のものとして解釈され共有されるものが，別のパラダイムにおいては，全く共有不能になってしまう。例えば行動科学と呼ばれるひとつのパラダイムは，特有の定義，理論，方法論，道具をもっているし，臨床疫学というパラダイムにはまた別のセットがある。そしてこれが，別の科学パラダイムにシフトするならば，用いる方法論や道具が全く異なるばかりか，その拠って立つ理論も，その概念（目的を含む）も異なるということになる。例えば，精神分析やナラティブ・アプローチは，行動科学や臨床疫学とは全く異なった，定義，理論，方法論，道具のセットを採用している。重要なことは，そのようなアプローチが科学であると言えるかどうかは，採用されている道具（例えば尺度調査や，MRIなどの電子機器を使っているかなど）によって決まるのでもなければ，

特定の方法論（統計学的方法が採用されているかどうかなど）によって決まるのでもないということである。それらが科学であるかどうかは，「どのような科学パラダイムが，この研究において採用されているか」という疑問に対する，詳細な省察と説明によって明らかにされるのである。

III 実践研究の目的

それでは心理臨床という現場において，実践的な研究は何のために行われるのだろうか。研究の目的は，その研究者の研究関心，あるいは研究疑問とよばれるものと密接に結びついている。「研究というひとつの行動を通じて，あなたはいったいどのようなことを知りたいのか？」という問題意識は研究を企画し，実践するにあたって，最も重要なポイントであり，あなたの研究という活動のそもそもの前提となる。もちろん，臨床における実践研究の目的は多数ありうるし，本稿でそのすべてを網羅することはできない。しかしここで重要なことは，研究の目的と，研究に用いる理論，方法論，道具の間には，整合性がなければならないということである。逆に言えば，その研究が科学的妥当性をもつかどうかは，どのような方法論を採用したか，どのような道具を用いたかによって決まるのではなく，あくまでもその研究の目的と理論，方法論，道具のセットの間との整合性で決まるのである。

ここでは，心理療法をめぐって実践研究を行おうとする時に採用される，大きな2つの研究目的を例示することによって，この問題について考えていきたい。

仮にあなたが，摂食障害のクライエントに多数接している心理療法家であるとする。あなたの臨床疑問が，「神経性過食症の患者さんに，ある特定の心理療法を行うことは，何もしないかあるいは他の治療を行うよりも，より良い治療効果（摂食行動の改善，社会的機能改善等）が得られるか？」というものだったとする。この臨床疑問についてエビデンスの二次資料集を検索すると，複数のRCT（無作為割付臨床試験）のシステマティックレビューにより，認知行動療法を含む複数の心理療法の有効性が証明されているという情報が手に入る。そうするとあなたは（もしあなたが認知行動療法の訓練を受けており，患者さんが了解するならば），目の前の患者さんに認知行動療法による治療を試みてみようという判断をすることになる。これが，通常のEBMのステップによる考え方であり，エビデンス情報の利用法である。

次に，認知行動療法の専門家の立場から考えてみよう。彼はこの治療法が，他の方法よりも治療効果が優れているということを，他の専門家や一般の人々に対して主張したいという希望をもっている。もし今までにそれについての実証的研究が行われていないならば，彼はその研究を自分で行わなければならない。その研究は，RCTによって行われるべきである。このような介入治療の効果を証明するためには，無作為割付による対象群との比較が必要で，対象群のない治療成績のみでは，この治療法の一般的有効性を主張できない。

ここまでの例示において重要なことは，このように，「ある治療法が別の治療法よりも一般的に優れている」ということを，誰かに対して主張したい場合，それを主張するためには，RCTを代表例とする「効果研究 = outcome research」を行うことが必要だということである。そしてその結果が，データベースとして共有されれば，その研究成果は，複数の治療者が臨床判断に利用することが可能になる。また，その成果が臨床ガイドラインに取り入れられれば，それは，その領域における治療の標準化に一歩貢献したことになる。

ところで，すでに認知行動療法には有効性があるという情報を知っている治療者は，次に何をしたいと考えるだろうか？　もちろん認知行動療法を行ったからといって，クライエントのすべてに有効なわけではない。また心理療法を施行することに伴って，いろいろな問題点や，患者にとって不都合な点も生じるかもしれない。そこで，この治療における改良すべき点を明らかにし，この方法をさらにより良い治療法にしたいと思うのが，

治療者（＝心理療法家）の自然な態度ではないだろうか。それでは、「ある心理療法が別の心理療法より優れているかどうかを知ること」ではなく、「その心理療法のプロセスをより質の高いものに改善していくこと」が、その実践者／研究者の関心であるとしたら、そこで用いられる方法はどのようなものが適当なのだろうか。

もし改善する点がすでに分かっているのであれば、「改良前の認知行動療法」と「改良後の認知行動療法」とでRCTを行うということをすぐに思いつく。しかしこの方法は極めて能率が悪い上に、そもそもどこを改善すべきか？　という疑問に答えてくれるものではない。このような場合、ある方法をより良いものに改善するために最も有効な研究法は、「効果研究」ではなく、質的改善のための探索的研究であり、筆者はそのような目的の研究を「質的改善研究（quality improvement research）」と呼ぶことを提案したい。重要なことは、質的改善研究は効果研究とは全く異なるパラダイムによって行われる研究であるということだ。

質的改善研究の目的は、「すでに行われている、あるいは行われることになる実践」をより質の高いものにするための実践知（practical knowledge）を創生、あるいは発見し、それをできる限り明示化して集積することである。未だ効果があるかどうかが分かっていない介入法の効果を検証するための研究ではないし、自分の方法が他人の方法よりも優れているということを主張することを目的として行う研究でもない。そうではなくて、その時点では最善と思われる心理療法のプロセスを丁寧に行い、同時にデータを収集し、そのデータの分析を通じて、新しい実践に役立つ知を創生し、明示化し、伝達し、他者と共有することによって、その領域での実践知を豊かにするための研究である。本論文の冒頭に掲げた中村（1992）の言葉に従うならば、そのことによって、理論が現実からの挑戦を受けて鍛えられ、飛躍するのである。そう考えると、臨床現場での心理療法に関連した研究の大部分は、こういった質的改善研究であると言える。現在までの、臨床研究における混乱は、実践現場での研究は効果研究でなければならないという誤解による部分が大きいと思う。もちろん、効果研究は重要な臨床研究の一つである。しかしそれは、臨床研究のすべてではないし、質的改善研究とは全く目的の異なる研究なのである。

IV　質的研究と量的研究

質的改善のための探索的研究は、一般に質的研究（qualitative research）と呼ばれる方法で行われる。質的研究は、量的研究（qualitative research）と対比して説明されることが多い。質的研究と量的研究の特徴を、以下に簡略に対比的に述べる。

1．数値vsテクスト

量的研究で扱われるデータは原則として数値であり、統計検定が可能な数量化された情報だけがデータとして扱われる。データ収集のためには、定量的なデータを採集するための、信頼性の確保された測定のための道具（測定装置や尺度など）が必要である。それに対して、質的研究においては、データの多くは数値化されないものであり、その代表的なものはテクスト（文章記述）である。データの収集法としては、研究者による参与観察（participating observation）や面接（interview）がその主なものである。

2．実験研究vs参与観察研究

量的研究は通常実験的な研究であり、統制群と対象群を設け、できる限り両群の間にばらつきを生じないような条件統制が行われる。RCTはその代表的なものである。それに対して質的な研究は、基本的には自然な環境において、現場で実際に生じてくる出来事や経験についての語りや観察記録を採取することを基本とする。心理臨床の現場においてRCTを行うということは、臨床を現場とはしているが、あくまでも条件統制を加えた実験研究であるということは明確にしておかなけ

ればならない。比較される2つの介入法の優劣に関する評価がすでに定まっている場合，臨床場面においてRCTを行うことは，劣った介入法に割り振られた参加者が不利益を蒙ることから，倫理的に問題が生じる。RCTそのものは元来，研究の意図を十分に理解したボランティアを対象として行われるべきであり，当然インフォームド・コンセントが必須である。これに対して，質的研究では，目の前の患者に対して最善の結果が期待できる方法をとりつつ，実際に現場で起こることについての情報を集めるということであるから，患者に害を与える可能性は少ない。もちろん研究参加者となることについてのインフォームド・コンセントは必要である。

3．仮説検証vs仮説生成

　量的研究はすでになんらかの仮説が存在しており（例えばAという治療法はBという治療法より効果が優れている），それを検証するために研究をデザインし，データを集め，統計解析を行うことによって仮説の検証を行うという研究である。RCTによる効果研究はその典型例である。それに対して質的研究では，多くの場合，仮説は事前には存在せず，研究データの収集を行いながら仮説を生成していく。このためには，データの解釈と分析が必要であり，そのためにいくつかの方法が確立されている。しかし，生成された仮説の妥当性をどう考えるかという点については，量的研究にくらべるとあいまいな点があり，質的研究の評価基準についてはさまざまな議論がある。

4．論理実証的パラダイムvs解釈的パラダイム

　量的研究の基本となっている認識論は，実証主義（positivism）であり，これは近代科学の認識論とほぼ同義である。それに対して，質的研究の依って立つパラダイムは，主観的現実，意味の解釈，価値観，個別性などを重視し，解釈的パラダイムと呼ばれる。質的研究は，臨床現場において刻々と体験される「生きられた現象体験」を重視するとともに，その経験に人々（患者や医療者）が付与している解釈と意味に焦点をあてる。質的研究それ自体は，実証主義とは異なったパラダイムに属する「一つの科学」であるということができる。

5．質的研究における方法論の選択

　質的研究の方法論には非常にたくさんのものがある。臨床心理学領域において用いられる方法論も複数あり，本稿においてそのすべてに触れることはできない。大きく分けると，得られたテクストデータに対して，コード化，カテゴリー化を行い，それらを連続比較することによって，最終的には何らかのスキーマを生成することを目的とするタイプの方法群と，テクストデータのある程度のまとまりを重視し，シークエンスやストーリーという観点からの解釈をその分析法の中心とするタイプの方法群がある。前者の代表例としては，KJ法（川喜田，1967），グラウンデッド・セオリー・アプローチ（GTA）（木下，1999, 2003；才木クレイグヒル，2006）などがあり，後者の代表例としては，ナラティブ分析（Greenhalgh, 2006）やライフストーリー研究（やまだ，2000），などがある。研究者自身の実践現場のコンテクストに応じて，どのような質的研究の方法論を選択するかという問題は，やはり研究の目的に相関して選択されるべきであると筆者は考えている。複数の質的な研究法を，研究者の関心に相関して選択することの正当性を担保する理論として，西條は構造構成的質的研究法を提唱している（西條，2007, 2008）。質的研究法についての入門書，教科書は，近年本邦において多数出版されているので，読者はそれらを参照してほしい。

V　質的研究としての事例研究

　心理療法あるいは心理臨床の領域において，事例研究は最も重要な研究方法であるとされてきた。河合隼雄は『臨床心理学』誌の創刊号の巻頭論文において，「臨床心理学の研究においては，事例研究が極めて有用である。そのことは臨床心

理の実際に従事している者にとっては自明に近いことである」と述べている（河合，2001）。しかし，事例研究がなぜ実践研究として有用であるかということは，必ずしも自明のことではない。筆者は臨床実践における事例研究法の意味について，すでに何度か論じてきた（斎藤，2008a, 2008b）。事例研究の目的は必ずしも一つに明確化できるものではないが，ある特定の心理療法の実践を通じて詳細な質的データを収集し，その分析を通じて新しい実践知の創出と継承，あるいは共有を目指すことで臨床に貢献するものとして定式化できる。

近年，医学を初めとする臨床領域において事例研究の価値が低下したことの一因は，事例研究の目的があたかも効果研究であるかのように誤解されたことが大きいと思われる。しかし，ある特定の心理療法の治療例についての事例研究は，その心理療法の有効性を一般的に証明するため効果研究にはなりえない。たとえ心理療法的介入の前後で何らかの客観的な効果指標を設定して評価したとしても，その効果がその心理療法自体によるものであるのか，それ以外の要因の影響であるのか，自然経過であるのかについての判別することは不可能である。さらに一例だけの経験をすべての症例に一般化することは論理的にできず，統計検定による検証の素材としては，事例研究は最も不適切なものである。それを無理に主張しようとすれば，それは全く論理性を欠く，質の低い研究とみなされてしまうことになる。心理臨床領域における事例研究の多くは，効果研究ではなく質的改善研究であるということを明確に認識することは重要であると思われる。

文献

Guyatt GH (1991) Evidence-based medicine. ACP Journal Club 114 ; A-16.

Greenhalgh T (2006) What Seems to Be the Trouble : Stories in Illness and Healthcare. Oxon UK : Radcliffe Publishing Ltd.（斎藤清二訳（2008）グリーンハル教授の物語医療学講座．三輪出版．）

河合隼雄（2001）事例研究の意義．臨床心理学 1-1 ; 4-9.

川喜田二郎（1967）発想法－創造性開発のために．中央公論社．

木下康仁（1999）グラウンデッド・セオリー・アプローチ―質的実証研究の再生．弘文堂．

木下康仁（2003）グラウンデッド・セオリー・アプローチの実践―質的研究への誘い．弘文堂．

Sackett DL et al (2000) Evidence-Based Medicine : How to Practice and Teach EBM, Second Edition. Churchill Livingstone Pub.（エルゼビア・サイエンス編（2002）Evidence-Based Medicine―EBMの実践と教育．エルゼビア・サイエンス，東京．）

才木クレイグヒル滋子（2006）グラウンデッド・セオリー・アプローチ―理論を生み出すまで．新曜社．

西條剛央（2007）ライブ講義・質的研究とは何か（SCQRMベーシック編）．新曜社．

西條剛央（2008）ライブ講義・質的研究とは何か（SCQRMアドバンス編）．新曜社．

斎藤清二（2008a）ナラティブ・ベイスト・メディスンと臨床知―青年期慢性疼痛事例における語りの変容過程．In：やまだようこ編：質的心理学講座2―人生と病いの語り．東京大学出版会, pp.133-163.

斎藤清二（2008b）事例研究という質的研究の意義．臨床心理学 8-1 ; 27-34.

下山晴彦（2003）臨床心理学研究の課題．In：下山晴彦編．よくわかる臨床心理学．ミネルヴァ書房, pp.206-207.

戸塚洋二（2009）がんと闘った科学者の記録．文藝春秋, p.277.

中村雄二郎（1992）臨床の知とは何か．岩波書店, p.71.

やまだようこ編（2000）人生を物語る．ミネルヴァ書房．

倫理：守秘義務

日本大学　津川律子

I　心理療法家にとっての守秘義務

　守秘義務（もしくは秘密保持）という四文字熟語を知らない心理療法家はいないであろう。最近では「シュヒ」と軽い感じで口にする臨床家もいる。それだけ「シュヒ」は浸透してきている概念なのであろう。そして「シュヒ」は心理療法家のみならず、対人援助専門職すべてに関係した倫理上、大きなひとつの柱であることにも異論は出ないであろう。

　しかし、どの対人援助専門職にも倫理の上で守秘義務が存在するとはいえ、例えば、自分の胸部レントゲン写真が専門誌に掲載されるという場合と、自分が心理療法で語った内容が専門学会誌に掲載されるという場合では、実感としてだいぶ違うのではなかろうか。

　自分がクライエントとして何回（もしくは何十回～何百回）も心理療法に通い、その内容がもしも事前の許可なしに専門誌に掲載されているのを偶然に知ったら、驚愕し、「どうして！」と叫びたくなり、恥ずかしさ、怒り、裏切られた悔しさなど、とても言葉にならない気持ちが輻輳して、担当の心理療法家および所属機関に激高することは必定のように想像する。このように、その現実的な重みを考えると、心理療法家は守秘義務を最も重視すべき対人援助専門職のひとつであると考えられる。

II　Confidentialityの語義

　守秘義務は"ヒポクラテスの誓い"で登場しているように、対人援助専門職にとって歴史の長い倫理である（津川, 2009）。そして、当たり前のようであるが、守秘義務の「守秘」とは、秘密を守る（＝秘密保持）ということで、守る対象は「秘密」である。この日本語の「秘密」という言葉の意味と、秘密保持の英語に当たるconfidentialityの意味の違いについて、金沢（2006）は詳しく論考している。それによると、日本語の「秘密」は、見てはいけない神の力や姿を山中に静かに隠しておいて人に見られないようにするという語義である。それに対して、confidentialityは「ラテン語のconfidentiaに由来するが、これには『秘密』という意味はなく、『堅い信用、強い信頼』という意味である。ここから、相手を堅く信頼して他人には言えないことを打ち明けるという意味で用いられるようになった」（松田, 2009／強調は引用者）。

　クライエントが心理療法家を信頼しているからこそ、クライエントは他人には打ち明けることのない自己の内的体験を心理療法家に語るのであっ

て,「職業倫理で取り上げる,心理臨床家の守秘義務や秘密保持とは,クライエントが心理臨床家に寄せる強い信頼という,心理臨床の根幹を示しているのである」(金沢, 2006)。

このようにconfidentialityの語義から考えると,'倫理違反に問われないために,クライエントの秘密を漏らす・漏らさない'といった次元の発想が本来ではなく,守秘義務にはクライエントと心理療法家の"関係性"という学派を越えて心理療法にとって最も重要なことが含まれていることが伝わってくる。

III 第三者に語ること

一方で,独善的にならないためにも,心理療法家は生涯に亘って研修を受け続けなければいけない。これに関しても異論は出ないであろう。個人スーパービジョンであれ,クローズドの研修会であれ,事例つまりクライエントのことを誰か(第三者)に語るのである。そうでなければ,訓練を受けていない自称心理カウンセラーと,どこが違ってくるのであろうか。心理療法家自身がその技量を向上させていくためにも,それによって本質的な意味でクライエントを守るためにも,第三者に語ることが必要な職業である。

さらに,学会発表に代表されるように,心理療法から得られた知見を周囲の人々や社会に還元していくと,対象となる誰か(第三者)の人数が多くなってくる。クライエントの同意はもちろん得た上で,個人が特定されない形にして,結果として乾いた報告や部分的な報告にせよ,多くの人々の前で,心理療法家は事例を語ることになる。

心理療法で「ここでの話は外には出ません」という原則をクライエントに約束しておきながら,一方で多くの人々(たとえそれが同業の専門家の集団であったとしても)に対して語ることに関して,それをクライエントへの背信行為や冒涜と捉えて,自分は一切そのような行為はしないという人もいるかもしれない。しかし,学会発表もしなければ,クローズドの研修会でも事例報告をせず,個人スーパービジョンも受けなければ,クライエントの支援のために連携を取るべき関係職種にも一切何も話さないなどということを続けていれば,それがどんなに危険な状態になり,クライエントの利益を減ずるどころか,害を与える心理療法家になるのかは想像に難くない。心理療法の発展は阻害され,専門職として社会に対する説明責任も果たせなくなる。さらに,今後に続く若人が心理療法を学ぶ際にも,事例が語られない環境では,心理療法の未来はどうなるのであろうか。

IV 倫理的葛藤──守秘義務と事例を語ること

以上のように,心理療法家の倫理の根幹に守秘義務があるにもかかわらず,一方で,それを第三者に語り続けることで独善性を減じさせるのみならず,クライエントのために適切な面接になるようスーパービジョンなどを受けながら技能を向上させ,得られた知見を社会に還元するとともに説明責任を果たしていくという,とても矛盾した必須要件の狭間で職業人として生きていくというのが,私たちが選択した心理療法家という職業なのであろう。念のため,ここで論じているのは,表面的に"事例発表の許可をとった=守秘義務を果たしている=倫理違反でない"といった話ではない。神田橋 (1993) は「守秘」に関して次のように述べている。

> いっさいを,自分の同僚にも,隣の人にも,女房,子ども,亭主にも話さない,誰にもまったく,絶対話さない,というのはやさしいんです。そうではなくて,相手に伝わっていいことだけを話す,ということをすると,いつも危険がある。いつも,失敗して踏み外してしまう危険があるわけよ。そういう,フラフラしたところにいるほうが,センスはよくなるの。いっさい話さない,「それは,私が治療内で聞いたことですから,いっさい何も話しません」と言っていたんでは,あまりセンスは育たないよ。しかも,そうやっている人は,今度は,名前だけ隠しときゃいいだろう,とか言って,洗

いざらい書きまくったりすることになり勝ちなのね。もうちょっと、いや、ここまで、止めとこう、と綱渡り的にすることで、センスが育つの。

このように、守秘義務は、心理療法家がそのセンスを向上させていくためにも大切な要素であるが、この"綱渡り"は、守秘義務に限らず心理療法家が日常的に経験している。いってみれば、私たちはいつも"綱渡り"（板挟み、葛藤、ジレンマ）のなかで臨床および関連活動を行っている。薄氷を踏む思いから逃れられない職業である。そして、倫理にまつわる葛藤の多くはconflictと表現され、たくさんある倫理上の葛藤は倫理的葛藤（ethical conflict）と総称されている。

V 心理療法の本質
―― 倫理的葛藤から逃げずにいること

時代の流れを受けて、法律も個人情報保護と情報公開の間で矛盾しながら変化していくであろう。そして、心理療法家が関係する学会や職能団体の倫理規程・倫理綱領は、おそらくどんどん詳細かつ強迫的なものになっていくであろう。それに心理的に追い立てられ、表面的に許可を取ることが、いかに損害の多いことなのかを経験した一例を報告した（津川，2004）こともある。

心理療法家にとって肝心なことは、自分たちが倫理的葛藤を微塵も感じない未来を築くことではない。それでは心理療法が本質的に低落してしまう。むしろ、クライエント支援のために、対人援助専門職として倫理的葛藤から逃げずに、倫理的葛藤の中にいるのである。もちろん、ただいるだけではなく、その板ばさみに関して考え（広義のアセスメント）、臨床実践に何らかの形で還元していく作業を日常的に行う。その際、「倫理の問題で一番大事なのは、『口に出して言うこと』ではないかと私は思っているのです。…（中略）…我々が現場の悩みを語るのを止めないことが倫理において最も大事なことだと思います」と弁護士であり医師である児玉が述べている（津川，2006）。その通りであろう。

いずれにしても、守秘義務ひとつ取っても、単に倫理違反を諫めるために存在しているのではなく、心理療法家としてクライエントとの関係性を重んじるという、まさに心理療法の本質を表現するものが倫理であるという原点は、何ものにも代え難い。

文　献

金沢吉展（2006）臨床心理学の倫理をまなぶ．東京大学出版会，pp.133-136.

神田橋條治（1993）守秘．治療のこころ 第三巻 ひとと枝．花クリニック神田橋研究会，pp.49-52.

松田純（2009）総論 心理臨床の倫理と法．In：松田純・江口昌克・正木祐史編：ケースブック 心理臨床の倫理と法．知泉書館，pp.3-40.

津川律子（2004）臨床心理学研究における倫理．In：津川律子・遠藤裕乃：初心者のための臨床心理学研究実践マニュアル．金剛出版，pp.30-48.

津川律子（2006）児玉安司先生による「対人援助の法的・倫理的問題―conflict of interestをめぐって」を聴いて―その1．日本臨床心理士会雑誌 14-3；45-50.

津川律子（2009）心の専門家における倫理．In：佐藤進監修・津川律子・元永拓郎編：心の専門家が出会う法律―臨床実践のために〈第3版〉．誠信書房，pp.191-197.

わが国の精神風土と対人援助職

帝塚山学院大学　大塚義孝

I　はじめに

　対人援助を職業とする専門家とは，どのような人を指すのか。"対人援助職"という言葉が，もう一つ一般化していないだけに，なかなか特定し難い。この専門業務が，援助を求めてきた人に，専門的に援助の手を差し延べる行為と定義するならば，どういうことになるのか……。「胸が苦しい!!」と助けを求めてきた人に専門的なかかわりをする人は，医師か，その補助者である看護師か，あるいは臨床心理士か……。広く医療や心理臨床の専門家が該当するのか。債権者に急き立てられて苦しくなった人が助けを求めてきた状況に応えようとする人は，法律関係の人，たとえば弁護士になるのか……。「火事だ!!」と消防署に助けを求めてきた人に消火活動する人を対人援助職というのかどうか……。

　どうやら，こういう例を挙げて考えてみると，ここでとりあげる"対人援助職者"は，その対象となる人の自らの力で，なかなか解決できない内的な"こころの問題"，あるいは外的事由によって適切な行動をとれないことについて専門的に援助する人をいうようである。職業とする以上，当然に妥当な所得が担保されることを旨としていよう。人間の長い歴史の発展過程で明らかになることは，医術の行為にみる対人援助の専門職性，宗教家（神父や僧侶）にみる対人援助の専門性，教育者にみる学習欲求に応える専門性等が，この対人援助職者の元型とみなされる。法律関係の専門家も含め，これらの人々を英語圏では"professional"といっている。古くから，この"professional"は高度専門職業人を意味していた。高等教育による専門性の質の担保を示唆している。実際，現在のアメリカの専門職業心理士は"professional psychologist"と制度的に呼称しているが，本論の主テーマである対人援助職者にもっとも対応する職業人像の典型例といえよう。

　アメリカでの，この"professional psychologist"をモデルにしながら日本では，周知の臨床心理士（certified clinical psychologist）の資格認定制度を昭和63（1988）年に発足させ，すでに1万9,000人余の有資格者を生み出し今日に至っている。本論ではこの日本の対人援助職を専らとする人，すなわち臨床心理士に焦点化させて，彼らを取り囲む日本の精神風土とのさまざまの関係性に由来する課題をめぐって考えてみたいと思う。

II　臨床心理士の専門教育をめぐって

　臨床心理士の専門教育は，周知のように文部省（現文部科学省）の認可する財団法人日本臨床心

理士資格認定協会の承認によって組織されている指定大学院および平成17（2005）年度より発足した臨床心理士養成に関する専門職大学院によって行われている。平成21（2009）年4月1日現在指定大学院156校，専門職大学院5校，計161校を数えている。組織形成に向けて，上述のアメリカにおける高度専門職業心理士（professional psychologist）を潜在モデルとしたのは事実であるが，戦後50年余にわたり日本の医師養成に試みられた6年制医学教育と教師養成の特化にみる上越，兵庫，鳴門の三大学院（修士課程）のあり方を身近な参考モデルとしたものだ。医師も教師も6年間の大学教育を行っていること（教師の場合は4年間の通常学部教育に2年間の修士課程を加えている）の臨床心理士養成機関構築への援用ともみなされる。しかし心理学固有の独立した学部でもない，弱少な文学部か教育学部の下部組織としての心理学科か教育心理学科，あるいは文学部哲学科心理学講座に甘んじてきた実態は，大学院体制にどう止揚させ組織化するかの難題をなげかけるものであった。

しかし結果的に心理学界のこうした弱少性（？）が幸いしたというと，いささか天に向って唾する誇りを受けそうだが，平成8（1996）年から2年間の準備期間を置いて，いわゆる臨床心理士養成に関する指定大学院の組織化が全国的に進められることになった。その普及の早さは信じられないものがあった。臨床心理学研究科臨床心理学専攻を基本モデルとしての指定大学院の誕生である。ここで強調したいのは，臨床心理士の専門的な技能を如何に大学院教育課程（2年間）で育成するかにある。紙とエンピツと書籍だけの哲学の世界から面接のための小机と2脚の椅子があれば事たりるとするカウンセリング・ルーム（心理面接室）の設置は，部外関係者にとっては，いとたやすいことと思われたふしがある。しかし附属心理相談施設の実施する面接相談（カウンセリング）業務は有料を原則とすることを必須条件としたことには思わぬ抵抗を招来させた。ある指定大学院の先生方は，自らの専門行為が対価（有料性）に耐えるものでないことに危惧を感ずるほど弱な行為と思っておられるのか……。有料化できない事情を「私の在任中には絶対に有料化は認めない……」と公言する大学院担当事務官の言辞を語って弁解される姿も日本ならではの文化現象というべきか……。筆者を悩ませたものである。対人援助行為に内在する専門行為の福祉援助的パラダイムの側面でもある。

実際，"医は仁術である"というお医者さんたちの誇り高き認識（矜持）は今も健在である。しかし日本の50兆円に及ぶ国民皆健康保険制度が仁術を担保しているシステムであることには変わりはない。目に見え，客体として認識される手術や注射は抵抗なく点数化される。きめこまかい，心のこもった医療行為は，なかなか点数化されないご苦労は充分に理解しているけれども，である。

臨床心理士養成のキー・ポイントは，上述した有料化を前提とする，さまざまの心理療法的援助技法の適用能力を獲得させるところにある。世界でこれらの有料化を最初に実践し，記録にとどめているのは，精神分析技法を適用したS・フロイト（1913）であろう。西欧文化の認識でも，言葉のみを通じての，いわゆる自由連想法のみで患者に料金を求めることに抵抗を感ずるものがあったのである。無料の治療行為は患者の治療に対する評価を低くする。感謝の機会を奪い負い目を感じさせる。治療家が患者に攻撃的になる逆転移の問題を生じさせる……等を述べている。100年後の今日，西欧諸国ではフロイトの指摘を待つまでもなくごく普通に面接技法の有料性が認知されている。日本の場合も，少なくとも専門職大学院，指定大学院1種校では，その附属機関でほぼ100％有料化されている。

いささか回想的記述で恐縮だが30年前の昭和55（1980）年4月から，わが国の心理系大学で最初の附属心理教育相談室での有料制度が文部省（現文部科学省）で認められた。京都大学教育学部の附属施設でのことである。故河合隼雄教授らの努力に負うものであったが，その後九州大学（1981），東京大学（1982），広島大学（1983），名

古屋大学（1985）と順次有料化が認承された。当時の関係者の得意と喜びは，その後の指定大学院のモデルになるもので，この有料化の認知はわが国の心理臨床行為の専門性を社会化させる画期的な出来事であったのである。しかし，この画期的なことも，その承認の舞台裏では，まだまだ日本の精神風土として，面接対話相談はストレートに有料とは認め難かったようである。有料の実態はアラジンの暖房器具と石油代と文房具代の追加面接承認であった。まことに笑えない，しかしかたくなな考え方，思潮の流れを改革する先見の明に裏打ちされた当時の文部省の英断であった。

III 臨床心理学から心理臨床学へ

医師に医学が，教師に教育学があるように臨床心理士には臨床心理学がある。しかし臨床心理士は医師や教師よりも100年おくれて登場した高度専門職業人である。とりわけ日本の場合は，その社会的認知を得るようになったのは，たかだか15年ほど前のことである。前節の面接有料化の問題一つ考えてもなかなか大変である。日本の精神風土と慣習にもなじみながら，その専門性の明確化を図るものが本節のタイトル"臨床心理学から心理臨床学へ"にシンボライズされる視座である。加えて対人援助職としての臨床心理士の職能専門性の独自性を列挙するならば次のようになろう。

①診断（diagnosis）から査定（assessment）へ
②処置（treatment）から治療・面接（therapy・interview）へ
③エビデンス（evidence）からナラティブ（narrative）へ

医師と臨床心理士の専門行為の異なることを明確にすると同時に，診断，処置，エビデンスも臨床心理士にとっても重要な，とりわけ心理臨床パラダイムからの深い理解は，本来の査定，面接，ナラティブの理解を豊かにするものである。なお上記①について附記しておく。

診断とは，診断する人の立場（基準）から評価する営みである。査定とは，査定される人の立場に立って，その特徴を評価する営みである。

記述が前後するが節頭の臨床心理学（clinical psychology）はアメリカで1935年に正式にAPA（アメリカ心理学会）で用いられるようになった。日本では昭和39（1964）年に日本臨床心理学会として公共化した。しかし1970年には当時の学園紛争の騒擾（そうじょう）で機能停止となり，改めて，2度の学会創りとなる日本心理臨床学会を誕生させ（1982），斯界で2万2,000人を擁する日本一の（？）組織となった。強調したいのは，前者の臨床心理学会の欧文名はJapanese Association of Clinical Psychologyであったが，後者の心理臨床学会の欧文名はThe Association of Japanese Clininal Psychologyとしたことである。偶然の一致ではない。日本文化の微妙な……語ろうとしたが枚数はつきた。また別の機会に！

文　献

Freud S (1913) Zur Einleitung der Behandlung.（小此木啓吾訳（1983）フロイト著作集9．人文書院．）
大塚義孝（2004）臨床心理学原論．誠信書房，pp.2-196.

第2部
心理療法の構造と展開過程

臨床場面に応じた面接構造の調節，選択，構築について

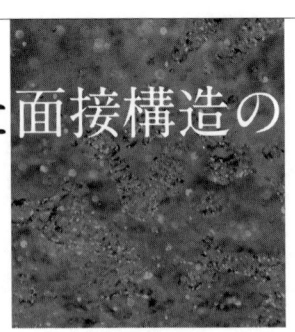

京都大学　杉原保史

I　はじめに

　われわれはまず訓練機関で特定の面接構造をもった心理療法の実践を身につける。場合によっては，それを唯一最高のものとして身につける，ということもありうるだろう。そしてその後，臨床現場に出る。ところが，臨床現場において，訓練機関での実践が備えていたのとほぼ同じ面接構造で実践ができることはほとんどないと言っても過言ではない。

　その臨床現場ならではの条件や要請にセラピストがどのように創造的に対応していくか。これは訓練機関から実社会での実践へと移行していく上で，セラピストに課せられた重要な課題である。にもかかわらず，現在の多くの訓練機関のカリキュラムは，この課題への備えをじゅうぶんに与えることができていないように見受けられる。そのため，多くのセラピストが訓練機関と臨床現場とのギャップに直面し，ショックを受け，その対応にかなりの困難を抱えているようである。

　本小論では，特に心理療法の面接構造に焦点づけることを通してこの問題にアプローチする。

II　面接の構造とは

　まず最初に，面接構造について，一般に論じられているところを簡単にまとめておこう。

　フロイトは心理療法をチェスにたとえた。チェスに盤とコマがありルールがあるように，心理療法にも場面セッティング（たとえば面接室や寝椅子など）があり，ルール（たとえば自由連想法や禁欲規則など）がある。こうしたセッティングやルールのことを一般に面接構造と呼んでいる。

　面接構造は，しばしば外的な構造と内的な構造とに分けて論じられる。外的な構造とは物理的ないしは具体的なものであり，援助が行われる場の物理的空間，その場に備えられた調度品，その配置の仕方，物理的に計測可能な時間（1回の時間，頻度，期間），料金などである。内的な構造とは，目に見える実体を持たない，概念的なものであり，面接を進めていくためのルール，つまり約束事のことである。クライエントに求められることとしては，たとえば，時間や料金などの契約を守ること，できるだけ率直に自分の気持ちや考えを話すこと，面接室の物を壊したりセラピストに危害を加えたりしないこと，他のクライエントに迷惑をかけないこと，などがありうる。セラピストに求められることとしては，一般的・抽象的に言って，

心理援助という職務に忠実であること，自分の欲求のためにクライエントを利用しないこと，原則的に秘密を守ること，といったことになる。

われわれが何らかのセラピーを学ぶときには，具体的にはまずそのセラピーの面接構造を学ぶわけである。それぞれのセラピーは，それぞれに特有の面接構造を持っている。つまり，それぞれに特有の物理的空間の設定の仕方があり，セッションの時間の持ち方があり，参加するセラピストとクライエントの人数や位置取りについての決まりがあり，セッションの進め方の原則がある。それらの要素は，全体として意味のある1つのまとまりを成しており，有機的に関連し合っている。だから，セラピーを効果的に進めるためには，原則的に，そのセラピーの構造を守っていかねばならない。訓練機関は，まず学生に面接構造について理解するよう，そしてそれを守ることができるよう，指導する。

初めて心理療法を学ぶ学習者であれば，訓練機関において与えられた面接構造を，所与のものとして，ごく自然なものとして受け入れていくのが普通であろう。少なくとも私の場合はそうであった。しかし，現場に出たとき，たいていの訓練生は，それがそれほど自然なものではなかったのだと気づかされるのである。

次に私の個人的経験を論考の題材として簡単に紹介しよう。

Ⅲ　学生相談の現場で

私は大学院で心理力動的な考え方によるオーソドックスな個人心理療法を学んだ。それは大まかに言って次のような面接構造を持つものであった。面接は1対1で基本的に決まった部屋（応接セットのある個室）で行う。頻度は週1回で1回の時間は50分。有料。セラピストはアドバイス，評価，励ましなどの支持はできるだけ控え，クライエントの話を共感的な態度を心がけながら聴いてゆく。クライエントは心の内に浮かぶことを自由に，そして率直に話す。

その後，学生相談の現場に出てみると，そこではこのような構造に収まらないようなさまざまな事態が日常的に起こってきた。

たとえば，面接の頻度である。大学院の学生として附属の心理クリニックで実践していたときとは違って，週1回の予約制という構造を守れない人がしばしば出現する。次の面接まで待てずに来てしまうのである。予定の面接をすっぽかす人も，大学院の附属の心理クリニックで実践していたときよりもずっと多い。定期的な予約を取らずに帰るのに，週1回以上の頻度でふらりと現れる人もある。頻繁に電話をかけてきて一方的に話す人もある。他のカウンセラーが担当しているクライエントが，他の先生にも相談したいと言ってやってくることもしばしばある。

個人面接の訓練しか受けたことがないのに，複数人での相談に対応せざるをえないこともある。問題を呈している学生が親に伴われて来談することはまだ想定の範囲内だとしても，恋人に付き添われて面接に入ったクライエントが2人の関係についての悩みを語り出し，そのうちに付き添いの恋人と面接室でケンカを始めてしまう，ということもあった。面接室に入った学生と教員とが口論になってしまう，学生の親と教員とが口論になってしまう，ということもあった。

心理力動的な面接をしてもうまくいかず，具体的なアドバイスを求められたり，催眠療法を求められたり，といった事態にもたびたび遭遇した。

このように，大学院の学生として附属の心理クリニックで実践していたときとはかなり勝手が違う事態に，日々，直面した。その多くの事態において，「こちらが面接構造としてあらかじめ思い描いているもの」が，「クライエントの自然な期待やその現場の状況が自然に誘うもの」とうまくかみ合っていない，という印象を受けた。

「セラピーを台無しにしたくなければ，原則として，セラピーの構造は守らなければならない。構造の枠を安易に破ってはいけない。しかし一方で，セラピーは単純に杓子定規にルール通りに行えばよいというものではない。構造を守ろうと

努力する中で,どうしても構造から踏み出してしまう,そのことが治療上重要な意味を持つことがある」。当時の私は,こうした考えを抱きながら,右往左往していた。

IV 面接構造を成り立たせているもの

そのような経験の中で,初めて見えてくるものがある。それは,こうした経験以前には普遍的・絶対的な堅固なものと私には見えていた訓練機関での面接の構造が,実は顕在的・潜在的な多くの変数によって構築された複雑な建造物であって,そのうちのたった1つの要素が少し違ってくるだけでも,全体としてのその構造のありようはかなり違ったものになるということである。たとえば,多くの訓練機関では相談は有料であるが,公立の相談機関をはじめとする多くの臨床現場では相談は無料で行われる。有料か無料かというその1つの要素が違うだけで,仮に他の要素がすべてまったく同じだったとしても,その面接構造は非常に違った背景のクライエントを面接にもたらし,また非常に違った面接過程をもたらす。

現在の日本における主要な訓練機関は大学院であるが,大学というアカデミックな場の中にあるということも面接構造の1つの重要な要素である。仮に,まったく同じ建物,同じスタッフのままで,その機関が大学附属ではない民間の心理クリニックになったとすれば,それだけで,来談するクライエントの層や,面接過程の展開の仕方には,やはり大きな違いが生じるであろう。

その相談機関が存在している場所の土地柄,歴史,文化や風土といったものも,微妙ではあるが重要な要素である。行動療法のような科学的テイストや直接的指示を歓迎するような文化が優勢な土地,精神分析のような内省による隠された意味の探究に価値を置く文化が優勢な土地,パーソン・センタード・アプローチがはらんでいるようなニューエイジ的な価値観に親和的な文化が優勢な土地,といったものがありえるだろう。それらは,通常,面接構造の構成要素とはあまり見なされていないが,ある特定の面接構造への受け入れを高め,別の特定の面接構造への拒絶反応を高める重要な関連変数であり,大きな意味では面接構造の一部と見なすこともできるものである。

学生相談の現場で私が経験した上述のような面接の現象は,訓練機関で私が身につけたオーソドックスな対話的で探索的な個人心理療法の面接構造の視点からすれば逸脱と見られるものであるが,その視点を離れてもっと大局的な視点から見れば,学生相談の現場の諸条件がもたらす,むしろ自然な成り行きであると言える。それらは,現場に着任したばかりの私の頭の中の「面接構造」からすれば逸脱した現象ということになるのであるが,すでにそこに現実として与えられている面接構造の諸要素(当時の私の頭の中の「面接構造」のスキーマにはうまく同化できないが,現にそこにあってそのスキーマが調節されることを求めている潜在的な面接構造の諸要素)からすれば,ごく自然な成り行きとも言える現象だったのである。

V 現場における面接構造の調節,選択,構築の必要性

以上の考察が示唆しているのは,面接構造というものは,セラピスト,クライエント,面接室,あるいは相談機関の周囲に広がる地域環境,等々といった所与の要素から独立して存在しうるものではなく,そうしたものによって左右されるものだということである。あるいは,そうした要素を含んだ全体として構築されているものだということである。

そうすると,ここで考えるべきことは,特定の現場にとって,そして特定のクライエントにとって,そうした要素を含み込みながら,全体としてどのような面接構造を構築することが,最も無理がなく,援助の目的に最も望ましいか,ということになるであろう。

クライエントの問題の性質によっても違った面接構造が求められるし,クライエントの個性によっても,またクライエントがなじんできた文化に

よっても，違った面接構造が求められる。また，その特定の現場の特性や条件によっても，違った構造が求められる。セラピストは，そのように現場の特性や条件に応じて，特定のクライエントに応じて，面接構造を調節，ないしは選択，構築していかなければならない。もし現場に出たばかりのセラピストが，訓練機関で身につけた面接構造を，現場に出てもなお，そのままに再現してそれを守り通すことに治療的価値があるのだと考えるとすれば，それは誤った考えである。

当然のことながら，これは，面接構造はセラピストがどうにでも好きに変えてよいものだとか，面接構造は守る必要はないものだとかいうことを意味するものでは決してない。それはただ，面接構造は，すでにそこにある面接構造の潜在的諸要素（現場の特性や条件，クライエントなど）に対して調節される必要があるものだと述べているだけである。言い換えれば，そうした要素に調節することなく，特定の「面接構造」をかたくなに守ることは，非生産的だと述べているのである。もしそんなことをするとすれば，それは現場やクライエントの現実を無理矢理にセラピストの頭の中の考えに合わせさせる行為となるだろう。

おそらく，多くの駆け出しの現場のセラピストが特定の「面接構造」をかたくなに守ろうとするとき，そのような明確な考えを持ってそうしているわけではないのだろうと思う。ただそれまで訓練機関で指導されてきた「面接構造を守るように」という教えに忠実であろうとする，ある意味で適切な心構えと，現場で起こってくるこれまでにないような「逸脱」との間で，戸惑い，混乱してしまい，場合によってはそこで，安全感を求めて，慣れ親しんだ「面接構造」にかたくなにしがみついてしまうのであろう。あるいは逆に，これまでの教えは現場では役に立たないのだ，という尚早な判断に陥ってしまい，貴重な教えをまるごと放り出してしまうようなこともあるかもしれない。

同じ現場に先輩のセラピストがいて，適切な指導やモデルが提供されればよいのだが，心理援助専門職は1人だけという現場も多いという事情から，よけいにそうしたことが起こりやすくなるように思われる。

Ⅵ どのように調節，選択，構築していくのか

では具体的にどのように面接構造を調節，選択，構築していけばよいのだろうか。

この問いは，心理療法の実践にまつわる他の多くの問いと同様，単純明快な答えが得られない問いである。ただ，以上の考察からすれば，現場の諸特性やクライエントの諸特性をよく見て，それをよく考慮することが重要であるとは言えるだろう。

たとえば，アドバイスを求めるクライエントについて考えてみよう。オーソドックスな心理力動的心理療法ではアドバイスを与えないことが面接を進める上でのルールとされている。心理力動的立場に立つセラピストは，「次のセッションまでの間に私は何をすればいいんでしょう」とクライエントが問いかけても，クライエントが求めているような種類の答えを与えることはしない。たとえば，「何か具体的な指針が欲しいのでしょうか」などと探索的に応答する。そして，そこでのクライエントの反応を見て「私がはっきり答えないことについてがっかりされたようですね」などとクライエントの情動的反応についての観察をフィードバックし，その体験の表現を促進しようとするかもしれない。あるいは，はっきりと答えを与えないアプローチの意義についてクライエントに説明し，理解と協力を求めるかもしれない。

こうしたやり方をクライエントが受け入れ，セラピストとクライエントとの共同作業が堅固なものとなっていくようなら，それもよいだろう。しかし場合によっては，クライエントは，単純に，ここでは自分の求めていたものが得られないのだと分かって，セラピーを去ることもある。あるいは，セラピストから自分の欲求は真剣に取り上げるに値しないものと見なされたと感じて，セラピーから脱落してしまうこともある。

ここでセラピストが，クライエントの欲求に応えて，アドバイスを与えることにしたらどうだろう。もちろん，専門的な見地から何か言えることがある場合の話だが。専門的な見地からといっても，何も難しく考えることはない。たとえば，「次のセッションまでに，症状が起こるまさにそのときに自分の心に浮かんでいること，理屈は抜きにして，その瞬間にある考え，感情，身体感覚などをどんなものでもありのままに，なるべく落ち着いてじっくりとよく感じ取り，観察しておいてください」といったような，かなり一般的なことでもよいのである。肝心なのは，セラピストがもともと立脚している心理力動的な考え方による探索的な目的と衝突しないようなやり方で，クライエントの欲求に応じる道を何か見出せないか，考慮してみる努力を払う，ということである。

現在，心理療法の世界で有力なものと認められている多様なセラピーを広く見ていけば，アドバイスを与えながら進める面接構造を持ったセラピーはたくさんある。そのような面接構造を取るようにセラピストの側がクライエントに歩み寄るというのはどうであろうか。心理力動的な立場においてはしばしば考えられているように，そのような行為はセラピストの行動化で，援助の失敗へと到るプロセスの入り口，と決まったものなのであろうか。

私が疑問に思うのは，どのような価値観，文化的背景，欲求を持ったクライエントに対しても，セラピストがあらかじめ用意した面接構造を受け入れるよう求めるとき，それは共同作業の名に真に値するものと言えるのだろうか，ということである。クライエントの求めに，そしてその求めの背後にある個人的・家族的・地域的な歴史や文化に，本当に共感し，深く敬意を払うとき，セラピストは，その求めに応じられる可能性のあるセラピーを幅広く学ぶよう動かされてもよいのではないだろうか。

VII　面接構造を守ることとその意味

これまで述べてきたことを読んで，本小論は，やはり，セラピストはクライエントの求めるがままに，あるいは現場の状況に要請されるがままに，常に面接構造をそれらに合わせて設定すべきだと主張しているのではないか，と思った読者もいるかもしれない。アドバイスを求めるクライエントにはアドバイスを与え，面接頻度を増やしてほしいと求めるクライエントには面接頻度を増やし，カップルでの面接を求めるクライエントにはカップルで面接し，といったように。

けれども，もしそう受け取られたのなら，それは私の意図するところではない。クライエントの要求は，率直に考慮されるべき真実の求めなのかもしれないが，セラピーが取り組む対象である不安を安易に回避するための手だてなのかもしれない。現場の要請は，その現場の自然で合理的な特性なのかもしれないが，よりよい援助を提供するための条件を整える努力や工夫の怠慢を反映したものなのかもしれない。いずれも前者の要素が強い場合にはそこに適合するべく努力することが適切であろうが，後者の要素が強い場合にはむしろそこに適合しないよう努力することが適切である。

当然のことながら，これらの要素は実際には常にある程度は入り交じっているものであり，それほどはっきりと白黒がつけられるものではない。であるから，この判断は，ほとんどの場合，それほど簡単にすっきりとできるようなものとはならない。セラピストは，常にいずれの要素の可能性にも開かれた態度で慎重に全体を観察しながら，暫定的な判断をし，試行錯誤していくことになる。ともかく暫定的な判断で何らかの対応をしてみて，それに対するクライエントの反応をよく観察する，ということを，ある程度，繰り返してみるうちに，徐々にその判断に確証が持てるようになってくる，というのが普通であろう。クライエントの要求がエスカレートしてきたり，状態が悪

化してくるようであれば，それはセラピストの判断に修正が迫られていることの最も明確なサインである。

　対話的な個人心理療法の起源であり，現在もなおそこに大きな影響力をもたらし続けている精神分析的な流れは，セラピストに，クライエントの訴えを額面通りに受け取らず，その背後に不安回避の要素が働いていないか，常に疑い深くあるようにと，猜疑的な態度を求めてきた一面がある（Wachtel, 2008）。そのことは，不幸にも，クライエントの求めを正当に考慮するような真に公平な協力的態度をセラピストが実現することを損なってきた。本小論において，これまで，クライエントや現場の要求に沿う方向でセラピストが面接構造を調節することの意義を強調してきたのは，精神分析的心理療法がもたらしてきたこうした影響力の文脈において，その影響力を少しでも和らげようという意図に基づいたものである。

　面接構造を守ることが，それ自体で目的になってはいけない。面接構造を守ることが，クライエントを援助する目的に奉仕するのでなければ，面接構造を守ることに意味はない。言い換えれば，クライエントを援助するということについて，より明瞭なヴィジョンを持てていればいるほど，面接構造を守るか踏み越えるかといった悩みは問題にならなくなる，ということである。

文　献

Wachtel PL (2008) Relational Theory and the Practice of Psychotherapy. The Guilford Press.

心理療法の社会文化的背景

京都大学　大山泰宏

I　はじめに

　心理療法（psychotherapy）という営みが誕生したのは、そんなに古いことではない。19世紀末のヨーロッパで次第に使われ始め、このとき同時に心理療法家（psychotherapist）という職業も誕生した。

　ある日あなたが、何度手を洗っても気がすまなくなる。なぜか学校や職場に行けなくなる。リストカットを繰り返してしまう。このようなとき、心理療法で状態の治癒と改善をおこなおうとするのは、現代の私たちにとってごく当たり前のことであろう。しかし、それはいくつかの前提条件を認めたうえで初めて成立していることである。その前提条件こそが、心理療法の社会文化的な背景を成すものである。

　現代の精神科医療の分野では、向精神薬による治療が急速に広まっている。1952年のクロルプロマジンの発見以降、多種多様な向精神薬が研究開発され、今ではおよそあらゆる精神疾患に対して薬物療法が適用されている。それとともに心理療法は、「効率の悪い」「高価な」時代遅れの治療法として、もっぱら自己開発や自己探求のためだとみなされることさえある。しかしながら、薬物療法も特定の人間観と疾病観にもとづくものである。それに無反省に従うことでは見逃されてしまう、人間存在の重要な側面がある。本稿では心理療法の社会文化的背景を辿るという作業をおこないたい。このことは、心理療法が何を重要視しようとしたのか、そしてそれは、人類が歴史を通して作り上げてきたどのような人間観とつながるのかを、改めて捉え直すことにつながるであろう。

II　心理療法を定義する

　心理療法の社会文化的背景を辿る作業にとりかかる前に、まず、当の主題となる心理療法とはどのようなものであるかを定義しておかねばならない。詳細については、本誌の他の論考に譲り、ここではごく簡単に定義しておきたい。心理療法はその名のとおり、まず何よりも、人間の身体ではなく人間の精神あるいは心の治癒をおこなうための技法である。しかしこの定義は心理療法の本質を十全に言い表しているとは言えない。というのも向精神薬による薬物治療も、精神や心の治癒をおこなうものであるからである。あるいは、うつ病の治療法として一頃盛んに用いられた電気ショック療法も、心の治癒をおこなうものだが心理療法ではない。心理療法を定義するためには、精神や心の治癒をめざすものだというだけではなく、さらに別の要素を付け加える必要がある。

心理療法には現在さまざまな学派や手法があるが、いずれにも共通するのは、人間関係を通して治療がおこなわれるということである。すなわち、そこには、セラピストとクライエントと呼ばれる人々が存在して、その対人関係における協働作業を手がかりに、治療（セラピー）をおこなうものである。心理療法とは、そうした人間関係の中にこそ存立する営みである。人と人との関係を通して心の変容をめざすこと、これこそが心理療法の重要な第一点である。

　第二の重要な点は、心理療法は心の変容をめざすといっても、精神現象のみを対象にしているわけではないということである。心身症のように身体に症状が表れている疾患も、治療の対象とする。うつ症状や不定愁訴においても精神症状より身体的不調が訴えられることも多い。あるいは、転換ヒステリーでは、器質的な異状は見つからないのに運動機能や感覚機能等、身体諸機能の不全が生じる。心理療法は、こうした身体に表れた症状の治癒もめざしている。つまり、それらの身体に表れた症状の背後に、より本質的な心理的な原因（心因）があると考え、そこに働きかけようとするのである。

　心理的な原因を仮定するのは、当たり前のことのようであってそうではない。たとえば、ある人が最近とりわけイライラが長く続き、家庭や職場での生活に支障が出ているとしよう。心理療法の文脈では、間違いなく心理的な原因を探ろうとする。しかし別の人は、それは供養されていない先祖の霊の障りだと言うかもしれない。またある人は、電磁波の影響だと言うかもしれない。またある人は、背骨の歪みだと言うかもしれない。精神的・身体的な症状には、原理的には複数の原因の説明の仕方がある。もちろん、これらの説明すべてに等しく妥当性があると言うつもりはない。しかし、人間の精神的・身体的な症状の背後に心理的な原因を求めるという態度は、少なくとも19世紀になるまでは存在しなかったということには注意すべきであろう。つまり心理的原因が求められるようになったのは、一定の社会文化的な制度やシステムのもとで始まったことなのである。そのことを次に見てみよう。

Ⅲ　人間の内面性の誕生

　人間のさまざまな行動や思念の原因を個人の心というものに帰属させて考える見方は、近世から近代を通して、次第にそして確実に成立してきた。換言すれば、これは、人間に内面というものを仮定し、それこそが個人が個人たるゆえんであるとする考え方の成立である。

　たとえば、次のような変化がある。中世では刑罰といえば、見せしめのような身体刑であった。しかし近世になると、刑罰は個人を矯正しその内面を変容させるために収監することに変わっていった。また、キリスト教においても、「何をなしたか」という行為だけではなく「何を思ったか」という思念も、罪として告白の対象となっていく。

　個人に固有の内面というものが考えられていないとき、精神的な疾患は、悪魔憑きや狐憑き、あるいは神の声を語ることだと考えられていた。ミッシェル・フーコーによれば、中世以前では「狂気」は神聖視されていた。「狂人」は神の声を人々に伝える聖なる存在であったり、あるいは、自らのおこないの罰を受けた者として人々に教化的な意義をもつ存在であったりしたという。しかし、17世紀に大きな変化が生じる。プロテスタンティズムにより労働や生産性という価値こそが人間には重要とされ、非生産的で社会的規律から逸脱した者への不寛容が生じた。また、人間はその普遍的な本性として等しく理性をもった存在であるという啓蒙主義思想の芽生えから、理性を欠いた状態すなわち「狂気」の状態は、非人間的状態であるとみなされるようにもなった。こうして、人間のあるべき標準的範型から逸脱しているとみなされた人々が、ことごとく囚えられて収監されるということが生じた。いわゆる大監禁と呼ばれる事態である。精神疾患をもつ人々をはじめ、身体障害者、知的障害者ばかりでなく、大酒飲み、浮浪者など、パリでは実に人口の100人に1人が収

監されたという。ここではすでに，個人に表れている精神的・身体的な現象の原因が，その個人自身に課せられていることがわかるであろう。

近代において個人が内面性を獲得するという現象を進展させたのには，別の要因もある。それは，M・マクルーハンが明らかにしたように書物の普及を通したリテラシー（読み書きの能力）の形成である。それまでは高価で一部の特権的な人々の手にしか手に入らなかった書物が，グーテンベルクによる活版印刷の発明とその後の発展によって，17世紀には人々に広く行き渡るようになった。その結果，リテラシーを備えた人々が市民社会層を成すようになってきた。リテラシーを獲得することは，人々に新しい精神的態度をもたらす。文字の読み書きの習慣がないとき，コミュニケーションはもっぱら，誰かと会話する対面的な状況に限られる。これに対して読み書きをおこなうのは，対面的状況を離れ，一人で書物や日記と向かい合うときである。このことが，自分のペースで沈思黙考し自己について振り返り，論理的に思考することを可能とする前提となったと言われている。ここにこそ，自己について反省的に思考する近代的な個人の内面性が依って立つ基盤のひとつがある。

IV　心理療法の誕生前夜

このような内面性の成立に加え，やがて心理療法の誕生につながるひとつの社会史的な重要な出来事が生じる。フランス革命直後の18世紀末，パリのビセートル病院のピネルとその弟子エスキロールは，大監禁以来の伝統で犯罪者や浮浪者等といっしょに収監されていた精神障害者の鎖を解いて，治療の対象とした。ひとまとめに収監し非人道的に放置しておくのではなく，疾患別・男女別の収容をおこない，また牧歌的でゆったりとした環境を与え，規則正しい生活と人間的な関わりをおこなうことで治療しようとしたのである。ピネルらがおこなったことは，精神障害者の人間性の回復という点で，画期的な出来事であったが，さらにいくつかの意義がある。第一に，そこでは「狂気」の治療が可能だとはっきり認識されていることである。このことの背後には，情念の意義が社会的にも次第に認識されるようになってきたことがあると言われる。情念によっては理性をもつ「正常」の人でも，ときには狂人と同じような振る舞いをしてしまうことがある。この情念の重要性が認められだしたことこそが，後にヒステリーの治療を通して精神分析の誕生にもつながっていったと言える。

精神疾患が治療可能なものであると考えられるようになっても，それがすぐに心理療法を生み出すようになったわけではない。もちろん，ピネルらのおこなった治療の中には，患者の環境や生活を調整し，また患者の自己認識を高めることで治療しようとする，心理療法の芽生えとでもいったものがある。しかしながら，本格的に「心」に働きかけて治療しようとする試みが始まるのは，その一世紀後の精神分析の開始を待たなければならない。19世紀末までは，現代では心理的な原因として措定されるような精神疾患であっても，身体的な面からの治療が盛んに試みられた。水治療法，温熱療法，電気ショック療法，マッサージなどである。19世紀には神経系統に対する解剖学的な知見も発展してきていたので，こうした治療法はいずれも，神経系統（末梢神経）を刺激することで，中枢神経を治療しようと試みたものである。この背後にあるパラダイムは，フロイトの思想にも強く残っている。快原則，そして後期の「死の欲動」の着想にも，神経系統のモデルから病因論的説明が与えられている。そして同時代のドイツの医師グロデックから借りてきたエスという概念は，何よりも身体的なものを色濃く残したものであった。

V　「心」の再発見

神経系統や身体に働きかける治療が試みられる一方で，それとは異なった発想の技法も発展してきていた。それは催眠である。催眠の潮流は，18

世紀末，オーストリアのメスメルに端を発する。彼は，宇宙に充満し生命体にも備わっている動物磁気（magnétisme animal）が乱れるがゆえにさまざまな心身の不調が生じるのであって，それを磁石や手をかざしてコントロールすることで治療できると考えた。その後メスメリズムとよばれることになったこの治療法は大流行し，実際にそれによって心身の状態が改善される事例も多かった。そこにはすでに，暗示の影響が強く存在していることが，すぐに気づかれるようになった。すなわち，動物磁気という物理的実体をコントロールするとしながらも，実は，そのプロセスを通して，心理的な要素が扱われていたのである。それは治療者に対して向けられ陽性の感情，この方法で治ると信じていること，ときには施術の過程で性的な空想が満たされていたことなどであった。

　こうした多様な要素を含んでいたメスメリズムの中から，やがて催眠という現象が純化して抜き出されるようになった。特定の雰囲気や刺激，言葉かけなどが，意識の一種の変成状態を引き起こすことが着目され，それが精神症状の治療に用いられるようになった。また19世紀半ばには，無線電信の発明のメタファからか，欧米では心霊主義が流行し，降霊術や霊界との交信といったものに興味が集まっていた。ここでは変成した意識状態の役割が，人々の興味を引いていた。またオカルト的な興味は，物理的なものに還元できない魂の存在といったものを，人々に改めて認識させるようになっていった。こうした心霊主義は，かつてのような悪魔憑きとは幾分異なり，現代の心霊主義と同じく，メッセージを聴くとか潜在力を呼び覚ますとかいった，個人の自己開発と結びついているのが特徴である。

　もうひとつ，心理療法の誕生につながる社会文化的な出来事は，心理学の成立である。すなわち，人間の精神や心というものの仕組みを探ろうとする学問の成立である。人間の精神がどのようなものであるかに関しては，もちろん古くから哲学や医学の領域で探求されてきた。しかしながら，哲学においてはそのメカニズムよりも精神の機能がもっぱら探求されていた。医学においては，人間の精神は身体的な基盤との関連が探求されていた。たとえば，気質は体液と関連づけて考えられており，また，頭蓋骨の形から個人の性格を判断しようとした骨相学では脳の各部位に精神機能の座が割り当てられていた。心理学は，これらの発想と原理的に異なっていることに注意しなければならない。心理学では，心の機能ばかりでなくそのメカニズムを探求し，またそのメカニズムは身体的な基盤とは独立に考えられるのである。すなわち心は，感覚や観念，イメージなどの精神機能の要素が組み合わさったものとして心は構想されモデル化されはじめた。このことは，「心」の存在を仮定し，そこに人間の行動や思考の根拠を求めるパラダイムを確固たるものにしたのである。

Ⅵ　精神分析の誕生

　ここまで述べてきたような人間観と精神疾患に対する考え方を基盤にしつつ，20世紀に入ると精神分析が誕生する。精神分析は，心理療法の成立にいくつもの新たな決定的な影響を与えるのである。

　まず精神分析では，心身の治療が人間関係を通しておこなわれるということが，意識され技法化された。たとえば『ヒステリー研究』の中でJ・ブロイアーが報告したように，治療者に向けて語ることがカタルシスとして精神症状の治療に有効であることが見いだされた。またフロイトは，語られることに対して解釈をおこない，クライエントが新たな自己認識を形成していくことの重要性を説いた。さらにフロイトは，転移という現象の発見により，精神疾患の治療において人間関係が本質的に重要な役割を果たすことを明確にし，技法化した。転移とは，クライエントの人格成立に重要であった他者との関係（たとえば両親との関係）が，セラピストとの関係に移しかえられる現象として，まずは発見された。したがって，セラピストとの関係を通して，もう一度その人間関係を生き直すことによって人格の変容をはかろうと

するものである。やがて転移は，実際の人間関係の再現ばかりでなく，人間の根本的な心理的機能の他者を介した表れとして拡張され，人格性の成立の根本に置かれるものとなった。転移ということを直接的には理論や技法に用いないにしても，あらゆる心理療法は，人間関係やコミュニケーションを手がかりに治療をおこなうという点で，精神分析の影響を受けていることは否定できない。

精神分析の貢献の第二の点は，心理療法につながる力動的な心のモデルを提唱したことである。初期のフロイトは抑圧された心的表象が無意識を形成すると考えていたが，やがて無意識という心的な場所（トポス）を措定するに至った（局所論）。さらには，心的なシステムとして，エス，自我，超自我という審級を考え，それらの力動的関係から個人の行動や思考，感情を説明しようとした（力動論）。フロイトはこうした一連の心のモデルを統合し「メタ心理学」と名づけ，古典的な意識の心理学とは区別した。しかし，心の仕組みをモデル化するということは，心理学が隆盛しつつあった社会文化的背景の影響を強く受けていると言える。また，このように心をモデル化したことに対応して，強迫神経症や恐怖症，ヒステリーなどの神経症に，心因というものが考えられたのである。

精神分析の貢献の第三の点は，人間関係と人格形成とを結びつけたことである。小児性欲の理論，エディプスコンプレックスの理論に代表されるように，心そして心の疾患は，人間関係を通じて作り上げられていくと考えられた。とするならば，それは人間関係を通して変容していく可能性にも開かれることとなったと言える。

VII 教育との結びつき

精神分析の成立と発展を受けつつ心理療法が大きな展開を見せたのは，皮肉なことに現在ではDSMによるマニュアル的な診断と薬物療法が爆発的に流行しているアメリカにおいてである。新大陸のアメリカでは，伝統的価値観のないところに新たな文化を作り上げようという気風の中から，明日には誰でも新しい人になれるのだと，個人の開発と発達とに人々の期待が集まった。また，アングロサクソンの文化圏にあるので，人間は環境によって作り上げられるという考え方がヨーロッパの大陸に比べると強い。たとえば，英国ではロックやヒュームといった経験論者を生み出したこと，またダーウィンの進化論のような発想を生み出したことにこの文化圏の思想的特徴は端的に表れている。こうしたことからアメリカでは，教育や自己開発に大きな力が注がれ，人間を「変えていく」技法として心理療法にも期待が集まった。とりわけ第二次世界大戦以降，ナチズムに追われて多くの精神分析家が亡命してきた以降，心理療法は盛んとなった。

アメリカの心理療法の発展史において特徴的なのは，正統的精神医学と精神分析とが結びついたことである。大学で教えられていた正統的精神医学は主に記述と分類を主とするものであり，内因すなわち生物学的・生理学的な要因から精神疾患を説明しようとしていた。一方心因に重きを置き，力動的な見方をする精神分析は私設のオフィス等でおこなわれていた周辺的な実践であった。この両者は，ヨーロッパ大陸では棲み分けており簡単には混じりえない。しかしながらアメリカでは，大学の精神医学の講座で精神分析や心理療法も熱心に教えられた。この特徴は日本にも少なからぬ影響を与えている。また，アメリカでは，教育分野で生まれたカウンセリングと結びつく形で，心理療法が発展していった。カウンセリングは元来，個々人の資質を伸ばしていくための教育ガイダンスに端を発するものであるが，これが人間的成長をめざす心理療法として，カール・ロジャーズのクライエント中心療法に結実し，その後の心理療法の展開に大きな影響を与えた。

VIII おわりに──現代の心理療法の社会文化的背景

人間には心というシステムが身体的基盤とは独立に存在しており，それを根拠として人間の思考

や行動があるということ，そして，コミュニケーションを通してそこに働きかけていくことで，心身も含めた主体の変容が生じるのだということが，心理療法の前提となる発想であり，その形成の歴史を辿ることで，心理療法の社会文化的背景を明らかにしようと本稿では試みてきた。薬物療法が盛んになっていく現代，人間の思考や行動は神経生理学的な基盤に，そして治療はその神経生理学的な過程のコントロールと操作に，次々と置き換えられて行きつつある。もちろんそれによって開けてきた地平は大きく，否定されるべきことではない。しかしここで私たちは，心理療法のもうひとつの重要な前提について，述べなければならないであろう。それは，心理療法とはセラピストが処方するものではなく，クライエントとセラピストとの協力関係の中で，発見的に作り上げられていくものであるということである。心理療法の成立は，人間が個別的な存在であり固有の貴重な内面をもっているということ，そしてそれは簡単には操作しえないものであるという，人間存在としての尊厳に関わる前提の上に成り立っていると言える。心理療法はその意味で，心の治療をマニュアル化していくこと，機械化していくこと，非人格化していくことに抗するものであり，これからの時代において，ますますその意義が重要となってくることであろう。

文　献

Cushman P (1992) Psychotherapy to 1992 : A Historically Situated Interpretation. In : Freedheim DK (ed.) History of Psychotherapy - A Century of Change. APA Books.

Foucault M (1972) Histoire de la Folie à l'Âge Classique. Gallimard.（田村俶訳（1975）狂気の歴史―古典主義時代における．新潮社．）

Leahey TH (1980) A history of psychology : main currents in psychological thought. Prentice-Hall.（宇津木保訳（1986）心理学史―心理学的思想の主要な潮流．誠信書房．）

McLuhan HM (1964) Understanding Media : The Extension of Man. McGraw-Hill.（栗原裕・河本仲聖訳（1987）メディア論―人間の拡張の諸相．みすず書房．）

大山泰宏（2006）臨床心理学の歴史の臨床性．In：河合俊雄・岩宮恵子編：新臨床心理学入門．日本評論社，pp.14-22.

Palmade G (1951) La Psychothérapie. P.U.F. (Que sais-je?)

臨床の記述と語り

東京武蔵野病院　江口重幸

I　はじめに

　本稿では心理療法における記述と語りについての私見を述べる。あくまで私見であることを強調するのは、著者にとっての臨床経験のほとんどは600床ほどの精神科病院に勤務する精神科医としての、外来と（慢性期の）病棟の治療に拠るものだからである。そうした条件のもとで何を記述するか、何を聴き取るかについての個人的覚書きと考えて欲しい。

　ここでは、面接の記述や診察記録とはいったい誰のものなのかという問いには触れない。診療記録の開示などの重要な問題についてはまた別の切り口からの探究が必要だろう。

II　臨床のエスノグラフィー

　以下で中心的に扱うのは、心理療法や心理臨床、さらには精神科医療や看護場面の記述にいかに「厚み」のある「民族誌」的な方法を用いることができるか、そしてその際の語りや聴き取りにそれらを生かすことができるかということである。「民族誌」という見慣れない言葉にとまどう読者もいるかもしれない。民族誌とはethnographyの訳であり、「特定の民族や集団の文化・社会に関する具体的かつ網羅的な記述」（『広辞苑』）ということになる。主要には人類学者や社会学者が特定の集団を調査し記述する際に用いる方法である。そのようなものがどうして必要なのだろうか。

　臨床場面や臨床所見で得られた情報を簡潔かつ正確に記述することが必要なことについては言うまでもない。それらができたら十分であると言うこともできる。しかしあくまでそれは最低限の条件であると考えたい。それらを超えた何かが必要になる。その理由は、人間の行為や対人関係とは、単一の事実factや現実realityではなくいくつもの事情が複雑に交錯して成立しているものだからである。そのこみいった部分に着目しない限り治療は進展しない。既成のマニュアル的手順や精神薬理学のアルゴリズムで扱うことのできる領域はごく限られたものなのである。

　ところで、もし心理療法というものを定義するなら、Janetの指摘のとおり、その対象は生理学的な事態でも精神的な出来事でもいいが、それらに心理的な作用を期待してその効果をもたらそうとする何らかの思惑がなくてはならない。Janetは緩下剤の投与に際しても、心理的効果を見込むならばそれは心理療法なのであると論じた（Janet, 1923（邦訳, p.259））。

III　厚い記述

　私たちが民族誌的方法を用いて入り込もうとする現実は多元的であり，しかもそれを構成する事実や出来事は，時間の経過とともに変容する厄介なものである。当初のものとはまったく異なる様相を呈する場合も多い。それらを含めた全体を切り取ることを「厚い記述（thick description）」という。「厚い記述」とは人類学者Geertz（1973）の概念である。

　私たちはある出来事を観察し記述する。Geertzはこんな例を挙げている。たとえばある少年がこちらを向いて右眼をまばたいたとする。それは眼瞼の機械的なけいれんなのか，何らかの意味をもつ目くばせなのだろうか。軽侮や，あるいは愛情の意味合いをもつ動作なのか。その解釈は当人と観察者＝記述者である「私」との関係，その行為が行われる文脈，さらには文化的背景によって大きく異なってくる。

　したがって出来事の記述とは，事実や出来事そのものを描くようでありながら，じつは観察者の視線や解釈がそこに紛れ込んでしまうものなのである。それは事後的なひとつの見方，ひとつの解釈だとも言える。こうした部分を十分に意識して，多様な解釈への余地を残した「厚み」をもつ記述をGeertzは「厚い記述」と呼んだ。この部分には民族学的記述のエッセンスである重要な問題が含まれている。

　なぜ「厚い記述」が大切なのか。臨床の場ではしばしば逆の事態が生じるからである。精神科医のBarrett（1988）は，一人の混乱した精神病状態を呈する青年が精神科を受診し，医師の診察を受け，入院して診療録に記録される過程でどのような「加工」がなされるのかを跡づけている。そこでは，多様な苦悩を抱え混乱した青年が，記述の過程で統合失調症の典型症例へと形成されていく。臨床的作業とくに鑑別診断・症例記述に至る過程で，さまざまな社会的・文化的・個人的文脈の「夾雑物」は削ぎ落とされ，医学的な「薄い記述」へと至ることは避けられないことかもしれない。しかしそこでは重要な何かも削ぎ落とされてしまうのである。それは簡単に言えば，患者や来談者（さらにはその周囲の者）が具体的に経験する「生きにくさ」や「苦悩」や「病い」である。その部分をどう保存ないし復元するかということが問題になる。

IV　具体的事例

　著者がこうした視点の重要性を改めて強く感じたのはひとつの記述に接してからである。「民族誌」や「厚い記述」というと難しそうに聞こえるが，以下のような記述が可能か否かということに尽きると思う。

　事例は10代からくり返し再発している40歳代の男性で，少しの心的負担で不安になり，精神病性混乱を呈し，これまでに10数回の入院歴を数える。過去30年間の診療録は5kgの重量と約13cmの厚さを超える。日常的な記録（たとえば不眠不穏，落ち着かず徘徊，妄想言動がある等）の記述の間に，その当時私の病院に実習指導に訪れていた精神看護学の教官が以下のような数行の記述を残している（江口，2003）。

　「オレは長男。いいおやじだったよ。ケツたたかれたこともあったけどね。『オレが死んだあとちゃんとやってくれよ』って。いい思い出はね。妹の結婚式のこと。姪っ子がいるんだよ。その後に楽しい思い出として沖縄に行ったときの海の青さと，高校の修学旅行時の枕投げの話が…（中略）…生き生きとした印象を受けた」

　前半は本人の語りがそのまま口語体で再現され，「その後に」からの後半は記述者による要約と文字どおりの印象になる。この何気ないように記された数行に，家族思いの本人の一貫した姿勢，早く父を亡くして方途を失った長男としての困惑，本人への父親の期待，本人が大切にしたいと思っているもの，たえず過去を想起し郷愁のよ

うにそこに回帰しがちな心性などが端的に表現されている。そして何より，これらのことを聴き取り，本人の経験や心性の核心部分が語られていると感じ，精神病理としてではなく，肉声として記録しようと思った記述者の心の動きを読み取ることができる。

これが簡単に言えば臨床民族誌的センスというものなのである。診療録の片隅に書き付けられたこの数行では，他の部分では決して表現されない生身の人物が立ち現れて，まるで動画を見るように語りはじめる。この記述には特別な輝きが宿っているように思える。

V　民族誌的センスを磨く

民族誌的「センス」というと先天的なもののように聞こえるが，大部分は実際の診療やフィールドワークによって培われ，身につき，磨かれるものである。近年の多くの民族誌的アプローチがそうであるように，この方法には既成の視点に沿いながらそれらをたえず相対化するという自己省察的で，解釈学的スタンスが内包されている。こうした経験の蓄積に加え，良質の民族誌的著作に触れることも不可欠である。筆者は以下の5つの著作を薦めている。臨床的な文脈から遠い順に並べ，最後は臨床民族誌の到達点2点を挙げる。

1．柳田国男『遠野物語・山の人生』（1976）
2．菅原和孝『語る身体の民族誌』と『会話の人類学』（1998）
3．Anne Fadiman『The Spirit Catches You and You Fall Down : A Hmong Child, Her American Doctors, and the Collision of Two Cultures』（1997）
4．松澤和正『臨床で書く―精神科看護のエスノグラフィー』（2008）
5．樽味伸『臨床の記述と「義」―樽味伸論文集』（2006）（なかでもこの論集に収められた「慢性期の病者の『素の時間』」と「『対人恐怖症』概念の変容と文化拘束性に関する一考察」）

もしこれらの著作にむりやり共通点を探るとすれば，他者に向かって開かれた圧倒的な関心と，それに近づいていく際の既成の枠に囚われない目の位置の低い持続的なスタンスであろう。もちろんこれらの他にもたくさんのすぐれた民族誌的著作があるが，上記のひとつを読み，その背景にある動機，方法を考え，自分がその場に臨んでいたらどう記述し再現するだろうかと，なかば書き手となることを想定するとさらに視点は深められる。

VI　民族誌的な語りや聴き取りとは

さて「民族誌」という用語にも慣れたところで，（順序が逆のようだが）それが今度は心理臨床や精神保健や看護・医学の臨床の具体的場面にどのように作用するのかを検討したい。心理療法の領域では，精神分析の伝統から「平等にただよう注意」ということが指摘されている。対象ばかりかそれを取り囲む事象にもアンテナを張り，一歩下がりながらたえずalertであれということであろう。これとは逆のベクトルをもつが，少なからぬ治療者が，自らの耳朶にひっかかるローカルな言葉や，異和感を引き起こす語に立ち止まり，そこから改めてもうひとつのストーリーを聴き取り，さらにはそれらのもつ治療的な影響力について考えをめぐらしている。

慢性の咳嗽を中心に異郷での不調を訴える30代の女性患者の語る，「けれど，ここは私の故郷のようではない…」という一節に反応し，そこに「故郷」の生活の匂いや文化的な糸口を感じ，実際のその土地（ハイチ）の光景を思い浮かべ，長い複雑なストーリーを聴き出したKatzとShotter（1996）。あるいはクライエントの執拗に続く訴えを，内的な苦痛ではなく本人の実体的なランドスケープととらえたCushman（1995）などがその好例である。その語りの一部分から，心的世界に限定されない，本人の生活状況や歴史までもがリアルに立ち上がり，ポップアップ絵本のように立体視できる瞬間があるのだ。

筆者もかつて夕刻の病棟回診時，経過の長い統

合失調症の入院患者がたまたまその場で読んでいた本の話から、いつもの被害的で切迫した病的語りとはまったく異なる、若き日の輝かしいストーリーが溢れるように語り出されることを経験したことがある（江口，2000）。それは煮詰まって微動だにしない辛く苦しい現実が、ゆるやかに可塑性を帯び、可動的なものへと変化し、やがては耐えうるものへと至る転回点をなす語りとなった。言葉や会話には不思議な力があって、時にはこうした治療的転回をもたらすことがある。

VII 心理療法のもうひとつのルーツ

心理療法とは言語表出を通して当人も知らない無意識や意識下に至るものと一般には考えられている。しかし心理療法にはもうひとつの流れがある。それは19世紀末から20世紀初頭に流行したDuboisやDejerineの「説得（persuasion）」や「再教育（reeducation）」療法である。これを遡るとMitchellの、きわめて身体的なアプローチである「休息療法」に至る。これらはすべておもに非精神病圏の患者を対象とし、当時の神経学者によって実践された治療である。彼らは言語行為のもつ、今日でいう神経心理学的なバイパスの形成や再生を視野のどこかに抱いていたと思われる。心理療法のなかには、無意識・意識下に向う、いわば「向地的」治療と、DuboisやDejerineの「向日的」治療の流れがあることは記憶されてよい。そして後者のアプローチから、実は今日のインフォームド・コンセントや治療者－患者関係の平等化という重要な視点が切り開かれてきたのである。ここで前提とされるのは、率直なストーリーを語り合える友人のごとき関係であり、従来の、たとえば18世紀末や19世紀の磁気術＝催眠治療に見られるような、一方向的でカリスマティックな関係が批判的に検討されたのである（江口，2008）。

VIII 語りの可能性とそのリミット

物語＝語り（narrative）は、心理療法を含め広く治療や癒しにつながる基底部分で作動するものとして、さらには解離や外傷性記憶概念の流布に伴なって（「外傷性記憶」の対概念が「物語的記憶」と名づけられたこともあって）この20年ほどの間一種の流行現象にもなって注目された（Sarbin, 1986）。確かにこれによって、あまり注目されなかった苦悩や病態、たとえば慢性の病いや、回復の見込めない病状への援助も模索されてきたのである。

教科書的に疾患概念を学ぶのと同じ比重で目の前の患者や来談者がじかに経験を語るのを聴き取ることは、臨床人類学の基本である疾患（disease）／病い（illness）の二分法という視点に繋がる。こうした視点は還流して「病いは物語である」（Kleinman, 1988 ; Good, 1994）とする独特な地平を切り開いてきた。

さてそれでは、語りをたどりながら、パズルの失われたピースを寄せ集めるようにして、現実に接地するような全体像を再構成できたらよいのだろうか。それを治療のゴールに据えることができるだろうか。たとえば外傷性記憶や経過の長い統合失調症において、前者では物語的記憶として復元可能であり、後者では「病識」を伴なった一貫したライフヒストリーの語りとして再構成できそうだからである。

しかしJanetがその主著（1919）の、外傷性記憶を論じた「心的清算」の部分で論じたように、そうしたアプローチの延長で直接治癒に結びつく場合はごく稀であり、多くの場合は外傷性記憶が癒えるまでの長い時間が必要となる。さらに付け加えれば、その間に有害な複雑化がさらに進まないように気づかうことが重要となるであろう。

IX 統合失調症における物語

長期化した統合失調症の場合、このような直接的な物語的関与で病的体験の変容に関わることは可能であろうか。著者は先に紹介した論文（江口，2000）で、慢性の統合失調症患者が本当に稀に、予想もしない偶発的な契機、たとえば夕刻の回診

時などに，自らのライフストーリーを滔々と語り出すことがあることを記した。その状態が恒常化すれば現実に再び接地することができるのではないかと考えるのは当然であろうし，たしかに統合失調症の晩発寛解と呼ばれるものにはそういう要素があると思う。

そうした語りが姿をあらわす特別な「時」を，樽味は「統合失調者の『素の時間』」（2006）と呼んだ。だがそれをきっかけにして，先の外傷性記憶の場合のように，全体的ストーリーが発掘され，その延長で直接治療に結びつくと考えるとしたら，樽味が緩やかに指摘するようにそれはミスリードであろう。樽味はこう記している。

　それ（慢性の統合失調症者の「素の時間」の語り）は，「突き詰めてはならないようななにかのきっかけでこちらにふと向けられ…（中略）…少し名残り惜しい感覚をこちらに残してそのままふと閉じられていくように思われる。そして操作されるべきものでもないのかもしれない」（同上，p.40）と。

では，一体ここで語られているものとは何なのだろうか。それは当人にとってきわめて重要な何かである。発病時やその周辺の重大な葛藤を含む語りであることはまちがい。私たちはここで，精神科治療の，あるいは心理療法の重要な側面に出会っていることになる。それは言葉のやりとりを含みながら，それを超えた非言語的な部分で治療的なメカニズムが作動しているということなのである。さらに誤解を懼れず言えば，患者が「治る」のは理論や視点によってではないということである。治った患者はそのライフストーリーを語るかもしれない，病識を獲得するかもしれない。しかしだからといって，それらを語ること，あるいは合理的な認識を獲得することによって治癒にいたるのではないということなのだろう。そこにはJanetの言うように，時間という「治療の匠」の，迂回した間接的な介在が必要なのである。

X　まとめ

他者の経験や内面を理解し，それらを記述するというは不思議な作業である。時には当人もその事実をとらえられず，あとになって少しずつ出来事として析出してくることもある。臨床における理解や記述とは不可能に近いものだ。だから，と樽味は言う。その記述をさせてもらう感覚を大事にすべきだ。それゆえ記述はきちんとなされるべきだ，と。樽味（2006）の言う「臨床の記述と『義』」とは，そういうことなのであろう。それは方法でありエチカなのである。

正確で網羅的な報告的記述。これも重要である。しかしその中に当人の経験が生き生きと再生し，それに対する参与者の心の動きの重なるような記述（これを本稿では臨床民族誌的記述と呼んだ）を織り込んでいくことの重要性と可能性について記した。同時にこうした記述のリミットについても言及した。しかしその「リミット」としたものも，長いタイムスパンのなかでは，複雑な迂回路を経て，必ずや治療的な部分に結びつくものと筆者は考えている。

文　献

Barrett R (1988) Clinical writing and the documentary construction of schizophrenia. Culture, Medicine and Psychiatry 12-3 ; 265-299.

Cushman P (1995) Constructing the Self, Constructing America : A Cultural History of Psychotherapy. Addison-Wesley, Reading.

江口重幸（2000）病いの語りと人生の変容―「慢性分裂病」への臨床民族誌的アプローチ．In：やまだようこ編：人生を物語る―生成のライフストーリー．ミネルヴァ書房，pp.39-72.

江口重幸（2003）病の自然過程とその物語的構成―精神科臨床における民族誌的アプローチ．In: 新宮一成編：病の自然経過と精神療法．中山書店，pp.37-68.

江口重幸（2008）シャルコーの大ヒステリー理論とミッチェルの休息療法からみた身体と心的領域．In：河合俊雄編：こころにおける身体・身体におけるこころ．日本評論社．pp.9-49.

Fadiman A (1997) The Spirit Catches You and You Fall Down : A Hmong Child, Her American Doctors, and the Collision of Two Cultures. Farrar Straus and Giroux, New York.

Geertz C (1973) Thick Description : Toward an interpretive theory of culture. In : The Interpretation of Cultures. Basic Books, New York, pp.3-30.（吉田禎吾ほか訳（1987）文化の解釈学Ⅰ．岩波書店，pp.3-56.）

Good B (1994) Medicine, Rationality, and Experience : An Anthropological Perspective. Cambridge University Press, Cambridge.（江口重幸，五木田紳ほか訳（2001）医療・合理性・経験―バイロン・グッドの医療人類学講義．誠信書房．）

Janet P (1919) Les médications psychologiques. Félix Alcan, Paris.

Janet P (1923) La médecine psychologique. Flammarion, Paris.（松本雅彦訳（1981）心理学的医学．みすず書房．）

Katz A and Shotter J (1996) Hearing the patient's 'voice' : toward a social poetics in diagnostic interviews. Social Science and Medicine 43-6 ; 919-931.（松澤和正抄訳・解説（1998）患者の声を聞く―診察における社会的詩学に向けて．生命・環境・科学技術倫理研究Ⅲ，pp.192-197.）

Kleinman A (1988) The Illness Narratives : Suffering, Healing and the Human Condition. Basic Books, New York.（江口重幸・五木田紳ほか訳（1996）病いの語り―慢性の病いをめぐる臨床人類学．誠信書房．）

松澤和正（2008）臨床で書く―精神科看護のエスノグラフィー．医学書院．

Sarbin T (ed.) (1986) Narrative Psychology : The Storied Nature of Human Conduct. Praeger, Westport.

菅原和孝（1998）語る身体の民族誌．京都大学学術出版会．

菅原和孝（1998）会話の人類学．京都大学学術出版会．

樽味伸（2006）臨床の記述と「義」―樽味伸論文集．星和書店．

柳田国男（1976）遠野物語・山の人生．岩波書店．

初回面接，見立て

原田メンタルクリニック・東京認知行動療法研究所　原田誠一

I　はじめに——昨今の初回面接・見立て事情

　初回面接は，やるべきことが盛りだくさんで忙しい。必須事項をざっとあげるだけでも，①挨拶・自己紹介から始まって，②主訴・現病歴の聴取，③既往歴・生活歴・家族歴・病前性格の把握，④症状評価，⑤診断，⑥治療法の検討・伝達は欠かせないし，⑦以上を，気持ちを汲む姿勢（共感）（土居，1977）を保ちながら行って治療関係を育成するという肝心要の作業もある。精神科医の場合には，さらに以上に加えて⑧身体の診察をして，⑨処方を決め，⑩クスリに関する情報提供（作用機序の解説，副作用の説明など）を行うことも多い。土居（土居，1977）が以上を「見立て」と呼んで，その重要性を強調したことはよく知られている。

　かのごとく，どうしても天こ盛り状態となることが避け難いのが初回面接である。これを限られた時間の中で，いかに気ぜわしくならないよう進めるか。どのようにすれば，尋問調で一方向性の問診となるのを避けて，「安心や意欲，整理と発見」を生み出せるか。脚本なしの出たとこ勝負を通して，実のある見立てを実践しうるか。そこに，治療者各人の心理療法観や精神医療への視座，実践のセンスや工夫が如実に表れるだろう。

　ちなみに初回面接の有り様には，当然のことながら時代の流れの反映も認められる。近年少なくない不埒な例が，電子カルテばかりに目線と注意が注がれてしまい，患者と向き合う姿勢が乏しい治療者像である。こうしたすれ違い・肩透かし的な態度から「安心や意欲，整理と発見」が生まれるのは期待薄だし，初回面接の最大目標の一つである治療関係の育成も無理というものだろう。また，神田橋（神田橋，1994）が精神科診断面接における「所見のとらえかた」で指摘した「①生理，②行動，③言語の所見の重みは，重い方から順に，①－②－③となる」という内容を，診療の場でふまえて実践するのも難しくなる。患者ときちんと向き合わないことには，「生理」や「行動」の所見を得るのは困難至極となるであろうから。

　加えて，近年一部で次のような悪しき流行がみられる気配がある。それは，初回面接前の患者にいくつもの自記式質問紙への回答を求めておいて，その評点から機械的に症状評価を行い，さらに操作的基準に基づいて診断名をつけて，その他の込み入ったやり取りを一切省く方式である。このやり方の初回面接・見立てに省エネ・効率向上の利点があることは認めるものの，過度のシンプルさ故の重大な欠陥を免れることはできない。例えば，この流儀には生活の視点が欠如しており（少なくとも大幅に不足していて），精神病理体験が発生し維持されている内実が十分顧慮されな

い。こうした生活軽視の姿勢が増している背景には，限りある診療時間を有効活用しようという誤った算術があると推測される他に，症状評価や操作的診断基準を過度に重視する（一部の）精神医学・臨床心理学の風潮もあるのだろう。しかし，真に治療に益する初回面接・見立てを行うためには生活の視点が欠かせないことは，改めていうまでもない。

初回面接に関しては委曲を尽くした優れた論考がすでに数多く存在する（土居，1977；神田橋，1994；笠原，1980；河合，1992）ため，筆者がたどたどしい口調で二番煎じを語っても屋上屋を架すことにしかなるまい。そこで本稿では，既述した現状をふまえて「初回面接・見立てと生活の関係」に焦点を絞って，次節以降考察を進めることにする。

II 生活を視野に入れた初回面接，見立ての必要性

初回面接を進めて見立てを行う際に，問題となる病態が発生・悪化・維持されてきた生活の実情を理解する必要性は，従来から諸家によって指摘されてきた。例えば，土居（土居，1977）はこのプロセスを「ストーリを読む」と呼んで重視した。また井村（井村，1983）は，心理療法における洞察を論じる中で，「生活状況の洞察」「生活態度の洞察」「生活史の洞察」の順に理解を深め広げる必要性を強調した。

一方，生活と精神障害の関連について神田橋（神田橋，2006）は次のように述べている。「こころの病気とは，典型的な脳の心身症であり，生活習慣病なのです。そして遺伝を含めた天性の資質に無理のない，相性のよい生活習慣に変えることで，脳というからだは自然治癒，すなわち自ら，ひずみを修復していくのです」。ここに明記されているように，患者と治療者が「脳の心身症」の出現・持続に寄与している「生活習慣」を検討して，いかに「相性の良い生活習慣に変える」かを相談することは，治療の不可欠な要素といえるだろう。

加えてこの共同作業は，河合（河合，1992）の

いう「物語を創り出す」こととの関連もあるように感じられる。河合は，「症状とか悩みというものは，いうなれば本人が自分の『物語』のなかにそれらをうまく取り込めないことなのである」と述べ，「クライエント各人が自分にふさわしい『物語』を創り出す」大切さを強調した。また，「クライエントの自主性を尊重するのは当然だが，治療者は治療者なりにクライエントについての『物語』を構想しなくてはならない。それは『見立て』の一部なのである」と指摘している。「生活を視野に入れた見立て」を行い患者と治療者が「ストーリを読む」という作業を省いてしまっては，「物語」の創出は期待薄となるだろう。

それでは，何かと忙しい初回面接の中で，どのように生活を視野に入れて見立てを行うか。次節で自験例をあげて，一例をみてゆくことにしよう。

III 生活を視野に入れた初回面接，見立ての実例

筆者が治療を担当した症例を，初回面接の進展に沿って紹介させていただく。ここでは生活に関する理解が進んだ実際の経緯を，井村（井村，1983）が記した「生活状況の理解」「生活態度の理解」「生活史の理解」という表題に沿って記してみた。なおプライバシー保護のため，記載内容を事実から一部変更してあることをお断りしておく。

【症例】30代　男性
【初診時主訴】突然出現する「動悸，息苦しさ，めまい，ほてり，ふるえ」で困っている。他院でパニック障害と診断されて服薬したが，副作用ばかり出て良くならなかった。
【家族歴】【既往歴】特記すべきことなし
【生育歴・生活歴】両親と妹の4人の家庭で育った。音楽学校卒業後，演奏活動を行いながらある楽器の個人レッスンを行ってきた。演奏仲間の一人と，共同生活を送っている。

初回面接の経過①：診断，治療歴に関して当初聴取した内容

初めに判明した概要：X-1年12月頃より，突然動悸・息苦しさ・めまい・ほてり・ふるえが出現するようになった。そして，「また苦しくなるのでは？」という心配も生じて生活に支障をきたした。X年2月，A病院精神科を受診。パニック障害の診断で外来治療が始まりSSRIを服用したが，症状は改善しなかった。効果がみられない一方で副作用が目立ち，X年5月に一旦通院・服薬を中止した。そして，X年6月に筆者の外来を受診した。

介入：症状内容を聴取してパニック発作・予期不安に該当すると判明して（はっきりした広場恐怖はみられなかった），A病院精神科でのパニック障害の診断は妥当と判断した。また，A病院精神科の処方内容（フルボキサミン，パロキセチン，ロラゼパムなど）も適切と思われた。正しい診断がなされて適切な薬物療法が行われたが，事態の改善がみられなかったことになる。また，パーソナリティ障害の併存は否定的と感じられた。適切な薬物療法が十分奏功しない（パーソナリティ障害の併存のない）パニック障害には，それなりの生活上の背景事情がある場合が多いため，とりあえず「パニック障害は生活に大きなストレスがかかって，無理が生じて起きることが多いんですよ」と一般的な情報提供を行い，患者が体験しているストレス内容について尋ねてみた。

初回面接の経過②：生活状況の理解

患者が口にしたのは，個人レッスンを担当している生徒2名との間で生じている葛藤状況であった。たまたま同じ時期に2名の生徒が理不尽な要求をしてきており，患者は対応に苦慮して大きな負担を感じているという。実際，レッスンの前後に特にパニック発作が生じやすいとのこと。患者の言によれば，2名の生徒はいずれも「メンタルチックな，ねっちりしたオバサン」。患者の考え方や方針を説明しても真意が通じずに，自分の一方的な主張を強引に行ってくるという。例えば，1名の生徒は「無理とわかっているのに，海外コンクールに再度挑戦した。火を見るより明らかな失敗の結果，泣くは騒ぐの阿鼻叫喚。まるでドラマを見ているよう。そしてその後に，文句の電話や抗議の長いメールがガーッとくる」。

介入：この件がストレス因となったことは，想像に難くない。しかし，この種の事態から生じるストレスの大きさは，本人の受け止め方や対処の仕方にもよるだろう。そこで，この件に関する本人の認知と対処について質問してみた。

初回面接の経過③：生活態度の理解

患者によると，「一旦あの人たちのボタンをクリックしてしまうと，感情的になってネチネチやってくる。言いたい放題で手に負えない」。患者は途方に暮れてしまい，「怖くて仕方ない。その相手と，二人きりになるのが恐ろしい」という。さらに，「自分が尊敬されていないと感じるし，自分のやり方が間違っているのかと感じる」とのこと。

介入：患者は2名の生徒について「怖くて仕方ない」「恐ろしい」「自分のやり方が間違っているのか」と感じており，こうした認知がストレスの拡大につながっている事態が判明した。しかしながら，患者は新米教師ではなく経験豊富なベテランである。患者がここまで強烈な恐怖を覚えて対処不能と感じ，自己の正当性を感じられなくなるまでに追い込まれている経緯を聴取しながら，筆者は「わからない」（土居, 1977）「不思議」（成田, 2003）と感じた。そこで，その旨を患者に伝えた上で，今までにこうした恐怖感に覚えが他にありますか，と尋ねてみた。

初回面接の経過④：生活史の理解

すると患者は，学生時代に音楽の師匠（女性）から思いもかけない形で怒鳴られて怯えたことが幾たびかあった経験を想起した。その教師は，理由がはっきりしないまま唐突に激怒することがあった。例えば，ある演奏会後のパーティーが終わってから，深夜になって「今夜は，私がなぜ下座だったの！」と一方的に憤怒の電話をかけてき

て，長時間罵詈雑言を浴びせかけたという。患者はひどくおびえるとともに，理由が判然としないまま自分を責めたとのこと。また，現在でもこの時の経験をきちんと整理できていない，と感じている旨を述べた。さらに当時，このエピソードのフラッシュバックや悪夢が体験され，この先生との接触を回避していたことが語られた。

初回面接⑤：見立ての伝達内容

理不尽な要求を行う2名の生徒との応対で窮する中，かつて師匠との間で生じた外傷体験が活性化されてパニック障害発症に至った可能性を伝えてみた（見立て）。患者の同意が得られたため，外傷体験の治療で筆者が重要で考えている2つの事項（原田ほか，2007），「（過去と現在の異同をふまえた）対処の可能性」と「自分の非」を紹介した。さらに，この「対処の可能性」「自分の非」という視点から，現在（対・2名の生徒）と過去（対・音楽の師匠）の経験を見直してみないかと誘い同意が得られた。なお本人の希望もあり，薬物療法は抗不安薬を頓用で処方するのみとした。

その後の経過

患者は，現在（対・生徒）と過去（対・師匠）の経験の双方において，「自分の非」はあまり感じなくてよい程度であったし，「対処の可能性はありそうだ」とみなすようになった。そして，問題の生徒との接し方について相談し試行錯誤する中で，徐々に自信をもって対応できるようになった。そして，こうした変化とともにパニック発作は生じなくなり，予期不安もみられなくなった。結局，8回の面接で治療終了となった。

考察

SSRIによる薬物療法が十分効果を示さなかったパニック障害の治療で，現在〜過去の生活の検討が奏功した経緯を紹介した。本症例では，パニック発作が生じた背景に「生徒との軋轢」という現在進行形のストレス因があり，加えて十分整理・消化されていなかった過去の外傷体験も一因となったという「見立て」を初診時に行った。他の精神障害の場合と同様に，パニック障害の治療においても生活面への留意が必須であると筆者は考えているが（原田，2009），本症例でもそのことが示されたとみることが可能だろう。ちなみに，現行のパニック障害の治療の専門書や治療ガイドライン（佐藤ほか監訳，2006）にこの種の記載・指摘はみられず，筆者は残念に感じている次第である。

IV おわりに

本稿では，初めに初回面接・見立ての概要を再考し，最近一部でみられる悪しき風潮を指摘した。次に，初回面接・見立てに生活の視点を導入する必要性を述べ，パニック障害の自験例を提示した。その中で実際の初診の経過を記して，「生活状況」「生活態度」「生活史」の順に理解を深めて，見立てを治療に活用した例を紹介した。

文　献

土居健郎（1977）方法としての面接—臨床家のために．医学書院．

原田誠一，勝倉りえこ，児玉千稲ほか（2007）外来クリニックでの認知行動療法の実践．精神療法 33-6；678-684.

原田誠一（2009）生活臨床をふまえた精神科臨床．臨床精神医学 38；185-190.

井村恒郎（1983）心理療法．In：井村恒郎著作集1．みすず書房．

神田橋條治（1994）追補・精神科診断面接のコツ．岩崎学術出版社．

神田橋條治（2006）「現場からの治療論」という物語．岩崎学術出版社．

笠原嘉（1980）予診・初診・初期治療．診療新社．

河合隼雄（1992）心理療法序説．岩波書店．

成田善弘（2003）精神療法家の仕事．金剛出版．

佐藤光源，樋口輝彦，井上新平監訳（2006）米国精神医学会治療ガイドライン・コンペンディアム．医学書院．

役立つアセスメント

東洋英和女学院大学　角藤比呂志

I　はじめに

　私は，ロールシャッハ法とWechsler式知能診断検査を中心に，というよりそれのみで臨床をやってきた。世にテストバッテリーの重要性が唱えられているが，現実の臨床実践の中ではこの二つの心理アセスメントで十分であった。こうした私の限られた経験から，「役立つアセスメント」というテーマに思いを巡らせてみると，さまざまな疑問が湧出してくる。

　「役立つアセスメント」に対して役立たないアセスメントなどあるのだろうか？　役立たないと思いつつアセスメントを施行している臨床心理士などいるのだろうか？「役立つ」とは，誰にとって役に立つのだろうか？

　閑話休題，本論では，私が，クライエントにとっても臨床心理士にとっても「役立つアセスメント」と信じてやまないロールシャッハ法（以下Ror法と略す）を中心に述べてみたい。

　なお，アセスメントには，本来，観察や面接によるものも含まれるが，本論では，心理テストを用いたいわゆる心理アセスメントに限定して述べる。

II　ロールシャッハ法の骨格

　アセスメントは治療と対比して考えられることがあり，アセスメントを専門にする臨床心理士を「テスト屋」と称して揶揄する場合がある。あるいは，臨床心理士＝心理療法家と捉え，アセスメントの鍛錬を敬遠あるいは忌避する人すらいるように思われる。はたしてそれでいいのだろうか？　私は，アセスメントは治療と一体となるものであり，瞬時に同化するものであると思う。したがって，Ror法もまた，治療と一体となり同化するものでありたい。なぜなら，「Ror法は，図版を媒介にした対話であり，そのプロセスは治療的面接と符合する面が多い」（秋谷，1996；角藤，2002，2003，2005a）と考えるからである。

　以下では，まず，Ror法の過程を，導入段階・自由反応段階・質疑段階そして結果の伝達段階（フィードバック面接以外も含めて）に分け，検者－被験者の体験過程に沿いながら私論について詳述する。次いでFinn & Tonsager（1997）の「情報収集モデル」と「治療的モデル」を援用し，Ror法の有用性と「役立つアセスメント」とは何かについて考察を加えたい。

表1　情報収集モデルと治療的モデル：補完的パラダイム（Finn & Tonsager, 1997）

	情報収集モデル	治療的モデル
アセスメントのゴール （Goals）	専門家同士のコミュニケーションを促進することが目標であり，存在する特性次元（たとえばIQ100, MMPI-2のコードタイプなど）とカテゴリーを用いてクライエントを正確に記述することにより，クライエントの見立てに役立てる。	クライエントが自己と他者に対する新しい情報や経験を学習し，日常生活に新しい変化が生まれることを手助けする。アセスメントを通して，クライエントの自己発見と成長を促進する。
アセスメントのプロセス （Process）	クライエントの情報や観察・生活歴からデータを収集し，検査データを演繹的・一方向的に解釈し，勧告（recommendations）する。	クライエントと共感的関係を発展・維持し，クライエントとともに個に即したアセスメントのゴールを決定し，アセスメント結果を共有し，探究する。共同制作的。
テストの観点 （View of tests）	心理テストは，法則定立的な比較ができ，アセスメント場面外の行動を予測することができ，クライエントの行動に関する標準化されたサンプルを収集するものである。テストの信頼性・客観性・妥当性を重視する。	心理テストは，統計的特性を考慮はするが，日常の問題状況への特徴的な反応の仕方について，クライエントと対話する機会であり，クライエントの主観的体験を専門家が受容することを可能にする，共感のための道具である。
着眼点 （Focus of attention）	着眼点はテストの得点とその後の見立てである。アセスメントの専門家は，クライエントとの関係で生じる自分の感情・思考には注意を払わない。	クライエントの主観的体験，専門家の主観的体験，そして両者の力動的な相互作用（interplay）といったアセスメントのセッションそのものに注意が向けられる。
アセスメントの専門家の役割 （Role of assessor）	データ収集に影響を与えない客観的観察者で，クライエントとの関係に距離を置き，クライエントは従属的で受け身的な立場に置かれる傾向がある。	関与しながらの観察者（participant-observer）であり，クライエントの変容を促進する技術とテストやパーソナリティ・精神病理についての十分な知識を持ち，高度な対人的技巧を有することが望まれる。
アセスメントの失敗の定義 （Definition of assessment failure）	データに信頼性や妥当性がない場合，間違った見立てがなされる場合，解釈や勧告がクライエントやケアする人に役立たない場合などに，アセスメントの失敗とみなされる。	クライエントが尊重されていない，理解されていない，傾聴されていないという気持ちになったり，新たな理解を獲得することができなかったり，気持ちを踏みにじられたと感じて以前よりも無力になったりした場合などに，アセスメントの失敗とみなされる。

Ⅲ　ロールシャッハ法の体験過程

1．導入段階

　Ror法は，周知の通り，インクのシミでできた10枚の図版を提示し，「何に見えるか」を問う投影法のひとつである。しかし，その前に導入段階が存在する。ここでは，検者－被験者間での施行に関する「目的の明確化と合意」が最終目標となる。そのため，まず，被験者の現在の状況・状態から，今までの経過，対処法とその成果，今後に向けての方針等について話し合う。つまり，話題は，現在から過去，過去から現在に戻り，被験者のストーリーを共有した後に，検者は未来に向けてのRor法の目的を明確化し，被験者の合意を得る。

　被験者にとっては，不必要な不安の軽減と動機づけの機会となり，検者にとっては，仮説を立てる時間となる。

　Ror法は，最終的に記号化された結果のデータ分析であるかのように思われている節もあるが，結果あるいはある型（pattern）が何かを教えてくれるのではない。仮説－検証のプロセスを繰り返しながら，被験者の諸特性を見分けて

いく（identify）のである（秋谷，1996；Schafer, 1948）。

したがって，検者が，被験者をどう把握し，どんな仮説を立てるかが非常に重要になるのであり，Ror法を実践する上で，この過程をスムーズに行うことが最も難しい。

2．自由反応段階

この段階は，文字通り，被験者に「自由に」反応してもらう段階である。不必要な説明や指示により自発性を妨げないように，教示は「何に見えるか言ってください」という簡潔なものにする。被験者のコトバによる反応のみならず，生理的変化や行動面等も検者はつぶさに観察する。

では，被験者は，どのような体験をし，反応を生み出すのだろうか？

反応生成過程について，Rorschach（1921）は，「反応は刺激図形によって引き起こされた感覚と記憶痕跡の統合によって生じる」と述べ，その後，Exner（1986）は，詳細な実験を重ね，次の3段階を提唱した。

第1段階：まず図版刺激の視覚的入力を経て，刺激とその部分部分の分類および潜在的反応のランク付けが行われる。この際，図版の特性や反応内容が見慣れたものであるかどうかが影響する。
第2段階：低いランクの潜在的反応が棄却され，さらに検閲によってその他の潜在的反応が棄却される。この段階では，時間や努力の節約といった経済的原理や被験者の構え，価値観，検者との関係性が影響する。
第3段階：心理特性や心理状態により，残っているいくつかを選び出す。

また，Schafer（1954）は，精神機能レベルの変動という視点から，反応の生成過程を説明した。

つまり，我々の精神機能は，現実的知覚，目的的視覚化，白昼夢，夢といった水準を，時間経過とともに変動しており，現実的知覚から夢に向かうことを退行という。そして，Ror法は，退行促進的要素と退行抑制的要素を持っており，反応時点で現実的知覚からどの程度退行し，回復できるかといった自我の弾力性を評価することができると彼は考えた。

いずれにしても，あいまいな刺激図版が「何に見えるか」という問いかけは，単なる視覚イメージに留まらず，さまざまな感覚イメージを生起させる。その結果，程度の差はあるものの，被験者の中に「揺さぶられ体験」が生まれる。そのため，検者は，言語的（vocal）にも，非言語的（non-verbal）にも「抱え環境」（神田橋，1990）を提供することが必須となる。時々，「Rorは危険だ」といった言葉を耳にするが，Ror法そのものが危険なのではなく，検者の「抱え環境」が機能していないのではないかと思う。Ror法を「検査」といった認識のもとで行うと，どうしても探索的で詰問調の態度とコトバになる。Ror法を「面接（対話）」と肝に銘じることで，検者－図版－被験者の三角構造の中で「抱え環境」は強化される。「いっしょに」（同行二人）といった雰囲気が重要なのである。

抱え環境を背景にした三角構造の中で，被験者は，図版刺激から生じたイメージをコトバに乗せて検者に運ぶ。検者は，被験者のコトバと図版が刺激となってイメージを喚起する。被験者と検者のイメージは，この時点では必ずしも一致していない。図版を媒介に，コトバを使って，検者のイメージを被験者のイメージに摺り合わせるのが次の段階（質疑段階）である。

3．質疑段階

神田橋（1997）は，「コトバはイメージを運ぶ荷車だと気づいて面接の核心をつかんだと感じた」と述べている。質疑段階は，図版刺激によって生じた被験者のイメージと検者のイメージを，コトバに乗せて双方向的に運び，合意に達する（consensus validation）段階である。そのために，検者は，被験者がコトバに乗せて運んできたイメージを追体験し，図版刺激と照合しながらそこで生じた自らのイメージをコトバに乗せて被験者に運ぶ。ここにおいては，被験者のイメージに関与

する検者とブロットとの照合の基に観察する検者（participant observation）が必要になる。

具体的には，検者は被験者のイメージを図版上で「なぞり」（下坂，1998），被験者に返す。これを丹念に繰り返してもなお疑問の残る点については，「○○について，ここ（図版）でもう少し教えてもらえますか」あるいは「特に○○に見えたのはこの図版のどんな特徴からそう見えましたか」と常に図版を媒介にして三角構造の中で問う。なぜなら，Ror法は，図版を媒介にした対話であるからである。こうすることで，被験者の中には自分のイメージを共感的に理解してもらえた，ひいては自己を受け入れてもらえたという体験（治療的体験）が生じ，検者は，反応についての正確な情報を得ることができる。

この情報を，反応領域，決定因，形態質，反応内容等のカテゴリーに分けるのが，記号化である。つまり，記号化とは，被験者のイメージ（反応）を，いくつかの馴染みある箱の中に，「分ける」ことによってわかろうとすることであり，単なる表面的な言葉をマニュアル的に記号に置き換えることではない。だから，わからないイメージ（反応）は記号化が困難となる。つまり，記号化は，記号化のための記号化ではなく，被験者についての理解（解釈）を一応記号に留めておくことであり，常に解釈と表裏一体となっている。だから，極論すれば，どんな記号化システムを使おうと関係ないのであり，熟練すれば記号化などしなくてもある程度のことは「分かる」。記号化は，被験者を理解するための方便である。

とはいうものの，これらのカテゴリーは，Ror法にとって重要な要素である。なぜなら，あいまいな刺激図版のどこに（反応領域），どんな図版刺激を使ってどのように（決定因），どんな質の形あるものとして（形態質），何を見たのか（反応内容）に注目したのは，ヘルマン・ロールシャッハの傑出した独創性であったからである。さまざまな批判を浴びながらもRor法が最も使用頻度の高い心理アセスメントとして現存するのは，この独創性に基因するものと思われる。つまり，内容分析のみならず形式的構造的にイメージ（反応）を分析することにより，パーソナリティ診断や病理的診断が可能になる。

この重要性ゆえに，質疑段階の教示は図版Ⅰの第1反応を用い「○○に見えたの（反応内容）が，このカードのどこの部分で（反応領域），どんな特徴からそう見えたか（決定因）教えてください」と検者は被験者に伝える。ここで図版Ⅰの第1反応を用いるのは，導入段階・自由反応段階・質疑段階といった一連の対話の流れを切らないためである。そして，これらの課題（教示）に被験者がどのように合理的・効率的に応じるか，その連想の流れに耳を傾けながら図版を媒介にした三角構造の中で対話を維持していく。

このように，「Ror法は，図版を媒介にした対話であり，そのプロセスは治療的側面と符合する」ものとなる。

4．結果の伝達（フィードバック面接以外も含めて）

「生き物はみな，己の資質と環境との間に，調和を図りつつ生きている。……とはいえ，われわれの人生において外界操作というこのヒトとしての能力を発揮できる機会はさほど多くはない。せいぜい，事情が許すとき動物として移動することができるだけで，おおむねは植物のように己を曲げることで環境に順応して暮らすしかない。鉢植えの植物を目の前にして心をかすめる憐憫は，共感の一種である」（神田橋，1990）

Ror法の結果は，被験者が，己の資質と図版（環境）との間に，どのような調和を図りつつ生きているか（どう順応しているか）をあらわしている。そしてその結果は，実生活における被験者のあり方とフラクタルな関係にある。ヘルマン・ロールシャッハは，なぜこのような環境（10枚の図版）をしつらえたのか，今だに謎である。

また，Ror法の結果は，結論（conclusion）ではない。あくまでも仮説である。結論は，検者－被験者が，結果を頂点に，三角構造の対話の中で，仮説－検証を繰り返しながら達成される。これがフィードバック面接である。けっして，一方向的

な結果の押しつけになってはならない。私の場合は，結果を数字や記号で提示することはしない。両者の共通言語とはなりえないからである。その代わり，いくつかのテーマを提示し，被験者の説を待つ。この際，なるべく被験者の意識（認識）に近いであろうテーマから提示してみる。被験者が，それを肯定した場合は，可能な範囲でそのテーマについて語ってもらう。もし否定した場合は，取り下げる。この取り下げは，けして無にはならない。むしろ布石となって被験者の心に残り，その後の治療セッションの中で，あるいはフィードバック面接の中で，肯定され新たな気づきとなることも多い。

私は，Ror法終了時に，結果の伝達方法について被験者に決定してもらう。「また来ていただいて結果についていっしょに話し合う（フィードバック面接）かあるいは後日文書でお伝えしてもよろしいですが」と伝えると，ほとんどの人が前者の方法を選択する。ただし，文書を希望したりあるいは諸事情により，そうせざるを得ない場合もあるが，その際は，フィードバック面接と同様に，意識（認識）に近いテーマから伝え，遠い（深い）テーマについては，慎重かつ謙虚に仮定の話（「もしかして〜」）として伝える。なるべく日常語で記述することは言うまでもない。

他職種（主に医師）からの依頼に対する結果の伝達も，ほぼ被験者本人への文書での伝達と変わりはないが，他職種からの依頼の場合，診断的示唆を求められることがきわめて多い。臨床心理士が診断的示唆をすることに眉を顰める方も多いかと思うが，臨床の現場にいるとこれが現実であり，臨床心理士が最も苦渋する課題でもある。われわれは，もっと病理に敏感になるべきであり，ひとつの理論に固執せず，諸理論に精通する柔軟な態度が必要である。「病理に目を向けるのは医師の仕事で，心理はもっと健康な部分に目を向けなければ」という言葉も耳にするが，病理に敏感でなければ健康はわからず，健康がわからなければ病理にも敏感にはなれない。「こころの専門家」と称して「からだ（身体疾患も含め）」に無知なこ

とも同様である。こころとからだは一体である。これらのことは，アセスメントに限らず治療においても然りである。

ちなみに，Ror法は，最も精度の高い診断的アセスメントであると私は思う。Ror法に手厳しい批判を浴びせたWoodsら（2003）でさえも「いくつかのロールシャッハ・スコアは，思考障害の判定に役に立つ」と述べている。この思考障害のあり方によって，精神病水準と境界例水準の鑑別も可能である（角藤，2005b）。

結果の伝達には，臨床心理士から臨床心理士に伝える場合がある。この場合，ケースの紹介はもちろんであるが，治療を担当している臨床心理士が，Ror法の必要性を感じて依頼することがある。根底に「テスト施行者と治療者は分離すべき」（A-T split）との考えがあると思われるが，私は避けたい。なぜなら，情報を100％正確に伝えることは不可能であり，何よりも「Ror法は図版を媒介にした対話であり，そのプロセスは治療的面接と符合する面が多い」からである。「箱庭」や「遊び」を媒介とする治療法をイメージしていただけば，理解は容易であると思う。

なお，ここでの「結果」とは，単なるデータやパターンのみを指しているのではない。仮説−検証の繰り返しによって見分けられたすべての「結果」を指している。データは，それのみでは何の意味も持たない。被験者の現在・過去・未来すべての情報を織り交ぜ，照合してこそ生きた「結果」となる。そしてこの仮説−検証のプロセスはRor法が終わってから行われるのではなく，図版を媒介にした対話のその瞬間瞬間に，検査の中で行われるのである（「導入段階」の項をご覧いただきたい）。

IV 「役立つアセスメント」とは何か

ここまで，Ror法の有用性について，その体験過程を通して述べてきた。次に，Finnらの提唱するアセスメントモデルからRor法を捉えてみたい。

Finnらは，アセスメントを，クライエントの情報や見立ての決定を目的とする「情報収集モデル」と，クライエントの肯定的な変化を目的とする「治療的モデル」に二分し（表1参照），昨今のアセスメントの危機は，「情報収集モデル」を強調しすぎたためであると指摘する（Finn & Tonsager, 1997）。しかし，彼らは，従来のアセスメントを否定しているわけではなく，両モデルは補完的であるとし，半構造化されたシステムの中でいかに「治療的な（therapeutic）」用い方をすべきかを提唱している（Finn, 1996 ; Finn, 2007）。

　この観点から見ると，Ror法は，まさに両モデルを補完的に備えている（角藤, 2007）。そして最近では，フィードバック面接による治療的意義が議論されてきているが，今まで述べてきたように，私はRor法の施行のプロセスそのものが治療的であることを強調したい。

　また，忘れてならないのは，「Ror法は図版を媒介にした対話」であるがゆえに，検者－被験者双方の内的体験が交錯し，検者自身の自己分析や面接技法の練磨にも役立つということである。

　以上述べてきたことを踏まえて，「役立つアセスメント」とは何かを改めて考えてみると，つまるところクライエントにとって，いかに治療的であり有益であるかということになるだろう。

　つまり，アセスメントの検者，被験者，依頼者，すべての人々にとって有用であり，究極的には被験者（クライエント）にとって治療的であることが肝要である。

V　おわりに

　「役立たない」と思いつつアセスメントを施行している臨床心理士はいないであろう。ただし，「役立つ」ようにアセスメントを施行しているかは疑問である。すべてのアセスメントは，その使い手によって「役立つアセスメント」になるのだと思う。本論では，Ror法を中心に，その要諦を述べた。

文　献

秋谷たつ子（1996）臨床心理学の探究．星和書店．
Exner JE (1986) The Rorschach : A Comprehensive System Volume 1 : Basic Foundation. John Wiley & Sons, New York.（高橋雅春ほか監訳（1991）現代ロールシャッハ体系 上．金剛出版．）
Finn SE (1996) Manual for Using the MMPI-2 as a Therapeutic Intervention. University of Minnesota Press, Minneapolis.（田澤安弘，酒木保訳（2007）MMPIで学ぶ心理査定フィードバック面接マニュアル．金剛出版．）
Finn SE & Tonsager ME (1997) Information-gathering and therapeutic models of assessment : Complementary paradigms. Psychological Assessment 9-4 ; 374-385.
Finn SE (2007) In Our Client's Shoes. Lawrence Erlbaum, London.
角藤比呂志（2002）ロールシャッハ法についての私見．このはな心理臨床ジャーナル 7 ; 59-64.
角藤比呂志（2003）ロールシャッハ法と神話―心理療法との類似性を起点として．東洋英和女学院大学心理相談室紀要 7 ; 19-27.
角藤比呂志（2005a）ロールシャッハ法における対話―心理面接との照合．東洋英和女学院大学心理相談室紀要 9 ; 24-28.
角藤比呂志（2005b）ロールシャッハ法の視点．In：織田尚生編：ボーダーラインの人々―多様化する心の病．ゆまに書房，pp.101-144.
角藤比呂志（2007）ロールシャッハ法の未来―情報収集モデルと治療的モデル．東洋英和女学院大学心理相談室紀要 11 ; 45-53.
神田橋條治（1990）精神療法面接のコツ．岩崎学術出版社．
神田橋條治（1997）対話精神療法の初心者への手引き．花クリニック神田橋研究会．
Rorschach H (1921) Psychodiagnostik : Method und Ergebniss eines Wahrnehmungsdiagnostischen Experiments. 7 Aufl. Hans Huber, Bern.（東京ロールシャッハ研究会訳（1964）精神診断学―知覚診断的実験の方法と結果．牧書店．）
Schafer R (1948) The Clinical Application of Psychological Test. International Univ. Press, New York.
Schafer R (1954) Psychoanalytic Interpretation in Rorschach Testing. Grune & Stratton, New York.
下坂幸三（1998）心理療法の常識．金剛出版．
Woods JM, Nezworski MT, Lilienfeld SO et al. (2003) What's Wrong with the Rorschach? Wiley, New York.（宮崎謙一訳（2006）ロールシャッハテストはまちがっている．北大路書房．）

心理療法の過程――
生きられた時間を求めて

北翔大学大学院　村瀬嘉代子

　ここではさまざまな心理療法の理論や技法の相違を超えて、それらの過程に通底して必要だと考えられる要因について考えてみよう。

　近年、心理療法の理論や技法は、さまざまに分化・発展し、百花繚乱の観を呈している。いずれの技法に依拠したものかと迷うこともあろう。だが、そもそも心理療法の理論や技法は日常生活の中の人間関係を円滑に運び、心理的苦痛や哀しみ、困惑を和らげて、心理的回復と成長を促し、生きる希望をもたらすうえで効果がある感じ方、考え方、振る舞い方を抽出し、それらを系統立てて整理し、洗練させ、理論化したものと言えよう。例えば行動療法の日常語とかけ離れた表現や、一見操作的とも見える技法に馴染まない感を抱く人も、育児のプロセスで、行動療法の原理が幼児と養育者との呼吸のあった、暖かなやりとりの中にさり気なく織り込まれて展開していることに納得されるであろう。思考を柔軟にし、視点を変えて物事の受け取り方を変容させ、事態に気持ちを新たにして取り組むなど、日常生活での知恵は認知行動療法の原理に叶っていると言えはしまいか。

　そもそも心理療法の過程はクライエントの現実生活とは別個にあるものではなく、有形無形に密接に関連し合っている。その過程で生起し展開していることが、現実の生活に及ぼしている影響や効果、心理療法過程と現実生活のあり方との関連について、十分に注意を払うことの重要性をまず指摘したい。時に内的世界、関係性ということが重視されるが、内的世界とは外的、換言すれば現実世界との関連においてあるものであり、関係性も現実の生活をいかに生きやすく意味あるものにすることを目ざすためのツールである。心理療法においては良い関係をつくる、維持することは目的のための手段であって、目的ではない。自明なようであるが、これを銘記したい。

　著しく現実感覚を損なっているかの如き重篤な状態のクライエントであっても、人のこころの深層に触れることのおそろしさを自覚し、慎重で謙虚でありたい。無形の心理的なものに対する的確な理解、判断、言語的非言語的行動が主要な方法として求められており、セラピスト個人の総合的能力によるところが大きい。他方、相対的視点をもって、セラピストは自分とクライエントとの関係がどうなっているか、この関係をクライエントはどのように受け取っているか、クライエント－セラピスト関係の中で生じていることがクライエントの現実生活（クライエントと他の専門職、非専門職の人々との関係、クライエントにかかわる状況やことなど）とどのように関連しているのか、全体状況に留意することが必須である。クライエントが薬物投与を受けている場合や他のさまざまな援助を受けているような場合はもちろんの

こと，一見他者には何気ない些事とも見えることがクライエントに大きな意味をもたらしている場合が現実には少なくない。現象をよく観察し，多軸で考え多面的に関わる姿勢を持って，そこに生起している事象をすべて自分に引きつけて考えない，クライエントと自分との一対一の関係がクライエントに成長変容をすべてもたらしている，と早計に捉えるのではなく，クライエントにとって意味をもっているさまざまな要因の中でのセラピストとしての自分の位置や役割として考えることが必要である。

さて，本特集に「治癒機転とは失望していく過程でもある」（青木，2009）とけだし本質を指し示して妙という表現がある。これは心理療法過程とは，と言い換えてもよいとも考えられるが，失望という表現を日常語として平板に捉えると，援助の営みに望まれる「希望」が色褪せる感を抱かれる読者もあろうかと思われる。この表現が心理療法の過程，治癒機転を集約している事情を記述することが，心理療法のミニマム・エッセンシャルの要因を考えることにもなろう。

初回の出会い

主訴の如何を問わず，クライエントはこころ病み，あるいは傷つき，人生の不運の籤を引いて障害を持ち，生活に支障や生きづらさを抱いて来談される。中には自ら求めてではなく，やむなくの来談もある。自分も含めて他者への不信感，自尊心の低下，将来への不安，失望などなど。セラピストは確かな役割自覚（何処まで引き受けられるか，受けるべきでないか）に基づいて，訴えられたことをまずは真剣に聴こう，そしてクライエントの現在の必然性を受けとめようとする姿勢を持とう。クライエントのこころの準備を超えて性急に聞きだし，計測しようとはしない。しかし，たったひと言でも，いや言葉にならない漂ってくる気配，さりげない仕草，その他与えられた情報をもとに知見を動員して，クライエントの現実とそれを構成する背景の諸々に想像と思考を巡らし，受けとめ，セラピストは理解しようとする。すると，クライエントの中に，これまでの対人関係とは何か違う，新鮮な自分を受けとめようとする対象が現実の世界にあり得るのだ，という反応が生じよう……。セラピストとしては，ネガティヴな姿勢で現れるクライエントに出会って，その見えるものと背景の要因に思いを巡らし，ニュートラルに接することができるか，そのネガティブなものをどう受けとめるか，そこに自分の援助技法と人間性の総和が問われる局面でもある。

共同作業の始まり

セラピストはクライエント個人の資質や問題の性質をはじめ，これに関連する器質的，諸々の環境因をも視野に入れた見立てをもとに，大きな目的ととりあえずの目標として何を考えるか，どこから何についてどう着手するか，いわゆる見立てを行う。そして，これについてはできる限り，クライエントはもちろん，必要に応じて関係者（家族，その他問題解決に関係あると考えられる人，機関など……）と共有し，理解と協力の可能性の土台をつくる。ただ，心理療法の過程においては，守秘義務を念頭に置いて，情報をどう扱うかについては，クライエントの意向を尊重しながら慎重を期さねばならない。

見立て（アセスメント）をもとに

さて，何を目標にどこからどう問題に着手していくか，この過程で大切なことを列挙しよう。①技法はあくまでも現時点のクライエントのニーズに沿うものであり，セラピストのそれではない。過程がどう進行しているかについては，クライエント－セラピスト関係ばかりでなく，クライエントがどう体験しているか，彼（彼女）の現実の生活はいかにあるか，を視野にいれて考えている。③クライエント－セラピスト関係の中での生起展開する事象ばかりでなく，クライエントの生活，全体状況を理解する。④見立ては経過の展開に伴

い，常に修正しより的確な方向へと検討し修正を。⑤アセスメントの変容，援助過程の展開状況に即応して用いている方法をきめこまかく吟味する。⑥こういう一連の過程において，セラピストは基本的に操作的，あるいは一方的リードや指導的姿勢に陥らないように。ただし，これは漫然とした受け身的姿勢ということではない。援助過程の展開に資するような反応は自然に過程の流の中で，技術が浮き上がらないように用いていきたい。

こういう姿勢を基本とする対人関係や場はクライエントにとって，自分が心にかけられるに値する存在だという，裏打ちされた感覚を呼び起こし，それがゆとりをもたらす。幾ばくかのゆとりが持てるとき，自分に纏わる現実を否認したり，曲解したり，あるいはそれに圧倒され尽くしている，と感じることから，クライエントは自分が今，受け入れられる質と量に相応して，自分自身や状況をより的確に認めることが可能になるのであろう。現実を現実として受けとめる，これが次の展開を生む基盤である。この気づきを生じる局面を先の青木論文は「失望していく過程」と表現したものであろう。

一方，現実を認識すると，それまで混沌として見えた事態に対し，何をどこから着手可能かという視点がより明らかになり，着手して，何らかの進展が生じると，それがさらにゆとりを生じ，そこからあらたな気づきが生まれ，次の作業が始まる，という循環が生まれてくる。そして，クライエントなりの生き方，自分の課題への対応を自律的になすことが可能になるとき，仮に疾病は寛解しなくても，あるいは障害は消えてなくなることはなくとも，心理療法はひとまずの終結を向かえるのであろう。

なお，心理療法の過程というとき，開始してみて，ある期間を要する，という暗黙のイメージがありはしまいか。もちろん，疾病や障害の性質や病態に応じて，相応の時間，期間を要することは当然である。だが，前述した心理療法の過程の中に，それが効果あるために含まれるはずの要因は，一回のセッション，さらには一回のセッションの短い部分の時間の中に含まれるはずのものであろう。つまり，心理療法の過程とは，クライエントにとって，漫然と受け身的に流されがちな日常の多くの時間とは違って，その時間，受けとめられ，理解しようとする真剣な眼差しと聴く耳に出会い，自分を再び見出し，自分らしい生き方をよりよく模索する主体性を取り戻し，育てる時間の体験であろう。これを「生きられた時間」とでもいえようか。もちろん，心理療法は物理的・人為的な要因によって，中断したり，これまで述べたようなある種典型的な展開に到らない場合もある。そこで，終わりに心理療法の過程に関与する要因を列挙する。

心理療法の過程に関与する要因

①援助を受けざるを得なくなった人の苦しみ，哀しみ，怒り，無念などなどを想像し，人として遇し，背景を想像する。②緻密に観察し，気づく努力を。簡単に既存の枠組でそれに該当することのみを当てはめて考え，わかったつもりにならない。③わかること，わからないことを識別して，わからないことを大切に抱えていく。④場の責任は持ち，状況の全体を視野に入れるようにはするが，クライエントの主体性を脅かすような操作性，一方的指示は控える。ただ，緊急の場合，自傷他害の畏れあるような場合は現実的に的確な判断を。⑤用いる技法はセラピストの得意や関心からではなく，クライエントの必要性に相応したものを。しかも，その技法は自分が使いこなすことができるもので，それだけが過程の中で，浮き上がらないように。既成の理論や技法に頼るばかりでなく，必要に応じて，責任の負える範囲で技法については，創意，工夫を。⑥クライエントとの信頼関係は大切だが，クライエント－セラピスト関係を相対化した視点で，今，何が何の目的にそって，どのように生じ，進展しているかについて理解している。⑦過程の展開の次第については，常に検討し，セラピスト一人が抱え込むことが不適切な課題，事態に対しては，スーパーヴィジョン，

カンファレンスを受ける，他職種，他機関へのリファー，コラボレーションを行う。⑧クライエントの主体性を大切に。性急な解釈を控え，クライエント自身の発見，気づきを促す。⑨バランス感覚をもって，中立的である。⑩セラピストは自分の生を常に振り返っている。役割に最善を尽くすことは必要だが，それを自分の生き甲斐と混同しない。

かつてフロム・ライヒマン（Fromm-Reichmann F (1880-1957)）の治療を受け，作家となったハナ・グリーンがライヒマンについて，自分が病から回復できたのは，何よりも治療者が予め抱いていた考えを喜んで捨ててくれたからであり，「彼女（ライヒマン）は，自分自身の理論を証明するために，自分の患者を利用しない優しい性質を備えていた」（1967）と語った言葉をこころに留めたい。

文　献

青木省三（2009）治癒機転：人が変わるとき．臨床心理学 増刊第1号, pp.74-80.
Green H (1967) In Prais of My Doctor : Frieda Fromm-Reichmann. Contemporary Psychoanalysis 4.

治癒機転：人が変わるとき

川崎医科大学精神科学教室　青木省三

はじめに

　入院患者についての，多職種での症例検討会を行っていると，一人の患者に何が治療的であったのかについて，ずいぶんと考えが違うことがある。
　40代の抑うつ的な女性の入院が長期化していた。見方によっては，病院が家のようになってもいた。主治医は，「患者の苦しい気持ちを理解し，粘り強く保護的に関わる」ことが転機になるのではないかと考えていたが，看護スタッフは，「いずれは現実に戻らないといけないのだから，少し強く現実に戻るように勧めることが患者には必要なのではないか」と考えていた。しかし，作業療法場面では，病棟とは異なった，生き生きとした表情で革細工に取り組み，創造的な仕事は女性を変えていっているように見えたし，ケースワーカーは仕事に行き詰まり，親の看病に追われるゆとりのない生活に苦しみの一因があると生活を何とか変えようとしていた。病棟の掃除を担当する女性職員の「おばちゃん」は，患者の話が何となく緊張感のないものになっていると感じ「もうそろそろ，退院したほうがいいのではないか」と思っていた。
　その患者が「退院をしてやってみます」と述べ，意外なほどにすっきりとした表情で退院していった。何が治療的で，転機となったのか……，それぞれの担当のいずれの見方や考えも納得させられるものがあった。後日，患者は「入院中は話しづらかったけれど，先生，あれ以上は入院しておられなかったのです。生命保険の入院給付金の支払われる期間は限られているので。生活もありますし……」と述べたのであった。
　このように，患者・クライエントは人と場によって異なった姿を示し，異なった印象を与えるものである。そして，治療者は自分との関係に引き寄せて変化を理解しがちであるが，実はそれはあくまでも変化の一因にすぎず，時には，誰も知らない理由が主因となっていることもある。患者・クライエントが変わるということを，自分に引き付けずに考えること，すなわち多角的，多面的に理解し，絶えず立体的な全体像を描こうとするという姿勢が何よりも求められる。ここでは，いくつかの患者・クライエントの治療を紹介し，治癒機転，人が変わること，について考えてみたい。

きちんとたずね，話を聴く

　紹介状には，「希死念慮，リストカット，大量服薬など」「境界性人格障害」という主訴・診断と，中3のときに，1年間，激しい『いじめ』を受けたことが記されていた。斜に構えた感じのA

君と父親が診察室に現れた。A君は「普段は、ボーっとしているんです」「何を見てもピンとこない。喜怒哀楽がない」というような、離人あるいは解離というような症状を語った。

　「ボーっとした感じが晴れることは？」とたずねると、「海辺にいるときと、古本屋にいるときが、少し楽……」と述べた。場所が具体的なのが心に残り、何か迷いのようなものがあると感じた。私はA君の目をしっかり見て、「私の勘違いかもしれないが、A君、君は、本当は何か困っていることがあるのではないか。もしよかったら教えてくれないか？」とたずねた。A君は、私をしばらく見つめ、「少し話が長くなってもいいですか……」と話しだした。その内容を詳しくは記さない。幼い頃から生物や化学が好きで、科学者になって研究をしようと思っていたが、中学途中でのいじめを契機に、同級生や教師を信頼できなくなり、学校に行けなくなるとともに成績も下がり、これからどうしたらよいかまったく分からなくなったという経過の詳細であった。海辺では図鑑に載っていた生物を見つけたのを思いだし、古本屋では、科学者になろうと思って本を立ち読みしたことを思いだし、そして元気なときの自分を思いだすということであった。

　長い話を聞き終わった後で、私は「A君、君は、もうこれから先どうにもならないと思っているのではないか？」とたずねた。「いろいろと考えたけど、目指していた大学には入れそうにないし。他の仕事は考えたことないし……。いつも、あれこれ考えて、何でこんなことになったのだろうと思ったら、ボーっとなってしまう」とA君は答えた。

　少し間をおいてA君に、「しかし、君の人生はまだまだこれから。作戦を練らないか？」と提案した。A君は不思議そうな顔であった。「今のままの君で入学できる、君の好きな勉強ができそうな大学はないだろうか？　進路相談のできる人は？」とたずねると、いくつかの大学の名前があがり、高校の先生の名前が一人あがった。

　父親には次のように説明した。「A君は、これからのことをいろいろと考え、どうしたらよいか分からず混乱し、苦しんでいます。このままでは、A君は考えすぎて、より深い苦しみの中に入り込むことになる。思い切って、大学に入りそこから考えてみませんか？　A君には不本意かもしれませんが、今のA君が無理をせずに入れる大学を探し、その大学で、A君の元々の夢であった研究者の道を少しずつ模索するというやり方はどうでしょうか？」と話すと、「確かにそれが、一番現実的ですね。とにかく今の状態を抜けださないといけないと思います」と父親も理解を示した。

　A君は、父親が高学歴を期待していると感じていたし、自分自身でも高いレベルの大学に入って優秀な科学者にならなければと思い込んでいた。種々の事情で学校の成績が落ちたとき、A君は描いていた自分と現実の自分との乖離に苦しみ、混乱した。高いレベルの大学に入ることはできなかったし、大学のレベルを落とすということもできなかった。描けない自分の将来を考えては、絶望的な気持ちになっていた。希死念慮、リストカット、大量服薬などは、そんなときに、おこっていたのであろう。「学校のレベルを落とし、目標としていた研究者を目指す」ことは、A君の目標を「半分を捨て、半分を生かす」というものに変えるというもので、A君が自分の目標に折り合いをつけるということでもあった。

　その後は、現実的な進路などの話を数回した。高校の先生の反応は予想外によく、本人と家族から見れば、かなり「レベルを落とした大学」への入学が決まり、進学していった。初診以後、精神症状は、少なくとも私にはまったく語られず、家族も落ち着いているということであった。大学入学後は、アルバイトやサークル活動を楽しみ、あまり勉強はしなかったが、元気になっていった。

　私たちは漠然と、「クライエントは、自身の悩みや苦しみに気づいていない」と思いやすいが、実際は、はっきりと悩みや苦しみやその原因を自覚していることが少なくない。クライエントに、きちんとたずねることは大切である。意外な程にたずねられていないことがある。困っていること

は，自分の心の中に閉じ込めておけばおくほど，解決の糸口を見つけにくくなり，諦めや絶望になりやすい。どこかで，誰かに，話すことが必要である。「どうにもならない」と思っていた自分の人生に，「もしかしたら」という希望を抱く。この瞬間が治療的となる。また，困っている状態から，安全に下りる道を探る，という発想は，いつも大切にしたいと思う。

見通しと対策を説明する

40代の女性が，知人に付き添われて受診した。この女性の初診の日は，再来で受診している人も多く，結果として，長時間，診察を待つことになった。入室時，女性も知人も怒っていた。「しんどくて遠方からはるばる来たのにどうしてこんなに待たなければならないのか。これでは，待っている間に，悪くなってしまう。ひどいじゃないか」としばらく怒りがおさまらなかった。私は大変すまなかった旨を伝え，「せっかくだから，よかったら話を伺いたい」と話した。

いつも「ドキドキして息ができなくなる」という発作（パニック発作）が起こることを恐れビクビクし，実際にしばしば発作が起こってもいた。5年余りの病歴があり，「発作が起こったら」という不安のために，いつも夫に側にいてもらうように求めていたら，夫が疲れ果て，ついに女性の病気は「我がままだ」と言い始めたということであった。そのため，今は家を出て知人のところにいるという。診断としては，全般性不安障害とパニック発作を合併したものと考えられたが，問題を長期化している要因の一つは，女性を取り巻く人間関係が，時間の中で複雑に変化し，こじれていることにもあると考えられた。

女性はしんどくなりはじめた頃から，現在までの経過を話し，夫が理解してくれないことを述べた上で，「もうなおらないのか，どうしたら楽になるのか」とたずねた。薬も十分過ぎるくらい飲んでいた。

30分余り話を聞いて，私は女性と知人に，今，あなたに起こっていることはこういうことではないかと思うと，図を描いて説明した。「発作が起こると，再び発作が起こるのではないかと心配になり，心身が敏感になる。そのとき，発作が起こるとまた発作が起きるのではないかと，ますます心身が敏感になる。このようなことが繰り返され，しだいに坂を登っていくように悪くなっているように思う」と話した。女性は図に興味を示し，深く「その通りです」と述べた。そこで私は「これからあなたに大切なことは，この山を下っていくことです。このように発作が起こりながらも，心身の敏感さが和らぎ，発作が起こりにくくなることです」と，発作を起こしながらも坂を下っていくような図を，右半分に書き加えた。そして，心身の敏感さを和らげるためには，「家の中にこもらず，外に出ていく。自分の好きなこと楽しいことを増やす。日々のしなければならないことは，しんどくても続けてやっていくことが大切」と述べた。女性と知人の表情が和らぎ，笑顔さえ浮かべて，「今までいろいろなところに通ったけど，今日みたいな説明を受けたことはなかった。本当に，その通りだと思う」と述べた。

それまで，硬く険しい表情で傍らに座っていた知人が，「実は私も，とても精神的にしんどい時期があって，一時期は死のうとさえ思ったことがあった。そのとき，がむしゃらに仕事をしたら治ったのです。この人もきっと，やりたいことをやっていけばいいのですね」としみじみと述べ，帰っていった。

納得のできる説明と対処法を伝えるということは，きわめて素朴なやり方ではあるが一つの転機となる。ただ，これは私の見立てや説明がよかったという単純なものではない。何人もの精神科医や臨床心理士に相談し，それでもなかなか改善しないという経過の中で，諦めかけたとき，ふとした転機が訪れる。チルチルミチルの「青い鳥」ではないが，しばしば大切な説明はすでに最初になされていることが少なくない。それも，ごく平凡なものであることが多い。ただ，それに気づくのに，たくさんの人と時間を必要とすることが多い

のである。その説明が伝わる時機は，長い準備の後に初めてやってくる。治療は，しばしば「青い鳥」を探す旅のようなものになるのである。

治癒機転とは，失望していく過程でもある

　進学高校に入学して1学期の半ば頃から，頭痛，腹痛，全身倦怠感などの身体の不調に悩み，内科で精査を受けたが異常なく，1年の10月に紹介されてやってきた女子高校生のBさんは，1学期の終わりから学校にも行くことができず，気分も抑うつ的であった。Bさんは高校に入学後，当初は張り切ってクラス委員に立候補したり，クラブ活動でも1年生のリーダー的存在となり，張り切っていたが，授業の進み具合も早く勉強も大変なこともあって，しだいに息切れしてきたようであった。1学期の中間テストの成績はこれまでに経験したことのない，ひどいものであったという。

　それまで勉強もスポーツもできる優秀な「良い子」として，自他ともに認められてきたA子さんにとっては，おそらく初めての大きな挫折であったのであろう。Bさんがこころの中で，現実の自分を受け入れられず苦しんでいるように感じられた。

　そこで，私は，「Bさん，あなたは，今，原因は分からないが，身体のさまざまな不調で苦しんでいる。とてもしんどい。でも，あなたは将来，『福祉』の方に向けて進もうと思っているんだね。そのためには，……大変苦しいことだけれど，予習・復習・宿題などの勉強は一切やめて，とにかく進級することだけを目標にしないか。あなたは，早く高校を出たほうがよいように思う」と話し，学校の先生にも，「登校だけを目標とする」という方針に理解を求めるようにした。Bさんは，面接のはじめには，涙を流していたが，途中から私の話に耳を傾け，「登校だけでいいのでしょうか……？　勉強したらいけないのですか？」と述べた。「私が絶対にいけません。勉強は身体に『毒』です」と話すと，「えー！『毒』ですか？」と笑いだした。「登校だけでいい。席に座って寝ていたらよい。とにかく出席を稼ごう」と提案した。

　それから，Bさんは，少しずつ登校を始め，1年生は何とか進級できるまでになった。2年生になり，順調な滑りだしのように見えていたが，やはり1学期後半から，パタリといけなくなった。順調さが周囲の期待を強めたのか，Bさんの中で「がんばらなくては」という気持ちが動きだしたのか，それとも，それ以外のものか，その時に私にはよく分からなかった。いずれにしても，1年と同様の方針をBさんに話し，それでいくことになった。

　しかし，2年生ではなかなか難しく，しだいに進級に必要な出席日数ギリギリのところまで追い込まれ，2学期の終わりには，残り数科目の欠席すると進級は無理というまでになった。そのとき，Bさんは私に「先生，何かよい方法はないのですか？　私がこんなに困っているのは分かっているでしょ。薬でも何でもいいから，学校に行かれるようにしてください」と詰め寄った。口調も強く，私に怒りをぶつけてきた。私は「Bさん，あなたが困って苦しんでいることはよく分かる。でも申し訳ないけれど，私にできることはないんだ。しんどいけれど，一日一日，頑張っていくしかない。それ以外の方法はないと思うよ」と述べた。

　Bさんは，しばらく私を怒っていたが，最後に「ひどい。私がこんなに苦しんでいるのに，先生は何もしてくれないのですね。もう，いいです」と言って，退室していった。

　2日後から，Bさんは学校に行き始めた。以前よりも，晴れやかにすっきりとした表情であったと家族は述べた。それからの診察は，しだいにあっさりとしたものになり，3年生に無事進級し，卒業して，自分の道を歩いている。

　「この治療者は自分を助けてくれる人かもしれない」という期待と幻想から，治療は始まるが，治療の過程とは，しだいにこの期待と幻想が裏切られ，少しずつ失望していくという過程でもある。そして，しだいに，助けてもらうという気持ちから，自分でやるしかないという気持ちが育ってくるのである。治療者に怒りをぶつけた後の数日間に，患者は，まず治療者に裏切られたように感じ

腹立たしく，やがてがっかりし，最後に自分はどうしたらいいのだろうと考えたことであろう。

治癒機転という意味でいえば，いかに安全に治療者に失望し，自分の力で歩もうという気持ちになるかが大切になる場合がある。私の受け持つ思春期，青年期の患者，クライエントの一群は，そのスピードが遅いか早いかは別として，期待や幻想から，現実的に失望していくという過程を歩む。そして，治療者は心配してくれるが，助けてくれる力を持つ人ではないという存在になっていく。人が変わるとは，周囲の力ではなく，自分の足で歩みはじめるということを覚悟することでもある。思春期において，子どもが親を乗り越えていく，という心理的独立と同様の過程である。

症状よりも生活を変える

「10年以上続く過食嘔吐を治したい」と摂食障害の20代後半の女性，Cさんが母親とともにやってきた。「入院して，今度こそ過食嘔吐をやめたい。過食嘔吐をどうしても繰り返す自分が情けないし，つらい」ということであった。話によると，中学校，高校とあるスポーツをやっていて全国大会でも活躍し，推薦で大学に入学後，足の怪我でスポーツをやめざるをえなくなり，その頃より過食嘔吐が始まったということであった。大学を卒業後も過食嘔吐は続き，25歳時に精神科を受診。28歳時には，1年間の入院治療も受けたということであった。この間，いくつかの精神科病院，クリニックを受診し，いずれも数カ月で中断になっていた。

「1年間の入院で，あなたにどのようなプラスがありましたか？」とたずねると，「5kg体重が増えました」と答えた。「入院生活はどうでしたか？」とたずねると「食事が自由にならないので，つらかった」と述べた。そして「退院後はどうでしたか？」とたずねると，「すぐに過食嘔吐をするようになりました」と述べたのであった。入院のプラスは，必ずしもクライエントに自覚できていないこともあるので，言葉通りに受け取れないところはあるが，私は次のように話を続けた。「1年間の入院治療を受けたあなたに，もう一度の入院治療は勧めません。入院治療のやり方は違うかもしれないけれど，入院はますます食べることや体重に目を向け，あなたの世界を狭くしてしまうような気がする。それだけでなく，あなたの大切な時間が病院生活で失われてしまう」と入院について賛成ではないことを述べた。Cさんはいくらか迷ったようであった。

私はさらに付け加えて話した。「過食嘔吐にあなたは10年苦しんできた。10年続いている過食嘔吐を，それだけを目標に治すというのは大変難しい。私は，過食嘔吐は氷山の一角だと思う。過食嘔吐が起こるには，それを支えている生活がある。そこから変える必要がある。あなたは，どのような毎日を過ごしていますか？　おそらく食べたいものがいつも頭に浮かび，それを食べてはいけないと思うけれども食べてしまう。その後に食べたことを繰り返し後悔し，太ってしまうのではないかと心配になる。そのような毎日を過ごしているのではないでしょうか？」とたずねた。Cさんは，「そうなんです。食べることを一日中考えていて，他のことを考えるゆとりはありません」と述べた。そこで私は「過食嘔吐を生みだす生活を変えていきましょう。まず，体力が許す範囲で，アルバイトをしたらどうですか。食べること以外の時間を作り，食べることを忘れるくらい適度に身体を動かすことが大切だと思う」と話した。Cさんは「確かに食べることが頭から離れているときはない。一時アルバイトをしていたときは食べることを忘れる一瞬があった」と述べた。「そして，友だちと遊ぶこと。あなたには，遊び友だちがいますか？」とたずねたところ，「このところ，友だちと遊んでいない。昔はよく遊んでいたけれど，このところメールもしなくなったし……」と話すのであった。そこで，私は「メールを送れる友だちはいますか。『遊ぼう』とメールを送れますか？」と話したら，「やってみます」と答えた。

「出てきている症状を叩くのは直接的な方法で，生活を変えて症状の改善を図るというのは，回り

道のように思うかもしれない。でも生活を変えることが一番あなたには大切なように思う」と説明した。Cさんと母親は納得したように頷き、2、3カ月に一回様子を教えてもらい、Cさんの生活がよりゆとりのある楽しいものになっているかどうか、検討することになった。

クライエントの悩みや症状と生活は、緊密か緩やかかは別にしても繋がり、相互に影響しあっているものである。悩みや症状を直接変化させることは難しいことが多いが、生活を少しでもよいものにする工夫は、意外にあるものである。実際の心理療法においても、悩みや症状を洞察するよりも、自分の生活のあり方に気づくほうが、プラスになることが少なくないのではないかと考える。

クライエントの自己治療を大切にする

頻回に入院する60代の男性の軽症うつ病患者がいた。入院すると2週間前後で症状が改善し退院した。不調になったとき、外来で改善するというのが難しく、切迫した雰囲気で入院を求めた。病院への依存とも考えたが、あまりにもあっさりとした退院の仕方は、病院への依存とも異なっていた。近親者がうつ病で自殺しており、「自分自身もうつ病で自殺してしまうのではないか」という不安のために、抑うつ的となるとすぐに入院と考えるのではないかと考え、短期・頻回入院を引き受けていた。

しかし患者はあるとき、「私は入院したら、一生懸命、話すんです。それがいいんじゃないかと思うのです。元々、商売をしていて、よく話していたが、やめてからは、昼間、女房と二人きりで、ほとんど話すことがないのです。それがよくないのではないかと思ったんです。それで、入院したら、『おばちゃん』たちの話を一生懸命に聞き、自分も一生懸命話すようにしているのです。それがいいんじゃないかと思うのです」と話すのであった。患者は自分のうつ病は会話の不足に原因があると感じており、入院で一番役立つのは、人と話すことであると気づいた上での、患者なりの自己治療を行っていたのであった。

入院時の患者は、ベッドに横になっておらず、いつもデイ・ルームで誰かと話しており、スタッフから見ると、「本当のうつ病なのだろうか」と思う状態であった。時にはスタッフをからかったり、時には説教めいたことも言ったりするので、少し煙たがられてもいた。「自己中心的で、他罰的な性格」のように見えた。しかし、それは患者の自己治療としての「話し治療」の表れでもあったのである。治療者の考える治療と患者の考える治療は異なることも少なくないが、患者の考える治療には病気に対する自己対処として意味があることが少なくなく、大切にする必要がある。

この患者は自身のうつ病の原因が孤独、すなわち「話をしないこと」と関係していると感じはじめていたし、誰かと話したいとも思っていた。だからこそ、病棟が人と話す場になり、治療的になったのだと思う。

以来数年間、この患者は入院することなく元気に過ごしている。その秘訣を聞くと、「散歩がいいのではないかと思うんです」ということであった。患者は、朝昼夕と3回散歩に出るという。その昼の散歩では、必ず2、3カ所、友人のところに立ち寄り、話すということであった。入院して「おばちゃん」たちと話すことがよいと気づき、退院後に、「散歩に出て話す」ことを始めたのであった。

患者は、しばしば自分なりに気づき、自分を変えようとし、自分なりの対処法や治療を考えるものである。それが患者を苦しめるように働くこともあり注意を要するが、同時に大切な治療のヒントが隠されていることが少なくない。いずれにしても、患者の自己治療を大切にし、応援するという姿勢が、治療においては重要になると思う。

おわりに

私は精神分析と認知行動療法とはずいぶん近いものはないかと感じることが時にある。精神分析において、患者に解釈をするという作業は、クラ

イエントに充分な準備がないときには,「正解」を教えるという,一種の指導に近いものになるのではないだろうか。認知行動療法においても,患者に課題を出すなどして,正しい認知へ導くという意味で,一種の指導に近いものになるのではないだろうか。そう考えると両者の行っていることは,あまり違わないではないかと感じることが時にあるのである。もちろん,治療者が「教える」という介入は非治療的になることも少なくないし,本来の精神分析や認知行動療法は「教える」ということよりも,クライエントが「気づく」ということを大切にしている。

治癒機転というものは,ハッとする,アレッと不思議に思う,そうなのかと腑に落ちる,というようなこころの動きが,クライエントの側に起こったときに,初めて生ずるものだと思う。クライエントが迷いながら,ふっと自分なりの答えにたどり着くということが,初めて生きた転機や発見を可能にする。クライエントが自分なりの答えを見つけていくのを援助するという,さりげない援助を心がけたいと思うのである。

文　献

青木省三 (2007) 精神科臨床ノート. 日本評論社.
青木省三・中川彰子編 (2009) 精神療法の実際. 中山書店.
村瀬嘉代子 (2008) 心理療法と生活事象. 金剛出版.

精神療法の終結

メンタルヘルス・コンサルテイション研究所　熊倉伸宏

I　はじめに

「先生には本当にお世話になりました。ありがとうございます。今はもう私一人でどうにかやっていけそうです。もし，何かありましたらまた，先生のところに来ます。その時まで先生は元気でいてください」

これが一番，自然で平凡な治療終結のイメージである。若い治療者がはじめて患者からこの言葉を聞くと感動するが，同時に「自分は何もできなかったのに」と不思議にもなる。そして，人の心の不思議に改めて気づく。さて，患者のこの平凡な言葉に読者は何を読みとるのだろうか。

企業において，学校において，地域において，また，医療において，多くはこのように心の治療は終わる。そこに何の不自然も困難も見えない。これだけを見れば，終結は治療の当然の結果にすぎない。一見，治療終結は簡単な行為に見える。しかし，実は，このような平凡な終結を妨げる要因は多数ある。平凡で典型的な終結は，むしろ，稀である。そして終結の難しさは困難例でこそ見えてくる。

II　終結困難のエピソード

私の体験を簡単に紹介しよう。似たような話を何度も聞く。決して，例外的な出来事ではない。初心者の方は多くの点で参考になるであろう。そして経験豊かな治療者は一度は似たような苦い経験をしたことを思い浮かべるであろう。

精神療法を受けていたのは20歳代の独身女性Aである。心理療法を受け持っていたのは彼女よりも若干，年上でキャリアの少ない女性心理士Cである。Aは母親的な優雅さを心理士に見出し慕っていた。穏やかでくつろぎに満ちた治療関係が築かれ，すべては順調に進んでいた。しかし，心理士Cが妊娠した。Cはそのことを契機にしばらく臨床から遠ざかり育児に専念する決心をした。この決断については誰も彼女を責める権利を持たない。しかし，患者にとって重要なことは，二人の治療関係は治療者の退職を契機として，治療者の都合によって，一方的に終結することであった。

退職の直前になって，心理士はAに妊娠と退職のことを告げた。当然，心理士の腹部は傍目からも分かるほどに大きかった。しかし，これを聞いたAの反応は心理士の予想を遥かに超えた激烈なものであった。Aは涙ぐみ，すっかり打ちのめされた。そして，たまたま，その日に担当医師であ

った私の診察室に駆け込んできた。「心理士の妊娠すら気づかない私は女性として欠陥がある人間だ。心理士が今まで退職をうち明けなかったのは、私の鈍感さを嘲笑うためなのだ。そんな私だから心理の先生は私を見捨てたのだ。そんな私はとても生きている価値はない。だから、私はもう治療には来ない。もう、私は死にます」

実はAには過去に外傷的体験があった。ある時、彼女が父を責めた後に父は家を出た。しばらくして、父の自殺が伝えられた。治療者の妊娠によって、あたかも自殺した父の人生を反復するかのように、彼女の自殺衝動が出現したのだった。

私は当面の相談と処方をした。通院を強く勧めた。「その心理士はあなたのことを馬鹿にしたのではなくて、あなたにいつ、どのように伝えたら良いかを考えた上で話したのだと思う。しかし、実際にはあなたは傷ついたのだから、今はあなたは私のところに通院を続けなさい」。事実、この心理士は通常ならば繊細で充分に患者の痛みを感じる能力を持っていた。しかも、心理士自身が「自分は心ならずも患者を傷つけた」として自ら大きく傷ついていた。

Aはこの提案にも納得しなかった。そして「私はもうここには来ません。もう嫌です。もうどこでも治療は受けません。でも、もし数年後、私が生きていることがあったならば私は先生のところにまた、来ます」と答えた。そしてAは心理相談にも医学的治療にも来なくなった。こうして治療は予想外の終結、つまり、Aの側からの一方的な治療中断という事態を迎えた。しかし、私たち治療者二人には、どう考えても打つ手は見つからなかった。突然、私たちは不安なままで残された。

幸いなことに、数年後、彼女は私のもとを訪れた。彼女は約束を守ったのである。再来した彼女は自ら主治医を選び、治療をも自らリードしていった。一つの「別れ」を体験して「新しい自分」が生まれたように見えた。それ以降、紆余曲折はあるが彼女の治療は順調であった。常に生きる困難はあった。いくつかの症状は痕跡的に持続していた。それも彼女の生を中断するほどではなかった。そして、平凡な生活を享受するまでに至った。

上記の例に登場する心理士は感性や能力に欠けていたのではない、治療における「別れ」について学ぶ機会が過去にはなかっただけである。事実、心理士は治療関係の終結の重要性について臨床教育を受けてはいなかったという。ただ、少しでも患者に別れを告げるのを遅くすることで患者の痛みを軽減できることを願った。少なくとも、未熟な自分が患者にとって、それほどに重要な存在であるとは理解していなかった。このような思い違いは臨床経験が浅い者には頻繁に生じる。熟達した治療者にとっても別れの会話は難しい。それゆえに本能的に別れについて話し合うことを避けてしまう。治療関係の別れには治療者側の素養が重要な役を果たすとフロイトも土居もいう。それは、この点である。これは臨床研修の在り方に関わる問題である。この小論に課せられたのは臨床研修の参考となるものを書くことである。

Ⅲ 終結に関する基本的事項

1. 区別すべき3つの異なった終結

精神療法の終結とは何かについて、この症例は多くのことを教えてくれる。まずは、終結とは、当面の治療関係の終結である。上記のエピソードでは、終結は心理士の妊娠という偶発的であるが、十分予想された事態によって、治療者の側から一方的に提示された。その結果、今までになく激しい自殺念慮が出現した。関係の予期せぬ中断が苦痛を強化したのだった。疾病治療も苦痛の除去もなされてはいないままで治療関係は外傷的なものとして終わった。重要なことは、治療終結、それ自体が治療者の予想を超えた深刻な危機を患者にもたらしたことであった。Aは再来後、劇的に改善した。Aの激しい苦痛は消えた。薬物にすら反応しなかった根深い自殺念慮が消失したのである。つまり、生死を分かつような激しい苦痛は終結したのである。しかし、症状は軽減したとはいえ持続していた。つまり、苦痛の終結と症状消失

と治療終結とは別のものであった。

　以上を整理すれば，終結という言葉については，①治療関係の終結，②症状の消失，③苦痛の消失，を区別して考えないと思考は混乱することになる。この三種の終結は関連している。冒頭に示した普通に平和的に終結していくケースでは，3つの終結は相互に関連し入り交じって，あたかも1つのものにすら見える。しかし，基本的には全く別物として異なった場面，異なった問題を負って別々に展開することが多い。特に医療関係で関わるケースでは，重篤な症状ばかり目立つので，この3つを区別しておかないと対処を誤りやすい。

2．治療終結の四形態

　治療者と来談者の関係が終結するという意味では，治療関係を規定する治療構造は重要である。治療の場によって終結の形態が決定されるからである。特にフロイトの時代の治療関係は治療者と患者の自由契約による治療関係であった。もちろん，今でも自由診療は存在する。しかし，フロイトの時代と比べて現在の治療構造を特徴づけるのは各種の社会保障サービスである。サービスには「公共性」があり，社会が個に対して責務を負う。教育の場には学校カウンセラーがいる。企業にも心理士がいる。地域にも少数ながら心理カウンセラーが進出した。医療においてはすでに心理士は不可欠な実戦力である。多くの人が教育，労働，医療・保健当局との関連で，学校，企業，地域サービスの一環として，関係法規に規定された範囲で法的義務すら負って精神療法を行う。つまり，場が異なれば，来談者は患者，社員，生徒・学生，住民等々，いろいろに呼ばれる。ただし，ここでは混乱を避けるためにあえて患者，および治療という言葉に統一した。御了解いただきたい。

　この状況では治療終結には当面，少なくとも4つの区別をする必要がある。つまり，①定められた終結，②偶然の終結，③平和的な終結，④意図的な終結である。少し，抽象的表現をした。これを説明する。現代では初めから終結時期が決定されている心理相談がたくさんある。少なくとも学校での相談活動では中学と高校では3年，大学では4年で相談活動の終結が来る。企業では定年によってサービスは終了する。つまり，終結時期はあらかじめ定められている。終結のデッドラインが初回面接から分かっている。ここでは「別れ」のテーマは当然，治療関係で事前に意識し話し合うことが可能である。

　これに対して，偶然の終結がある。その原因は治療者にあることもある。来談者にあることもある。上記例のように治療者の妊娠が契機となることもある。治療者の転勤が契機ともなる。来談者が遠方に転勤し関係が終結することも少なくはない。

　一方，治療関係を終結すべき外的要因は一切ないが，冒頭に示したように治療関係が平和的になされることも多い。しかし，そのような平和的な治療終了を詳しく検討すると，実は，偶然ではなくて終結困難を治療者が綿密に配慮し予防策を立てている経過が見えてくることが多い。見落としてはならないのは，実は，この時には同時に患者自身が積極的に治療終結に協力する姿勢が見られるのである。要するに，平和的な治療終結とは治療関係にいる両者に協力関係が成立していて初めて生ずるのだ。基本的な信頼関係が形成されているといっても良い。信頼関係の樹立は終結時のみならず精神療法一般の中心課題である。要するに，治療終結時に治療関係の質が問われるだけなのである。では，「信頼」関係とは何なのか。終結問題の中心にあるのは精神療法の基本課題，信頼関係である。

　治療終結について精密に論じたのはフロイトであった。彼は治療終結時に患者が「回復への抵抗」を示すことを観察した。つまり，治療終結に逆らうように生ずる心理的抵抗に注目したのである。「別れ」の病理を持つ患者がいる。治療関係に病的にしがみつく症例について，治療者側から治療的意図をもって「意図的な終結」と言うべき提案がなされることがある。その実例は土居によって詳細に報告されているので参照されたい（土居，1961）。

　あらかじめお断りするが，以下に示すのは一つ

の見方を提示するにすぎない。それをヒントにして各人が治療終結のイメージを豊かにしていただければ幸いである。

IV 治療終結論

1. フロイトの治療終結論

1939年，フロイトは3度目のモルヒネによって喉頭癌の激痛から解放され彼の生涯を終えた。その2年前，彼は「終わりある分析と終わりなき分析」（Freud, 1973）という有名な論文で治療終結論を展開した。フロイト自身が自らの死の予感の中で，最後の「別れ」への諦念すら感じさせる論文である。すでに彼の研究は「死の欲動」論を経て宗教論へと向かい自ら神話学と名づけた新しい段階へと脱皮していた。それを受けた極めて臨床的で，実践的で示唆に富んだ，難解で，しかも，謎めいた論文であった。

彼はまず「分析治療が終わるとは何か」という点から，実は難問であると指摘する。いち早く，治療終結の困難さに気づいた点では，さすがフロイトと言うべきであろう。彼は治療者と患者の治療同盟について考察した。治療者の健全な自我が患者の健全な自我と同盟を結ぶことによって平和的に治療は終了するという単純な期待がある。彼の着眼点は，むしろ，その逆であった。何かの理由で患者の自我は改善を新しい危機と感じている。このため自我は一つの対象（治療者）にエネルギーを備給し，対象に全く受動的に固着する。患者の関心は他の対象へと向かうことができない。つまり，治療関係は終結できない。そして自我は無意識的に改善に抵抗する。彼は語る。治療とは全ての段階で現状維持しようとする患者の「惰性」との戦いである。この受動性が治療への抵抗となる。受動性の真の動機，重要なテクストは患者の抑圧の中にあり見えない。受動性のメカニズムは手ごわい。今まで知られていた各種の抵抗よりも系統発生的に古く蒼古的だからだ。そして個体発生的には，より原初的で広範で未分化である。つまり，超自我と自我とイドが分化する以前の広範な障害を想定しなくてはならない。フロイトが「回復への抵抗」として着目したのは，そのような未知の臨床的現象であった。

フロイトは自我が示す「受動性」に注目した。しかし，実際に彼が治療への抵抗として取り上げたのは受動性に基づく自我の反応の二類型であった。一つは男性的なものであり，自分が本当は受動的な存在であることへの否認である。これは去勢不安に基づく。この場合は，自分は治療者に頼るほどに受動的ではないという虚勢の形を取る。つまり，病気は本当は良くなっていないと主張したり，実際に症状が悪化したり，治療者が適切な治療を怠ったと攻撃して，治療終結に協力しないのである。もう一つは女性的で受動的である。治療者は強い存在であるから，もっと良い治療を与えてくれるはずだ。しかし，何もしてくれないと妬み治療を終結しないのである。これはペニス羨望に基づく。

フロイトの受動性をめぐる論理構成は多少，混乱を示しているように見える。すなわち，受動性という最も蒼古的な何かを想定しながら，個体発生的により分化したエディプス複合から説明するからである。要するに，フロイトは受動性の重要性を発見し，それを言語化できないまま，謎のままにして去ったのである。

2. 土居健郎の治療終結論

その後，あえて，受動性そのものに注目したのがM・バリントと土居健郎である。バリントの説を紹介する。人には「愛する」だけではなくて，「愛されたい」欲求がある。しかし，西欧の言語には能動的感情と受動的感情を区別するものがない。それゆえに精神分析では受動性が軽視されてきた。この言語学的な弱点を補うために，彼は有名な「受身的対象愛（passive object love）」という新しい説明概念を作成した。時を同じくして，土居健郎は西欧的な主客分離の発想の上で自我を考えるのではなく，主客融合の日本語による思考をしようと試みた（土居, 1965）。そしえ，「甘え」という日常語に注目した。ここに「甘え」の欲求

という言葉が生まれた。この2人にとってフロイトのいう「受動的なもの」とは、受身的対象愛、一体感の欲求、「愛されたい」という欲求、「甘え」の欲求と名づけられた（土居, 1961）。一般的には依存欲求と表現されることが多い。

興味深いことがある。フロイト後期の「死の欲動」論や受動性の理論は、彼の前期の精神分析理論における防衛規制の用語には馴染まなかった。しかし、意外にも土居の精神分析的理論には見事に馴染むのである。土居によって、初めて、フロイトの「受動性」理論と「甘え」という日常語が対応関係を明らかにしたのである。ここに土居の発見があった。土居の研究を知ってバリントが大いに喜び、彼の著作でそれを紹介したのは当然の帰結であった。

「甘え」の欲求は幻想的な自他一体感、人と人との「つながり」を求める願望である。それは、個体発生的に最古のもの、母体内胎児への退行願望であり、さらには個体発生以前である個体の非存在、つまり「死」への回帰願望とも理解できる。それはフロイトが最古とした口唇期よりも遙か以前への復帰願望であり、むしろ、「受動性」概念はフロイトの「死の欲動」と深く関連する。この「甘え」の欲求を精神療法論の基本におくことで、治療関係の質を、より自然に論じることが可能になった。土居によって、母子関係における「やさしさ」と幻想性、幻想性ゆえに生ずる「傷つきやすさ」、および、そこに形成される「新しい自分」と「信頼」関係という基本的シェーマが提示されたのである。

治療終結への無意識的抵抗を、土居はフロイトよりも平易な日常語で表現することができた。つまり、「甘えたいが甘えることは自分の弱さをさらすことでそうしてはいけないと感ずるもの」がいる。この平易な文脈は「甘え」の語を「愛される」に置き換えると俄然、解読可能となる。この人は「甘えることは別に自分にとって致命的な弱さではないと悟る」ほかにない。フロイトが「去勢不安による終結への抵抗」と説明したものを、土居は「甘えたくても甘えられない」という日常語で表現した。これは土居の神経症論の核となった。土居の抵抗分析の技法論で、甘えては「いけない」、「すまない」という罪悪感の分析を重視するのはこのためである。

一方、「いくら甘えても甘えだけでは足りないと感ずるもの」は「甘えることによって何かを自分に欲しがっても無駄であることを悟る」ほかにない。フロイトが作った説明概念であるペニス願望を、土居は理解可能な日常語で表現してみせた。土居はこれに加えてさらに治療終結への第三の抵抗を提示した。それは、「甘えることを知らず人を避けようとするもの」である。そこには「甘えてはいけない」という恐怖がある。この人は「甘えても裏切られるとは限らないと悟ること」である。これは土居の統合失調症論の核となった。土居はこの三類型を基礎として、後に臨床的な疾病分類に発展させた（土居, 1977）。この分類は臨床感覚的なツールとしてきわめて興味深い。しかし、当面のテーマとは異なるので各人が参照されたい。理論的定式化、つまり理屈はここまでにしよう。大事なのは理論と実践の関連である。

V 治療終結論の現在

1.「別れ」と信頼のテーマ

さて治療終結論は土居によってさらに発展する。これを私流に要約し紹介する。治療終結には「別れ」のテーマがある。別れは人の永遠のテーマである。人は死ぬという事実がある限り、人は別れから自由ではない。それでも人は人を求める。それが「甘え」の欲求である。その欲求から人は逃げられない。この欲求が人と人との最も自然な「つながり」の本体である。そこに人間関係が構築される。しかし、人と人との一体感は幻想的にしか満たされることはない。出生によってすでに自分と他者が分離してしまったからである。それでも人は幻想的な一体感を求める。ゆえに人は傷つきやすい。麻薬によるトリップ、性的快楽、宗教的恍惚においてのみ一体感は幻想的に満たされる。それをフロイトは大洋的感情と呼んだ。

治療関係もまた，この繊細で傷つきやすい「つながり」によって形成されている。つまり，治療終結にもまた，愛されたい欲求の挫折がある。そして患者は治療者と別れることによって，過去の自分と別れ，新しい自分へと脱皮しなくてはならない。別れの傷を超えるには人は，さらに大きな幻想的一体感を手に入れなくてはならない。治療は終結しても患者は治療者と幻想的な「つながり」を保てなくてはならない。その一体感は幻想的ではあっても強靱でなくてはならない。そうでないと終結は単なる外傷となる。治療終結に際して，「困ったら，また，来ます」と笑って言えないことになる。つまり，「別れても心がつながっている自分」で形成されるのである。平和的な終結を果たす患者に見られる「新しい自分」の出現である。その新しい関係を表現する時土居は「信頼」という言葉を用いた（熊倉, 1984）。

信頼関係を可能にするのは，屈折した「病的な甘え」ではなくて「素直な甘え」である。「素直な甘え」は適切な受け皿があって初めて発現する。その保障がなければ「病的な甘え」が出現する。後者は不信を伴う甘えである。不信があれば不安だから，当然，治療関係にしがみつく。それが回復を阻害する。冒頭に示した平和的な治療終結を果たした患者の言葉を改めて読み直してほしい。そこには治療者への感謝がある。平凡な言葉に見えて，平凡だからこそ，そこに「新しい自分」と「信頼」が見事に表現されているのが分かる。それでは信頼という言葉に秘められた幻想性とは何だろうか。「信頼」という言葉と共に土居の語りは信仰と祈りの世界へと飛翔する（熊倉, 1993）。私にとっては土居研究でここが一番，難解なところであった。しかし，今は，ここからは各人が自分で考えて患者と語り合う他にない精神療法の核心部分，試行錯誤の領域，本当の心の世界なのだと理解している。この点については別に論じたので参照されたい（熊倉, 2008b）。

2．治療終結と関連する治療者要因

フロイトも土居も治療終結には治療者側の要因が重要であると指摘した。そこに何が求められたか。まずは，治療過程の全ての時点で依存と「別れ」のテーマがある。治療関係もまた，人と人の出会いである以上は別れる時が来る。治療関係に過去の別れが投影される。それは患者にとっては将来の人間関係の実験でもある。

「素直な甘え」が発現するには，その適切な受け皿が必要である。まずは，治療上の「別れ」について一定の根気良い話し合いが不可欠である。その話し合いこそが終結作業である。治療終結とは治療者と患者という二人の平凡な人間が共に苦労して成し遂げるべき共同作業に他ならない。小手先の技法などは通用しない。治療終結後，患者が困ったら治療者に会いに来て良いかをも患者と話し合う。自分が臨床を退くのならば適切な治療者を紹介もする。職場を変わる治療者には，原則としては，患者にできるだけ早く予定された別れを話すよう，私は勧める。人生に別れは避けることはできない。しかし，別れに伴う痛みを治療関係の中で取り上げ共に考えることはできる。限られた時間を患者と有効に使おうと提案することができる。むしろ，それはきわめて治療的な体験となる。実際に，可能な限り早く告げたことを大抵の患者は治療者の誠意と受けとる。もし，治療者が終結について会話を避ければ患者は話し合いの機会が奪われたと感じる。そして，見捨てられたと感じ傷つく。「病的な甘え」が発現し患者は軽んじられたと感じる。上記エピソードのような鋭敏な反応は決して稀ではない。私がこのように語るようになったのは土居先生の指導に負うところが多い。

VI　終わりに

治療終結は「終わる」ことの意味を私たちに考えさせてくれる。何ものかが「終わる」ことは常に「新しく始まる」ことでもある。治療には潜在的に「死」と「再生」のテーマが伏せられて在る（熊倉, 2008a）。別れは常に何らかの「新しい自分」を構成する。精神療法において終結について話し

合うことは，終結後の「新しい自分」について考える格好の契機を与えてくれる．実際に，治療終結では治療者が「終わる」ことについていかに考えてきたか，つまり，別離と死への感性が問われるのである．

最後に最も重要な点を書いて終わる．患者よりも深く考えられる必要はない．患者より深い人生経験も必要ない．それは患者から聴き深く感ずれば良いことだ．感性とはそこに別れのテーマがあると気づき，治療者自身がそこで受け止める心の痛みから目を逸らさないことである．そこに治療者としての自覚，別れへの耐性が求められる．それが精神療法の辛いところであり面白いところでもある．そして，その感性は若い時に臨床研修によって身に付けるべきものである．私がそういう理由は，私自身がこのことを若いときに土居先生から学んだ経験を持つからである．

附記——この小論は臨床の後輩たちへのエールとして書いたつもりである．これが土居健郎先生の目に届くかは私には分からない．ただ，長年，先輩として私たち後輩を指導して下さった先生に心からの感謝と敬意を込めて書いた．この小論によって，土居先生から何ものかを若い臨床家へと語り継げれば光栄に思う．

文　献

土居健郎（1961）精神療法と精神分析．第9章 治療の終結．医学書院．
土居健郎（1965）精神分析と精神病理．序論．医学書院．
土居健郎（1977）方法としての面接．医学書院．
Freud, S. (1973) Analysis terminable and interminable. Int. J. Psycho-Anal. 18-4 ; 372-405.
熊倉伸宏, 伊東正裕（1984）「甘え」理論の研究．星和書店．
熊倉伸宏（1993）「甘え」理論と精神療法．岩崎学術出版社．
熊倉伸宏（2008a）治療における「終わる」こと再考—空海「吽字義」を読む．こころの健康 23-1 ; 71-78.
熊倉伸宏（2008b）臨床における「信じる」ことの一考察—土居健郎論文，「精神療法と信仰」を再読する．こころの健康 23-2 ; 49-60.

● http://kongoshuppan.co.jp/ ●

トラウマとPTSDの心理援助
心の傷に寄りそって

杉村省吾・本多　修・冨永良喜・高橋　哲編

「トラウマ」と「PTSD」をキーワードに，阪神淡路大震災をはじめとする被害者支援経験者がその省察と実践をつづった，自然災害や犯罪，児童虐待や性被害，いじめや不登校を支援するためのエッセンスが詰まった緊急支援実践マニュアル。

阪神淡路大震災などのトラウマカウンセリングから得られた経験と知見は，自然災害にとどまらず，さまざまな領域での緊急支援一般にその成果を発揮しつつある。未曾有の自然災害はわたしたちに何をもたらし，私たちはそこから何を学びとったのか。本書にはその問いかけの応えが，豊富な実践報告とともにあざやかに描きだされている。カウンセリング実演DVD「こころの傷に寄りそって」を付す。　定価3,990円

対人恐怖と不潔恐怖
日本文化と心理的性差の基底にあるもの

髙野良英著

本書の第一の特異性は，対人恐怖と不潔恐怖を対概念とする見方を実践に援用する試みにある。次いで第二の特異性は，対人恐怖と演技意識，精神療法と演技意識の問題設定にあり，さらに第三の特異性は，今後ますます重要となる現代社会文化の問題，および国際比較文化論の考察にある。そして第四の特異性は，男女を対概念としてとらえる「男女の心理学」にあり，ここでは「心理的最適距離」という便利な概念ツールが展開される。

長年精神科外来診療に従事し，土居健郎らに師事して研鑽を積んだ著者が，対概念としての「対人恐怖と不潔恐怖」という二つの症状について，精神医学とその周縁領域を横断しながら考察した，稀に見る珠玉の論考である。　定価2,520円

不安と抑うつに対する問題解決療法

L・マイナーズ-ウォリス著／明智龍男・平井　啓・本岡寛子監訳　PST（問題解決療法）の各段階におけるポイントを箇条書きでまとめ，現場ですぐに問題解決スキルを活用できる。　3,570円

催眠誘導ハンドブック

I・レドチャウスキー著／大谷　彰訳　「催眠」の世界について，NLPなどの理論的な裏づけを説明し，そのうえで実際に用いることばや動作にいたるまで丁寧にレクチャーする。　2,310円

自傷の文化精神医学

A・R・ファヴァッツァ著／松本俊彦監訳　自傷行為という現象を，膨大な資料と症例を用い，歴史，民族，文化，そして生物学という多次元的視点から，徹底的に検討する。　7,140円

変化の第一歩

ビル・オハンロン著／串崎真志監訳　モチベーションを探し出す，小さなステップを促す，パターンを崩す，師匠や役割モデルをみつける……。"変化の感触"を学ぶ絶好の入門書。　2,730円

Ψ 金剛出版　〒112-0005　東京都文京区水道1-5-16　URL http://kongoshuppan.co.jp/
Tel. 03-3815-6661　Fax. 03-3818-6848　e-mail　kongo@kongoshuppan.co.jp

（価格は税込（5%）です）

第3部

セラピストークライエント関係を考える

治療者と患者の関係：
なにが形成され，なにが問われるのか

北海道大学　田中康雄

I　はじめに

　本誌第3部では，セラピスト-クライエント関係について検討しているが，筆者はセラピストとクライエントという呼び名が身についていないため，引用した文言以外では，原則として治療者と患者という言葉を使わせていただいた。さらに当初あった副題は，「信頼関係の形成の仕方」だったが，「精神療法においては，身体療法のように投薬とか手術とかのごとき道具立てがなく，治療者患者関係がすべてである」という土居（1989）の言葉からも自明なように，治療者-患者関係における信頼を扱うのは，筆者には荷が重すぎる。
　そこで本論では，治療者と患者の関係に関する筆者自身の経験をもとに整理することを目的とした。しかし筆者には，心理療法のアルファでありオメガでもある関係性については，いまだ途上のことを論じる力しかないことを，はじめに明らかにしておく。

II　治療者患者関係における
　　自らの経験からの学び

1．理論を身にまとう
経験1
　医師に成り立ての頃，25年以上も過去の話である。この頃は患者と出会うとき「関係性」に戸惑うよりも，具体的な手法や経験を積んでいないことが最大の悩みであった。すなわち，「自分になにができるだろうか」という思いである。実際に，「先生は，催眠療法はできないのですか？」と尋ねられたときに，身が縮む思いで「すみません」と答えたときもあったし，ある患者の家族に対して「私には，どうすることもできないと思います。私が尊敬する医師を紹介したいのですが」と申し出たこともある。今振り返れば，催眠療法を持ち出した方が，本当はなにを伝えたかったのか，医師からどうすることもできないと告げられた患者，家族は，いったいどのような思いで，その言葉を聞いたことだろうか，と反省しきりである。
　患者は，医師にある専門性を求め，受診し相談をする。医師が携わる専門性のひとつに，技術的能力があり，これが医師の権威を保持する働きを持つ。新米の医師には，この能力が未熟であるため，患者を説得させる権威性を発揮できない。当時筆者にあった戸惑いは，まさに技術的能力と経験の乏しさに多くは起因していた。
　筆者も，そのはじまりで，有効な投薬や手術といった道具立てに比肩する関係を扱えなかったのは，理論や技術の鍛錬の不足と経験不足からくる

自信のなさからである。なにが正常でなにが異常かの線引きのむずかしい心の問題を前に，わずか20年そこそこの人生経験と実践経験のない医学知識で，生身の人間に向き合えるためには，なにかしら背骨が必要になる。土居（1989）は「精神現象は本質的に主観的なものであるから，それに対する反応も主観的とならざるを得ない。この主観的世界に客観性を付与するものこそまさに理論である」と述べる。こうしたなにかしらの手立てを身にまとうということは，専門的技術の習得を一部意味する。

では，○○療法を学び透徹した理論に精通することで，治療者－患者関係は成立するだろうか。筆者には疑問が残る。

2．専門性を見直す
経験2

これも25年以上も昔の出来事である。筆者は不登校と絶え間ない頭痛を訴え入院してきた小学生の女子を担当した。それから数カ月，筆者は，この子のベッドサイドへ毎日訪問し話しかけ続けたが，ずっと無視されていた。見舞いに来られた父親からは，いったいなにをしているのか，と叱責され，「娘は先生を信頼していないようです」とも言われた。いったいなにが悪いのか，どうしたらよいのかわからないまま，筆者は中途で別の病院へ出向することになり，この少女と別れた。

当時筆者にあった気持ちは，心を開いてくれない少女に対する怒りと，治療者失格という思いと自信の喪失であった。ゆえに，主治医から解放されたときは，正直ほっとしたと思う。しかし，当時この少女が，病室で臥床して窓の外を眺めながら「私は入院なんてしたくなかった。勝手に入院させて」という小さな声で漏らした言葉だけは，記憶のなかに鮮明に残っている。

子どもの患者と出会うまでは，その多くが自ら受診を希望されている方ばかりであった。統合失調症や躁病と診断された方に治療の必要性を説明して，場合によっては入院が必要なとき，かなり強制的な対応をしたことはあっても，入院してしばらくすると落ち着き，感謝されることが少なくなかった。日常生活で強い頭痛を訴え，登校が困難になり，入院したこの少女が，なぜ，ほっとせず，治療者に悩みを語らないのか，当時の筆者には気づくことができなかった。

経験3

10年くらい前になるが，家庭内暴力と非行為ゆえに入院した中学生の女子がいた。担当してまもなく，虐待を受けていたことが明らかになった。児童相談所へ通報し，被虐待児ということで対応され，これも多少の事情を挟んだすえに，ある施設へ行くことになった。最後の面接で女子は「どうして一番辛い思いをしたものが，損するようなことになるの！ どうして，私が施設に行かねばならないの」と泣きじゃくった。筆者はただただ頭を下げた。後日，その施設に伺ったとき，「元気に過ごしていますが，『先生には会いたくない』と言っています。『先生のせいでここに来させられた』と言っているので」と職員は申し訳なさそうに，筆者に話した。

筆者にできることは，この子の将来に幸あれと忘れることなく祈ることしかない。

医療専門職が発揮する技術的能力には権威が伴う。佐藤（2001）によれば，「専門職（Professional）という言葉は，その語源において『神の宣託（profess）』を受けた者を意味して」おり，「この『神の宣託』は，近代の社会において，実証的な科学と技術に置き換えられた」という。

まさに医師が行う診断行為は，実証的な科学を精一杯背景にした「神の宣託」である。そこからはじまる治療的関係は，相手にとっては，不安が伴うもので，治療者には相応の覚悟が求められる。そのため「精神療法を受けざるをえない状況下に到った患者は，治療を受けることによって，自らの主体的自由を著しく失う」という状況と，ゆえに「人の心の深層にふれることのおそろしさを考えると，精神療法について，いくら慎重であってもありすぎることがない」という村瀬（1981）の

指摘を，幾重にも重く受け止めておかねばならない。

さらに佐藤（2001）は，ショーンの表現を借りて，技術的合理性を固守する専門家を，クライアントが苦闘している泥沼を山の頂上から見下ろす特権的な存在として技術的熟達者と呼んだ。一方，クライエントの泥沼を引きうけ，クライエントとともに格闘する新しい専門家を，「反省的実践家」と称した。その反省的実践家は，クライエントとともにより本質的でより複合的な問題に立ち向かう実践を遂行するという。

村瀬と佐藤の述べる実践家とは，ある意味の覚悟と慎重な態度が求められている。これが，2つめの背骨となる。

筆者は，「私は入院なんてしたくなかった。勝手に入院させて」という無力感と著しい怒りを秘めた少女に，医師という権威だけで向き合い頓挫した。虐待を受けた少女に対しても，正当な対応を行いきれなかった。真の権威とはSchlute（1964）のいうように，「おのれのなすべき方法についての確信を持ち，おのれの人生をそれにあわせて作りあげてゆく心準備ができていることが感じとれる人」のことで，「患者に他の何よりも適切な新しい枠組みを提供できる人」のことであることを，忘れてはいけない。

3．患者との対等性について
経験4

20年以上も昔のことである。ある総合病院に勤務していたとき，筆者は，20年前後も精神科病棟に入院していた患者数名に対して，毎週の面接で「退院したくないですか」と尋ね続けたことがある。それまでは，「具合はどうですか」というまったく変わり映えしない声掛けばかりであったが，2年間ほどスタッフと一緒にさまざまな学習会を行い，長期に入院している方の中でも，地域生活支援を行えば退院が可能ではないかということになった。選択した患者の半数は，退院の申し出を断り，半数は受諾した。結局8名の方の退院支援と外来通院支援，および日常生活支援計画が始まった。するとそれまでの面接では聞いたことがなかった「退院すると，実家に迷惑がかからないだろうか」，「通院するための交通機関はどうしたらよいのだろうか」，「時々病棟に遊びに来てもよいのか」，「生活のためのお金をどう稼いだらよいだろうか」などといった，ひじょうに具体的な個々の思いを聞くことができた。これは，われわれ医療者たちをある意味蘇生することになった。退院した8名のうち2名は「無理でした」と戻ってきたが，多くのスタッフの協力により，6名は外来通院に移行した。毎週個々によって異なるが2～4回の自宅訪問を重ね，薬を飲み間違えないか，日常の生活状況は大丈夫か，継続支援し続けた。筆者もスタッフと一緒に，何度か訪問し，お茶をいただき，時には夕食を一緒にいただいたこともあった。

筆者は，一人の人間としての出会いがここに生まれたという感慨を少しだけ持つとともに，治療者と患者の関係性は，決して病院や診察室だけで形成するものではない，と実感した。

経験5

これは，15年くらい前になるだろうか。両親の離婚後，紆余曲折を経て筆者の外来を受診した中学生の女子がいた。これまで数名の医師が担当してきたが，早々に中断したという。筆者は，初診時にこの少女の示す何事も受け付けない仕草に，かつて新米だったとき歯が立たなかった前述の少女とのやりとりを思いだし，これまで担当されてきた医師の大変さを伺い知ることもできた。通院に納得してからも，診察室での会話はかみ合わず，この子はいつも怒りと哀しみを混ぜ合わせたような瞳を見せていた。それでも半年ほどすると，診察室で時々笑い声を聞かせてくれるようになるが，それはいつも「今が楽しければ，それでいいの」とでも言いたげで，筆者はこの子の哀しみに近づけていないように感じていた。

あるとき，病院に併存している学校に通いたいということで，毎日の通院・通学を希望された。それまで親の車で来ていた彼女は，親に迷惑をか

けたくないからとバスでの通院を希望した。「でも，方法がわからない」と，具体的に困った言葉をはじめて聞いた筆者は，「じゃ，こんど一緒にバスで通ってみよう」と提案した。病院車で家を訪れた筆者に向かって「本当に来るとは思っていなかった」と彼女はすこしだけ驚き，その日，一緒にバスで病院に向かい，またすぐに病院を後にした。寒い夕方，バス停で帰りのバスを待っているとき，「先生は，辛い人生には無縁のひとでしょう？　離婚した親や，知らないきょうだいがいる人生，再婚する親にとって，私はただの邪魔な存在，そんな人生，知らないでしょ」と淡々と語り始めた。詳細は省くが，これ以降，診察室での相談はより具体性を帯び，通院が終了後も人生の節目節目に手紙が届くようになった。

筆者は，単純に彼女からの連絡に一喜一憂しながら，返事を書いている。その一方で筆者の中には，常にこの子の担当医といった意識が消えることなく，彼女の心の動きを心配し探索する自分がいる。

経験6

発達障害に関して，少々述べる。15年前に児童相談所で仕事をしたとき，医者が行う診察を任された。主たる仕事は，発達障害の疑われる子どもとその家族の相談を受けた児童相談所が判断した，その子の見立てを，医師が医学的診断に置き換えて家族に説明する，ということであった。医師は面接までのわずかな時間で，職員から子どもと家族の概略について教示してもらい，すぐに面接となる。設定時間は約1時間，ここで診断名と見通しを伝えるというものであった。

筆者はこれを数回体験し，勝手に方法を改めた。いくら検査所見がそろっていても，できる説明とできない説明がある。人生において大切なことであればあるほど，十分に時間をかけて行いたい。また，この子の育ちや今後の家族全体をいかに支えるかを検討しないで，診断だけを伝えることはできない。筆者は，何度か会う約束をしたり，改めて医療機関の受診を勧める，といった方法にし

た。事実を伝えるだけが専門職の仕事ではない。生涯続く課題を伝える側の責務として，できる限りともに歩むことを心がけた。

クライエントの泥沼を引きうけ，クライエントとともに格闘することの重要性は，臨床的場面でよく実感する。実際に経験3で述べた虐待を受けた子どもの今後に対しては，児童相談所と何度も意見をぶつけ合った。しかし，現実を前に，立ちすくむしかなかった。その一方で，経験4のように長期にわたる入院から社会生活を取り戻した方々と夕食を共にするときに，一人の人間として出会えたことに，ある程度の喜びを感じることがある。

ロジャース（Anderson et al., 1997）は「セラピストとして効果的に働いているとき，（中略）一人の人間として主体的に関係の中に入っているように感じるのです。（中略）この相手の人がありのままのその人であることが，自分にとっても本当に喜ばしく感じられるということです」と述べ，人間と人間との本当の出会いが経験される「瞬間」があることをブーバーに訴えた。これは，経験5で筆者が夕方のバス停で少女と対話した「瞬間」と重なる。

しかし，それに対して，ブーバー（Anderson et al., 1997）は，患者を彼，治療者をあなたとして「あなたと彼の役割の違いは明白です――これは本質的な違いです。彼が助けを求めてあなたのところに来るのであって，あなたが助けを求めて彼のところに来るわけではありません」とその非対称性を指摘し，「あなたは彼にとって重要な人物です」と述べている。

この逃れられない立場に治療者が自らを置いているという自覚を「瞬間」と同時に，心に浮上させ続ける必要がある。筆者も，経験5の少女からの節目節目の連絡に一喜一憂しながらも，常に彼女の心の動きを心配し探索し続けている。

本来治療者と患者の関係は対等ではない。つまり，患者は自らに苦しんでいるが，治療者はその苦しみに関与しつつ，その状況（自ら関与してい

る姿と，苦しんでいる相手と，そこに生じる関係性）を観察している。クライエントの泥沼を引きうけ，クライエントとともに格闘する，といっても，それはやはりクライエントが直面するべき課題なのだ。

筆者は，常に「私はあなたになれない」し「あなたのことを完全に理解することはできない」という思いを正直に表明し，「しかし，できる限り近づく努力はしたいと思う」ということを伝えたい。

Schlute（1964）は，「医師と患者は，なるほど全く同じ意味での当事者ではないにしても，共に当事者であるという連帯性がほのかに感じられるようになる」ことを述べている。さらに，患者から医師として話しているのか，ありのままの先生，個，人間として話しているのか，質問された場合，ときには「ありのままのおのれを包み隠している奥座敷から歩み出ることが，患者にとって大切に思える」段階がある，という。筆者が経験5で，少女と一緒にバスで往復しようと決めたとき，筆者が治療者でありながら診察室を飛び出すという行為に躊躇がなかったわけでない。しかし，今が一緒に動くときである，という決心もあった。

Schluteのいうゆるやかな連帯性は，アメリカで行われていた特別支援教育の個別支援教育プログラム会議におけるadvocator（代理者）という存在に筆者が出会うことで，より明らかになった。この会議では子どもの教育処遇を巡り，家族と教育現場がともにどのような教育を提供するか検討することになっている。時に教育現場の圧力が強まる場合，あるいは家族側からの申し出が極端である場合，advocator（代理者）が子どもの権利を最優先した形で調整していた。時に，治療者もadvocator（代理者）としてもっとも困難を極めている方を支援することも求められる。

これは，発達障害のある子どもと家族との出会いから学んだ経験6につながる。筆者は，当時の児童相談所が医師に委託するシステムに批判的態度を取ろうとしたのではなく，相談に来られた家族や子どもにとって，当時もっともよい方法を実施したかったのである。相談の主人公は，時に子どもであり，時に母親であり，時に離婚の危機に瀕している家族であったりする。必要な時期に必要なところへ働きかけることも，ゆるやかな連帯性をもつことで可能となる。

3つめの背骨は，ゆるやかに重なりあうこと，ということになるだろうか。

Ⅲ 治療者と患者の関係で問われているもの

意図的に古い事例を，それも伝えたい部分が歪まない程度に変更を加え描写した。

そこには，治療者である私が患者と出会ってからの関係を記した。当然，すべての出会いには個々の物語があるので，その始まりもその帰結もさまざまである。またここでは筆者の治療的関与それ自体を話題にしたいのではなく，筆者という治療者が折々に形成しようとした患者との「関係性」について開示したものである。それは，Luhmann（1973）が述べたように，「信頼〔に値するかという〕問題は，あらゆる相互関係にまつわりついており，自己呈示こそが，その問題の決着の媒介なのである」という思いからである。

改めて，治療者と患者の関係について，これまで筆者にとって少なからず影響を与えてきた文献に当たってみたが，そこにはある共通した内容が記されていた。

井村（1983）によれば，「理想的な心理療法の第一歩は，相手がその内心の問題を率直に表明できるような，そしてまた治療者が，その問題を真面目に理解するような，おたがいの誠実さにふかく信頼しうる対人関係をつくること」であるという。そのためにも，西丸（1996）は，「精神療法でもっとも大切なことは，患者と人間的に交わりつつ患者の話に気長に相手になること」で，それがあれば自ら解決していくものであると述べている。佐治（1966）は，心理療法とよばれる接近は「まずなによりも，その個々の人間に向かっての関心から出発する」と述べ，治療は「基本的にその個人の全人間的な生き方」に関わりをもつと主

張した。霜山（1966）も，心理療法において最終的に重要になってくるのは，患者ではなくて，「治療者の人格である」と述べた。

ブーバー（1978）は，精神療法の真の課題は「人格としての相手に人格として向かいあう態度によってこそ達成される」と述べ「患者を一個の客体として観察し，診察することによってではない」と看破し，そのためには「両極端な関係の自分の側の極にだけ立つのではなく，随時に，相手を現在化する力をかたむけて，この両極端関係の相手側の極にも立ち，自分の治療行為のおよぼしている作用を感じ」取る必要性を強調した。これなどは，改めて読むといわゆる関与しながらの観察と同義であることがわかる。

このように，多くの先達が主張し問うているのは，治療者としての人格のありようである。30年以上，ある病に苦しみ続けた柳澤（1998）は，患者側の視点から，「医師はそのひとの人格以上の医療はできないものである」と述べた。

IV　おわりに

よりよき治療関係を育みたいというのは，多くの治療者の願いであろう。筆者は，技法に走りすぎず，理論に引きずられすぎることなく，相談に来られた患者とその関係者の生活を大切にしたい。

そのためのコツというか勘どころとして，村瀬（2008）は，①相手に純粋な関心をもって，小さなことでも見落とさないように観察する，気づくセンスを働かせていること，②観察したあるいは知り得たわずかな情報をもとに，相手のこれまでの生活をいろいろ活き活きと想像をめぐらし描いてみる，③そのような相手に身を添わせている自分と相手のクライエントとの関係が今現在どのようにあるのか，どういう方向へ推移しつつあるのか，つまり全体状況を捉えようとすることを，同時に自らの中で行うことと述べた。

言うは易く行うは難し，であろうか。

しかし，人間としての出会いを扱う以上，当然，心理療法の営みには不断に続く研鑽が求められて（村瀬，2008）おり，ここから逃れることはできない。

筆者は，先達の言葉を真摯に受け止めつつ，治療者はさまざまな出会いにより，人として成長していく途上の存在であることも，信じたい。

われわれにできることは，ささやかでよいが，最善を尽くすことである。

文　献

Anderson R, Cissna KN (1997) The Martin Buber-Carl Rogers Dialogue : A New Transcript with Commentary. State University of New York, Albny.（山田邦夫監訳（2007）ブーバー　ロジャース　対話―解説つき新版．春秋社．）

マルティン・ブーバー（1978／田口義弘訳）我と汝・対話．みすず書房．

土居健郎（1989）治療学序論．In：異常心理学講座第9巻　治療学．みすず書房，pp.1-14.

井村恒郎（1983）心理療法（1952）In：精神病理学研究．井村恒郎著作集1．みすず書房，pp.67-250.

Luhmann N (1973) Vertrauen : ein Mechanismus der Reduktion sozialer Komplexität, 2. erweiterte Auflage.（大庭健，正村俊之訳（1990）信頼―社会的な複雑性の縮減メカニズム．勁草書房．）

村瀬嘉代子（1981）子どもの精神療法における治療的な展開―目標と終結．In：白橋宏一郎，小倉清編：児童精神科臨床第2巻　治療関係の成立と展開．星和書店，pp.19-56.

村瀬嘉代子（2008）心理療法と生活事象．金剛出版．

西丸四方・西丸甫夫（1996）精神医学入門（第24版）．南山堂．

佐治守夫（1966）心理療法（1）．In：異常心理学講座第3巻　心理療法．みすず書房，pp.1-90.

佐藤学（2001）訳者序文．In：ドナルド・ショーン著・佐藤学・秋田喜代美訳：専門家の知恵―反省的実践家は行為しながら考える．ゆみる出版．

Schlute W (1964) Studien zur heutigen Psychotherapie. Quelle & Meyer, Heidelbrug.（飯田眞，中井久夫訳（1994）精神療法研究．岩崎学術出版社．）

霜山徳爾（1966）心理療法（3）．In：異常心理学講座第3巻　心理療法．みすず書房，pp.139-179.

柳澤桂子（1998）癒されて生きる―女性生命科学者の心の旅路．岩波書店．

セラピストの資質・条件・メンタルヘルス

専修大学文学部　乾 吉佑

「どういう人がセラピストに向いているか」と問われることがある。正直答えに窮する。

河合（2000）は，『人の心はどこまでわかるか』（講談社＋α新書）の中で，セラピストの資質について「正直なところ私にははっきりしたことは言えません。資質や素質を云々する前に，ともかく本人が『なりたい』と思うことがはじまりで『本人の意志がある限り，挑戦してみてください』というしかほかはないでしょう」（p.33）と述べる。問いに応えられないことの一つには，さまざまな個性や特性を持ったセラピストがいるからだ。当初，資質を疑問視されていた方々でも，本人の努力と修練の過程を経るうちに，セラピストとしてそれなりの纏まりが見られ，機能するまでに変わってくることも見聞するからである。そのようなことを経験すると，河合の言う「……挑戦してみてくださいというしかほかはない」となるのである。またセラピストの条件についても，セラピーの学問的立場や方法論（方法や技術）によっても，多少異なるセラピスト像なども認められる。したがって，余計に資質や条件を云々することにたじろぐことになる。

その一方で「どういう人がセラピストに向いているか」は，はなはだ関心の高い事柄でもある。この機会に，スーパーヴィジョンや事例検討会での経験を踏まえて，私の立場から考えてみたい。

セラピストの資質としてすぐに思い浮かぶのは，親切心，正直さ，誠実であること，一貫性と継続性，柔軟であること，耐久力がある，人への信頼性，人間関係の楽しさを経験していること，公平中立的な態度などが挙げられよう。しかし，それらが備わっているだけではセラピストとして機能しない。以下に述べる5つの条件（紙数の関係で5つ挙げた）がセラピストとして役立つためには重要であるからだ。また，そのために定時的なセラピストの心身のバランスを維持し，整えるメンタルヘルスへの対応も必須となる。

I　耳を澄まし待てること

つまり，セラピストにはまずクライエントの問題解決を待ち，かつ傾聴できる忍耐力が要請される。日常場面で相談を受けると，私たちは直ちに答えを提示しないと相談に乗った気がしないし，相手方も物足りない。そのためますます解決方法をひねり出そうとあせる。ところが，苦吟の果ての妙案を差し出しても喜んでくれず，むしろ相手の考えに近い答えが提案されるとあっさりと納得するなど，日常でも相談の難しさを実感する。

どうしてこんなちぐはぐさが生じるのか。それは相談者の中に答えが用意されているからである。もちろん"用意されている"といっても，当

人には何らかの事情で今はまったく思いも及ばない。悩みの元の心のからくり（防衛機制）に気づくには，たいへん長い時間が必要だ。じっくりと耳を澄まして寄り添いつづけながら，相手の解決をじれることなく待つセラピストの忍耐力が必要であろう。

ところが，何と多くのセラピストがクライエントを待てずにアドバイスしたがることか。実はよくよく吟味してみると，そこにはセラピストとして耳を澄まして待つことができない事情が見える。初心の場合は，「何かしていないと間が持たない。セラピストとして機能していない気がする」，少し経験を積むと，「解決のヒントを提示したい」となり，時にベテランでも待てずに，「自覚していない力動的な意味を伝えたい」と変化する。しかし，一番大切なのは，クライエントが今取り組もうとすることに，じっくりと耳を澄まし待つことであろうが，これが難しい。どうしても私たちは，beingよりもdoing（すること）が有意になる。確かに積極的に関わらねばならないときもセラピーにはあるが，常には「クライエントに耳を澄まし待てること」である。この忍耐と辛抱の大変さがメンタルヘルスの課題ともなる。これらのことは，河合の「何もしない」(p.58)とか，「記憶なく，欲望なく，理解なく」と表現するビオンのこころの姿勢（松木, 2009, p.168）にもつながるセラピスト共通の課題であろう。

II 謙虚さや共感性の難しさを知っていること

セラピストは，日ごろは口の端にも上ることのない，クライエント自身の秘密に属することを聞いてゆく。普段なら決して話さない家庭の裏面や学校，職場でのさまざまな辛い人間模様，さらにクライエント自身の心を抉られる部分にも触れていかざるをえない。しかも，こと細かく立ち入った話を，正直に教えてもらう。言うまでもなく解決に役立てるためだが，秘密に属することを深々と聴いてゆく際，セラピストは，その方の心の痛みや苦しみそして怒りまでも共感し，謙虚に受け止めることが大切である。その点セラピストなら百も承知のはずだし，セラピストの資質条件であろう。

しかし，実際のセラピー場面では，クライエントを謙虚にしかも共感性を持って受け止めることは，はなはだ難しい。その一例を挙げると，セラピストの関心は上で触れたように，クライエントの心の苦しみや悲しみに添うことに，もっぱら向けられていることが多いからである。つまり，クライエントの恥部や解決できない未達成の課題にセラピストは手助けし，力を発揮したいと願っている。そもそもセラピスト志望者は，"困っている人々を支援したい。役に立ちたい"とつよく願い信じている。この信念は大切で貴重だが，すでにこのセラピストの信念そのものが，クライエントを謙虚に受け止めているとは必ずしも言い難いこともあるので厄介だ。

セラピーの初期では，クライエントに「ずいぶん辛くて悲しい経験をしましたね」を伝え，受け止めることは意味がある。クライエントも共感され感謝する。しかし，しばらくするとクライエントは，自らの問題に直面し始め，その課題になかなか対応できない自分自身に不甲斐なさや苛立ちを覚え，さらには怒りの感情にまで絡め取られ，進むことも降りることもできない絶望的で切羽詰まった内的状況を示す場合がある。このやりきれない気分からクライエントは逃れようと躍起となり，当初の症状や問題行動が再燃する。その時，セラピストは以前と同じに，「辛く苦しいですね」と共感的により添おうとした。しかし結果はセラピー中断となった。何故か？ セラピストは謙虚に，共感的にクライエントを受け止めていただろうか。セラピストはyesであり，クライエントはnoであった。

もちろん定かなことは不明だが，セラピストの共感がクライエントとはズレていたようだ。つまり，クライエントは"自らの力で自分の課題を切り開こうとする姿勢"に共感して欲しかったが，セラピストは"うまくできないことに"共感していたのではないか。このズレは修正されずに進行

し中断となった。ここには"手助けしたい（してあげる）"というセラピストの高みからの支援視点もなかったかと，その後セラピストは反省したのである。

このようにセラピストがクライエントに，謙虚に耳を澄まし共感することは，はなはだ難しい。セラピストは自分の意見に確信を持つのは必要だが，クライエントの心に共感することの難しさを，まず自覚しておくこともセラピストの資質条件だし，メンタルヘルスの大きな課題となる。

Ⅲ　広い視点を持った柔軟性のある姿勢

我々は目の前に問題があると，直ちに解決しようとその点のみにとらわれて視野が狭くなる。一方，セラピストは同じ事態に直面しても，悩みを受け止めるが直ちに解決策を提示しない。悩みはたまたま起こったのではなく，その人の体験と深く関連した意味や意図が働いており，そのような状況に至るある動機，つまり由来と目的があると考えるからだ。

たとえば，問題発生時には子どもの問題（不登校）と受け取れたが，セラピーが進むと，実は両親の危機がその背景にあり，子どもの不登校でかろうじて離婚が繋ぎ留められていた事実が明らかとなるなどである。つまり，セラピストは，周囲の人々にとって不可解で理解できない行動や異常と映る課題でも，直ちにそのクライエントだけが"問題"と決めつけずに，問題の背景にある当初は未だ"見えていない"心のあり方や，周囲との関係性にまで心配りして，多面的に理解しようと心がけるのである。そのためセラピストには，見えない心をしっかり見つめてゆく教育訓練とともに，ものごとに対して善悪を簡単に判断しない広い視点を持った柔軟性のある姿勢が要請される。

Ⅳ　常識的な社会人であるとともに，常識的な観念にとらわれないこと

セラピストは，一見常識を超えた勘や直観をもとにした経験的な判断や考えを必要とする局面に直面することがある。セラピストはクライエントとともに，しっかりと覚悟を決めて舵を取り進めようとする。この局面は，事態の進展が図られ状況が明確になるまでは説明もしがたく，常識からは大きく逸脱したこととして，関係者にはなかなか理解しがたいものと映り，批判をこうむる場合もある。

このクライエントとともに孤立無援の状況に置かれる時が，セラピストとしての正念場である。批判的圧力に耐えられずに，周囲の一般的な評価や常識的な言動に合わせて，自らが揺らぎ周囲に同調して方針の一貫性を欠くような人物は，セラピストには不向きであろう。

もちろん，クライエントを守るために周囲との対決をせざるをえない場合でも，常日頃は，社会的知識や人間関係のルール，その場での状況把握や判断において，一般常識をよく知っていなければ，その状況を乗り越えることはできないことは言うまでもない。

常識を把握しながらそれにとらわれず，クライエントの側に立つことは，日常臨床でも困難なことの一つで，セラピストの心の負荷を示す事柄である。

Ⅴ　セラピスト自身が相手を理解する重要な道具と自覚していること

話を聴く際，どんな場面設定（治療構造）のもとでセラピーが実施されるかは大切だが，それと同様に重要なのが，セラピストがどんな態度や振る舞い（応接の仕方，服装，応対の口調，リズム，トーンなど）で聞くかである。セラピーがセラピストとクライエントの相互交流をもとに進展することを考えれば，道具としてのセラピスト自身の自覚は何にもまして必須となる。

とくに，クライエントとの適度な心の距離を保つことを身に付けている必要がある。適度な心の距離とは難しいコトバだが，クライエントの心に関わりすぎず，さりとて距離を置きすぎないということである。すぐに思いつくのは，セラピスト自身の覗き見心理とでも呼べる逆転移の感情があ

ろう。我々は他の人の生活に興味を持ち，特に個人的秘密を見聞したい気持ちが強い。セラピストも例外ではない。クライエントの心の秘密に適度に距離を保ち，聞きすぎないなどの自己抑制し，かつ関わり続けるという絶妙なバランスを持った対応は難しい。

しかしもっと困難なのが，道具としてのセラピストの姿勢・態度をクライエントが必要とする心の距離に，臨機応変に合わせ使い分けることであろう。ある時には，しばらくの間面接室の備品のように，文字通りクライエントの一人遊びを見守り続けること，別の方には，遊びをリードした積極的な関わりが必要となる。しかも時間軸でその距離にも変化が生じ，その人の非合理な部分にも合わせて対応しなければならない。それらを読み取り，勘を働かし，時には直感的に嗅ぎ分け，素早く状況を踏まえた距離や按配の仕方もセラピストにとっては欠くことのできない重要な道具としての機能である。

この濃やかな状況把握や臨機応変への心配りは，セラピストに多大な心の負担を生じさせメンタルヘルスの課題となる。そのためにセラピストの教育訓練に，スーパーヴィジョンが準備されている。道具としてのセラピストの機能運用の吟味とともに，セラピスト個人への精神健康の課題も検討される。この際，セラピストの個人的特性，クライエントとの組み合わせや関係のあり方など，多角的で多面的な観点から吟味がなされる。

道具としてのセラピストの機能が身につくには，週1回50分のスーパーヴィジョンを受けて3年から5年間以上も要する場合も少なくない。スーパーヴィジョンばかりでなく，クライエントの心の世界を理解するために，セラピストもセラピーを受ける経験（クライエント体験）が必要となる。また，心を理解する理論（人格・発達論，病態論，治療理論，治療技法論）を丁寧に学習するなど長い訓練過程を要する。

ここで大切なのがスーパーヴァイザーの選択である。セラピスト自身のメンタルヘルスにも影響するし，かつセラピストとしての訓練成長にも影響を与えるからである。この点は成書を参照願いたい。

文　献

乾吉佑（2004）求められる適性と心構え．In：乾吉佑・平野学編（2000）臨床心理士になるには．ぺりかん社，pp.108-113.

乾吉佑（2006）臨床心理士の適性．臨床心理学 6-5；629-636.

河合隼雄（2000）人の心はどこまでわかるか．講談社（講談社＋α新書）．

松木邦裕（2009）精神分析体験：ビオンの宇宙．岩崎学術出版社．

解釈することとその展開
——「案外」体験を支える

京都文教大学　名取琢自

　心理臨床に携わる人は案外さまざまな「解釈」と接点をもっていることだろう。心理療法での「解釈」は，フロイトが古典的精神分析で用いた介入技法として始まったものであり，患者本人がまだ気づいていない動機や，意味内容，他の事物との関連について，治療者が新たに仮説を立て，それについて説明することを指すのだが，このほか，専門書に書かれた夢やおとぎ話の深層心理学的解釈，事例検討会でもらうコメントといったものもまた，新しい仮説の説明という点では「解釈」に通ずるものである。筆者は面接でそれほど「解釈」を用いるほうではなく，解釈技法をめぐる先人たちの豊富な成果を詳細に紹介することもできそうにない。ごく限られた誌面ではあるが，解釈に関する基本的な視点を確認し，解釈の「展開」について考えてみたい。

I　解釈の方向性——還元的方法と構成的方法

　フロイトの古典的精神分析では，解釈とは例えば「A）主体の言動の潜在的意味を，分析的探究により，とり出すこと。解釈は防衛葛藤の様相を明らかにし，究極的には，無意識のさまざまの産物として表現される欲望を追求する」「B）治療では，その方針と進展によって定められる規則にしたがって，自身の言動の潜在的意味に患者を近づかせようとして与えられる説明を意味する」(ラプランシュ・ポンタリス, 1976) のように定義されている。被分析者がまだ気づいていない欲望や潜在的な意味を分析家が取り上げ，説明することが古典的な意味での「解釈」である。

　ユングはフロイトの方法が，現在表現されているものから，根底にあるより基本的な要因を探究し，過去の発端へと遡ろうとすることから，これを「還元的方法」と位置づけた。「還元的」とは「無意識の産物を象徴的な表現とみなすのではなく，記号・すなわち奥底にあるものの印ないし徴候・と理解する心理学的解釈法」を指す言葉である（ユング, 1967, par.876）。例えば夢に出てきた未知の人物を，実在する特定の人物を表しているとみなしたり，夢の中の大蛇は男根を表しているとか，性欲の表現だとするのは，表面に現れたものを記号とみなし，その意味内容として別のものを対応させるという点で還元的である。現在の人間関係の悩みを，エディプス・コンプレクスのような過去の葛藤の再現とみなすのも，より過去へ，より本質的な根源へと遡る点から還元的とみなされる。

　還元的方法での解釈の利点は，目の前の不可解な素材を既知の了解しやすい意味に結びつけることで，情報量が低減し，意識を集中しやすくなり，不安感が軽減されることである。イメージの動き

は抑制され，それだけ扱いやすくなるが，その反面，表現そのものに具体的に備わっていた豊富な情報量や多義性は犠牲となる。

これと対照的に，表現されたものの象徴的意義や，将来の目標に向けての可能性に注目する重要性をユングは強調し，この方向に向かう方法を「構成的方法」（あるいは「総合的方法」）と呼んでいる。これは，無意識の表現を象徴的表現とみなし，現在なされた表現が未来のどのような展望をもたらしうるか，あるいは本人のどのような状態を反映し，補償するものであるかを見極めようとする方法である。「構成的方法の目的は，無意識の産物について，主体の将来の構えに関わる意味を見つけ出すことである」（同, par.847）（注：構成的方法の具体例は『無意識の心理』第六章に詳しく解説されている）。先の還元的方法に比べると，表現された素材を本人のこころの外の何かに対応させる「客体水準」よりも，個々の表現内容がすべて本人のこころの状態を反映したものであるとみなす「主体水準」の見方に比重が置かれている。もっぱら主体水準にとどまり，本人の連想や象徴的素材の拡充を駆使して，未来志向的，目的志向的に意味を読み解こうとする方法である。先ほどの例でいえば，夢に登場した未知の人物を外の誰かに対応づけるよりも，その人物の姿や行動を詳細に描き出し，それが夢見手のどんな部分が表現されたものなのか，その人物に対して夢見手がどんな態度を取っているのかに関心を向けていくのである。例えば「この人物がしている言動を本人も少しは採用してもよいのではないか」とか，「この人物に対してこれまでとは違う関わり方が必要なのではないか」というようにさまざまな可能性を検討していく。夢に現れた大蛇も，実際どんな大蛇なのか詳しく観察し，これと似た大蛇が人類の精神史のなかでどんな意味を付与されてきたのか，将来のどのような可能性を示唆しうるのかも考慮の対象となる。

構成的方法での解釈の利点は，目の前の不可解な素材の情報量を保持しつつ，象徴的な意味を多角的に捉え，本人のこころの状態に密着して未来志向的に考察できることである。その反面，すっきりとまとまった単純な意味に到ることは難しく，曖昧さや不確かさ，それにともなう不安も抱えながらの作業になる。

これら還元的方法と構成的方法は，意味を見いだしていく方向性の違いであって，それぞれ意義と効用があり，互いに相補うものである。臨床場面では，この２つの方向性を使い分けながら「解釈」を進めていくことになろう。

Ⅱ 解釈の異物性

解釈は本人が気づいていない内容を説明することであるから，説明される内容は必然的に本人にとっての「異物」にならざるをえない。神田橋（1990）は，異物感に注目しながら，治療的介入を「抱え」と「揺さぶり」の強さから四段階に分類している。「抱え」とは本人のあるがままを支持し，肯定する働きかけであり，本人にとっての異物感は最も小さい。「揺さぶり」とは本人にこれまでとは違う新しい状態になるよう強いる働きかけであり，異物感は最も大きい（ただし揺さぶりが常態である場合は，抱えが揺さぶり効果をもつこともある）。治療的介入のうち，「抱え」が最も大きく，「揺さぶり」度合いが最も小さいのが，「妨げない」，すなわち，本人の自発的な動きをそのまま支持し，肯定的な保証を与えることである。それでいいのですよ，ということ，そして，治療者からは何も足したり引いたりしない関わりである。その次の段階は「引き出す」であり，本人ができるレパートリーのうち，有効，有益と考えられるものを強化する働きかけである。もともと本人がしてきたこと，できることから何かを取り上げて伸ばすので，異物感は比較的小さいが，特定の部分に注目し，他より優先して引き出すさいに他者の判断が入っているので，そこに異物感が生じうる。その次は「障害を取り除く」であり，最も異物感が大きく揺さぶりが強いのが「植えつける」，本人のレパートリーになかったものを外から移植する介入である。この整理法に従えば典型

的な「解釈」は「植えつける」に相当する。

　解釈で与えられる仮説が隠された真実を言い当てていればいるほど、（神経症の）患者にとってそれを認めることが苦痛なのは当然である。だからこそ、患者は症状という、自分に不利益をももたらす妥協物を形成したのだ。フロイトは分析家が解釈するさいに患者が決まって「抵抗」で反応することを強く指摘し、抵抗の克服こそが分析治療にとって不可欠な関門だとみなした。フロイトがあわせて強調したのは、抵抗の克服には、分析家と患者との暖かく肯定的な関係が必要なことである。

　心理療法の目標は、本人がこれまでよりも安心して、自分に与えられた素質やエネルギーや時間をより上手に使えるように援助することだと筆者は考える。そのためには、本人の自我や主体性、主体感覚、さまざまな名称で呼ばれている「自分」という感じを補強し、育てていく作業を進めつつ、必要最小限の「不安」を抱えながらも、新しい気づきに開かれていく作業を平行して進めていくことになる。解釈でなされる説明は、真実に気づいている治療者が、それを気づいていない患者に渡すもの、という形になりがちである。この図式は患者の主体感覚を犠牲にする可能性をはらんでいる。本人は自分のことをわかっておらず、他人から指摘されてはじめて真実に気づくという図式。これは「無力な自分」と「有能な他者」の図式である。これでは本人の自我は、無力感やプライドの傷つきを味わわざるをえない。本人の主体的な感覚を損なわないためには、できれば治療者から患者に渡す「解釈」は、必要最小限にとどめておくほうがよいように思える。

　解釈の「深さ」にも工夫のしどころがある。解釈でなされる説明は、本人の意識からどのくらい近いところを取り上げ、どれだけ根本的、根源的な要因まで掘り下げるかによって内容も言葉も違ってくる。治療者の側になる人は人の心に関心があってこの仕事を選んだこともあり、できるだけ深く、より根本的なところまで踏み込んだ解釈をしたくなるものである。しかし、治療者の理解の深さと、患者本人が受け入れやすく、利用しやすい説明の深さとは必ずしも一致しない。治療者の理解をそのまま押しつければ、患者はかなりの異物感を味わうことになる。本人の受け入れ可能性を考慮した上で、了解可能で、当面の課題に役立てることができる深さの解釈を提供することが、異物感を最小限に抑えることとなろう。

III　解釈される側に起きていること
——案外性の体験

　解釈については、解釈をする側、すなわち臨床家の視点に立って述べられることが多いのだが、ここであえて、解釈される側に視点を置いて考えることにする。自分が解釈を受け取る側だと想像してみよう。事例検討会で発表してコメントをもらった体験を思い起こしていただいてもよい。自分が気づいていなかったことについて、相手から指摘され、これまで自分が抱いていたのとは違う、新たなストーリーや理解の仕方を提示されたらどんな心持ちがするだろうか。自分にとって新しい内容なのだから、すぐ簡単に了解できたりはしないだろう。新しい解釈を受け取る側の典型的な体験とは、おそらく、何か自分にはピンとこないことを相手（治療者）が一所懸命に言葉にして言っているなあ、という感じではないだろうか。そういう局面では、「この人（治療者）がここまで言うのだから、すこし真に受けて考えてみようかな」と思える関係ができていてはじめて、解釈を消化する作業が可能になる。「良薬口に苦し」。真実は苦い味がするものなのだから。ユングも「洞察の「毒」はごく用心深く、ごく少量ずつ投与されねばならぬ。そして患者が少しずつ理性的になるのを待たねばならぬ」と述べている（ユング，1916, p.138）。

　自分にとって認めるのが苦痛であるような内容を、あえて受けとめ、それが真実かもしれないと認めるところまで行くには、フロイトも強調したように（フロイト，1914），治療者と患者の間に暖かい人間的な感情的つながりが成立していなくてはならない。反対に、自分の隠れた欲望を分析

家が指摘するとき，分析家がその欲望に対して否定的だったり，批判的だったりしたらどうなるだろう。治療者からの否定的なまなざしを受けつつ本人が主体的な感覚を保持し続けるのは，なかなか難しくなるはずである。

　筆者の経験で，解釈的な介入が後々まで本人に役立った印象が残っているのは，本人が「こんなことを思ってはいけないのではないか」と批判的，否定的に捉えていることに対して，筆者が「そういうことを考えることは自然だし，考えることは自由なんですよ」という感じの肯定的，受容的な雰囲気や口調やまなざしを持てた場合であった。例えばある方は，身体のある部位がムズムズして気になってしょうがなかった。そこは，以前同級生にからかい半分にちょっかいを出された際，たまたまその同級生が触れた場所でもあったのだが，本人はそのことに気づいていなかった。筆者がその関連を確かめてから「あなたはそのことについて，もっと怒ってもいいのではないか」と言ったとたん，表情がすっと緩み，面接室に何かから解放された雰囲気が広がった。以後，不思議なことに症状は軽快し，過去の人間関係についてずっと自由に話ができるようになった。この方は「怒ることはよくないことだ」と思い込んでいたらしいのだが，怒りの可能性に対する肯定的な言葉かけをきっかけとして，怒りの感情が蘇り，表現の通路を得たために身体への違和感（怒りがその部位に意味不明な違和感としてとどまっていたとも考えられる）が軽減したのだと考えられる。これに似た経験は数多くあり，何かを否定的に捉えていて，そのせいで本人が自由に語ったり考えたりしにくくなっている場合には，「そういうことを思い抱いてもいいのですよ」というような許容的な雰囲気を維持しながら耳を傾けることを大事にしている。

　上記のような体験は，本人としてはこんなことを考えたり，言ったりしてはいけないと思い込んでいたことを，治療者が「案外」受け入れてくれ，認めてくれることを知って，ほっとした，という体験だったのだろう。この案外という感じが，実は解釈が成立するための鍵であるように思われる。さまざまな案外体験が解釈を支えているのだ。

　解釈を通して，新しい創造的な発見がもたらされる場合にも「案外」さがともなっている。自分のこころのなかには何もいいことはなくて，暗くてみすぼらしいものばかりだと思い込んでいる人がいたとする。面接場面で夢や空想を検討したり，描画や箱庭のようなイメージ表現をしているなかで，このような人のなかにも，とてもポジティブで豊かなイメージが躍動し始めることがある。また，過去の人間関係のイメージに，解釈をきっかけとして，従前のものとは違う，新しい見方が生まれることもある。そういう「自分には案外こんなよい部分もあるのだ」とか，「自分が体験してきたことには，案外こういう別の見方もあるのだ」という体験は面接をより自由で創造的な空間へと導いてくれる。

　また別の案外性もある。ウィニコットが指摘したように，治療者の理解能力に限界があることを示すのも解釈の逆説的な効用である（Winnicott, 1963）。治療者は万能であるはずもなく，洞察力や表現力にも限界がある。治療者が提示する解釈が本人のこころのうちをすべて言い当てたり，完璧に適合するものではないという真実が，治療者が解釈をすることそのものを通じて不可避的に示されることになる。これが本人の主体性を護り，自分のこころに他人は簡単には入ってこられないという体験となり，自分のこころには自分で取り組むほうがよいのだ，という前向きの態度を促進する効果をもたらす。この場合の案外性は，いい意味で「先生は案外わかっていないのだ」という体験である。

　では，この「案外」とはどういう感覚なのだろう。先ほどの神田橋の図式でいえば「案外」というのはまさに，抱えと揺さぶりが心地よくミックスされた状態に相当する。筆者の感覚をもとにしていえば，「案外」を構成するのは，「やっぱり」ある許容範囲に収まっている感覚と，「意外」な新しい内容が持ち込まれた風通しのよい感覚である。自分が否定的に捉えていたことを治療者が案

外許容して見せてくれた，という場面では，「やっぱり」否定的な内容なのだけど，「意外」に受け入れてくれた，そしてトータルでは，「やっぱり」そして「意外」にも，治療者と自分との関係は壊れなかった，ということになるかもしれない。こうした矛盾する感覚が程よく全体的に抱えられている感じが，有効な解釈の一つの指標となりうるかもしれない。

Ⅳ　説明による解釈と，質問しながら見つけていく解釈

冒頭から述べているように，解釈とは基本的に治療者が新しい説明を与えることである。しかし最近の筆者の臨床では，こちらから説明を与えるというよりも，相手に質問し，対話するなかから，結果的に二人で「解釈」を見つける流れのほうが多くなってきた。例えば夢の場面を話題にするときも，こちらが仮説を述べたりせず「それはどんなところ？」「そこにいてどんな気持ち？」とたずねたり，登場人物についても「どんな人？」「あなたがその人だったらどう思いそう？」「ふだんの生活で同じような気持ちを味わったことはありそう？」，等々，夢のイメージに寄り添いながら話題をふくらませていく。そして「これは以前に出てきた○○に似ているかなあ」とか，「この人と，こちらの人の共通点はこんなところかなあ」のような問いがどちらからともなく浮かんできて，自然に新しい理解が産まれる瞬間がやってくる。どちらかといえば，本人が自分で思いつかれることを中心として話が進んでいく。こうしたやりとりを通しての「解釈」は，自然と上記の「構成的方法による解釈」に似てくる。「解釈」をコミュニケーションにおける働きかけ，というふうに広くとれば，イメージを明確化したり，イメージの要素間の関係を発見していく作業もまた，二人の間で自然に「解釈」を育てていく営みと言えないだろうか。

Ⅴ　現代における解釈の難しさ

最後に現代の心理療法における解釈の難しさについて一言だけ指摘しておきたい。先日，筆者はスイスのユング派分析家，アラン・グッゲンビュール氏と会談する機会を得た。氏は非行少年や学校でのいじめ，職場での人間関係についてイメージを用いたグループワーク・プログラムを独自に開発・活用して関わっておられるのだが「対面心理療法はヨーロッパではもはや時代遅れになりつつあるのです」と言われた。一対一の対話を通した心理療法は，現代の人々にとってもはや最適の方法とは限らない，という見解であった。その背景を筆者なりに要約すれば次のようになる。フロイトやユングの時代なら，性的なものやスピリチュアルなものが「抑圧」されたり，文明の影になっていて，精神分析や分析心理学は新しい物の見方や価値感をもたらし，新鮮な感動があった。心理療法家に対しても，心の深みに通暁した叡智を持つ人物といったイメージを投影でき，その投影が，心理療法の場に変容促進的な力をもたらしていた。しかし現代では書店に心理療法のマニュアル本が並び，分析家が言いそうな解釈は陳腐な決まり文句として周知のこととなっている。そこに新しい見方への期待をむけたり，感動を味わったりすることは年々難しくなっているのである。ジェイムズ・ヒルマンもこれと同様に，氏が心理療法に魅力を感じた頃は，面接は闇の営みであり，分析に通っていることは人に隠すべき，という雰囲気があったが，今はもう事情が変わってしまったと述べている（Hillman & Ventura, 1992, p.157）。現代の面接には，変容のための秘密の器というイメージが以前ほどには向けられなくなっているのかもしれず，こうした背景も心理療法における解釈の力を減じせしめている可能性がある。「解釈」の効果を支える背景は，フロイトやユングが活躍した時代と現代では随分違う可能性があることは意識しておいたほうがよさそうである。

文　献

フロイト S（1914/1970／小此木啓吾訳）想起・反復・徹底操作．In：フロイト著作集6．人文書院．

Hillman J & Ventura M (1992) We've Had a Hundred Years of Psychotheapy and the World's Getting Worse. Harper Collins, New York.

ユング CG（1916/1977／高橋義孝訳）無意識の心理．人文書院．

ユング CG（1967/1987／林道義訳）タイプ論．みすず書房．

神田橋條治（1990）精神療法面接のコツ．岩崎学術出版社．

ラプランシュ J・ポンタリス JB（1976/1977／村上仁監訳）精神分析用語辞典．みすず書房．

Winnicott D W (1963) Communicating and Not Communicating Leading to a Study of Certain Opposites. In : The Maturational Processes and the Facilitating Environment : Studies in the Theory of Emotional Development. London. Hogarth Press & The Institute of Psychoanalysis, 1965.

共感・違和感，受容

浜松大学大学院教授・京都大学名誉教授　山中康裕

I　はじめに

はたして，対人援助に「技」があるのだろうか？

はじめに断っておくが，筆者は，対人援助に「技」などない，と考えている一人である。ただし，「技」と考える人があるだろうことは理解できる。しかし，対人援助という事態に，「技」など入り込めないのだ。「技」と考えている以上，それは，当然ながら，「技術」であり，ならば，それは工夫することもでき，また，それを磨き，洗練させることもできる，と考えるのであろう。しかし，筆者は，それは，技の問題ではなく，「人間性」の問題だと考えている。だとすれば，「人間性」をどう磨くか，どう洗練するか，という問題が出てこよう。そうなったら，技術とどう違うのか，という議論になり，水掛け論になってしまう。

しかし，筆者は，はっきりとそこに一線を引いておきたい。「人間性」とは，その人の姿勢，態度，あり方，生き方の問題であり，クライエントへの「尊敬」や，その「尊厳」に対する「畏敬の念」のあるなしであって，断じて「技術」の問題ではないのだ，と。その前提に立って，ここに与えられた問題に立ち向かう。すなわち，共感・違和感，受容の問題である。

それと，少し次元が違うかもしれないが，最近見た映画の『おくりびと』は，端的にそれを語っている格好の例と思われるので，是非，一見しておいて欲しいと思う。

II　共感と違和感

「共感」という言葉が安易に使われている印象がある。クライエントに共感すれば，セラピーは自ずから展開するだろう，と。しかし，筆者は，我々のところを訪ねてくるクライエントたち，とくに統合失調症など病態水準の深い人たちを対象とした際には，はなから容易に共感できるとは全く思っていない。なぜなら，彼らは，重症になればなるほど，つまり，病態水準が深くなればなるほど，人など信用できない，と思っているか，あからさまに，不信感を表に出してくることの方が圧倒的に多いからである。

そんな人たちに，安易に共感することなど，まずできない。むしろ，ここに与えられたタイトルの，「違和感」を覚えることの方がずっと多い，と言ってよいだろう。まず，当初，違和感を覚える方が普通なのであり，そこから，どう展開していくか，と考える方が，ごく自然な流れではあるまいか。

Ⅲ　違和感から共感へ

違和感について，まず筆者の頭に浮かぶのは，中井久夫先生が指摘されたリュムケの「プレコックス感」のことである。あそこでの氏の指摘は，従来，このリュムケのプレコックス感は，オランダ語からドイツ語になったときから，長いこと誤解されてきたが，当初，リュムケが書いたときには，実は，統合失調症者の前に立ったとき，治療者が感じる違和感のことを言っていたのに違いない，と思う。つまり，むしろ，治療者の方が，「見透かされている」と感じるもので，それは，現代の到達した「逆転移」の知見からすれば，統合失調症者との間に「鏡像転移」を起こした結果なのだろうということができよう。

筆者の経験では，統合失調症者に限らず，醜貌恐怖や，自己視線恐怖，自己臭恐怖などの重症対人恐怖症の場合も，まず，特有の「違和感」を感じたものである。しかし，この違和感の向こう側にすぐに入り込もうとせず，じっと，彼らの語りにのみ焦点を合わせ，じっと聴き入る態度を保持していくと，何らかの「事態の変化」が生じてき，それを乗り越えていくと，やっと，いわゆる「共感」と呼んでいい事態が起こってくるように思う。この，一つ「峠を越す」事態というのが肝要で，このことは，例えば「風邪引き」「熱発」「褥創」「奇妙な腫瘍（おでき）」あるいは「自殺企図」「事故」といった，身体変化であったり，突発的な外的事件であったりする。私のコトバで言えば，「一つ位相の違った事態」が発生し，位相を変えるのである。先の中井氏はこれを気象学の知見から，base change と呼んでいる。

つまり，こうした変化は「一筋縄」ではいかず，ことは同一直線上には起こってこない感触がある。これは，別の視点から言えば，「こころ」の変化には，必ず，「からだ」の変化が伴うのであり，こころだけの位相で変化が生じてくることはまずない。だから，心理療法だけを施していても，からだの変化に対する視点や気づきをもっていないと，重要な変化を見落とすこととなる。筆者が，臨床心理士つまりサイコセラピストの卵たちのスーパーヴィジョンをしていて，時折喚起する「風邪引き」や「事故」への視点は，この意味で大切なのだ。

Ⅳ　共感の二種

一方，とても不思議なのが，いわゆるボーダーラインと呼ばれる人たちが，当初，一見，共感しやすい，くみしやすい，と見えて，ある時点で，突然，それまで表に出ていた人格と，全く裏側の人格が急に表に出てきて，それまでの親和的な態度とは一変して，治療者を突然罵倒悪罵したり，妄想的言辞が突発してくることがあることだ。あの，当初共感しやすいと見えたのは，一体何だったのだろう？

あれは，共感と呼んでいいものだったのか？　それとも，共感にも，二種類あるのだろうか？　このうわべの共感と，真の共感とに区別はつくのか？　この際の突然の変容は，違和感として感じられることが多いが，この共感から違和感への突然の変化は，上に書いたものの裏返しなのか？　ここら辺りの考察こそが必要となろう。

Ⅴ　受容

いずれにせよ，受容は，これらの体験の延長上にしかこない。しかも，言うように容易ではなく，随分と長い道のりを経ての後のことなのである。

Ⅵ　おわりに

ここに，編者から求められるままに，このタイトルから連想し，考えたことどもを書いた。つまり，「共感」なる言葉は，安易にもちいてはならない。また，これは技術なのではない。人間性に関わる事態なのだ。これらは，通常，まず「違和感」から始まり，位相の変化を経て，共感に変容し，その上での長い道のりの果てに，「受容」が

生じることを述べた。

文　献

中井久夫 (1977) リュムケとプレコックス感. 季刊精神療法 3-1 ; 81-92.（中井久夫著作集 1，岩崎学術出版社, 1984, p.329.）

山中康裕 (1977) 自己臭体験を中核とした対人恐怖症の精神療法. In: 分裂病の精神病理 6．東京大学出版会.（岸本寛史編：山中康裕著作集 6，岩崎学術出版社, 2004, p.20.）

山中康裕 (2009) 映画評「おくりびと」. 精神療法 35-2 ; 130.

クライエントの自尊心

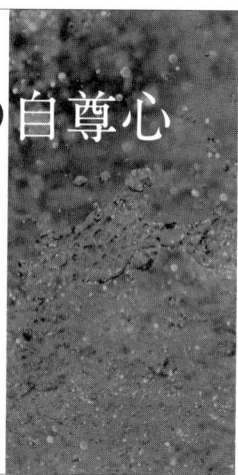

早良病院　山上敏子

　自尊心という言葉は多分だれでも知っている言葉であろうが，日常的な会話のなかではあまり用いられないように思うし，日常会話のなかでこの言葉が用いられるときには，まっすぐに使われるというよりも，少し斜めに構えて冗談めかして使われていることが多いように思う。それも自尊心という言葉のもつ重みを表しているのだろう。

　臨床の実際では「クライエントの自尊心」が，そのまま直接的に治療の対象になったり，目標にされたりすることで治療の表に出ることはあまりないように思う。自分自身の臨床をふりかえってみるとそうである。わたくしは「クライエントの自尊心」は，臨床の営みの底を流れている毅然とした希望のようなものであると思っている。

　そのようなところから，わたくしはこの小論のために，患者自身（クライエントという語感はわたくしの臨床のなかではそぐわないところがあるので本論では「患者」とさせていただく）が治療のなかで自尊心をどのように自覚しているのかを，彼らに直接聞いてみることにした。

　ある日の午後に受診した患者のうち，最初に受診した患者から順に9人の患者に，いつも通りの15分から20分前後の診察を終えたあと，その場で次のように質問した。どの患者にも「わたくしは，患者の自尊心，というテーマで意見を求められている。差し支えなければ，あなたの場合はどうであるのかを聞かせて欲しい」と質問した。これは少し驚いたことであるが，どの患者も躊躇することもなく，混乱する様子もなく，また，難しげでもなく，治療開始時の一人を除いては，穏やかな雰囲気で意見を述べてくれた。ありがたいことであったし，わたくしの患者理解が進んだところもあった。

　以下にその要約したところを記す（順序は診察順）。

Aさん：20歳代女性・アルバイト
（摂食障害，自傷行為，醜形恐怖，気分変調）

　16歳時に発症。以後入院治療も含めて数カ所で治療を受け，3.5年前にわたくしのところを紹介により受診し治療を開始した。現在は症状はほぼ消失して安定した状態が続いている。週に1日は他院でのデイケアに参加し，週に2日は1日3時間の店員のアルバイトをしている。

　「前は自分が全くわからなかった。自尊心？　そんなものは全然なかった。人に誘われるまま遊び回っていたが，本当は苦しくて仕方なかった。今は自然に過ごせている。自尊心もしっかりともっているし，よくがんばっていると思う」

Bさん：60歳代女性・元医療従事者
（うつ病）

3年前，就業中に軽い脳梗塞発作をおこし，その治療経過中にうつ病を発症した。以後現在まで治療を受け，現在はうつ症状は消失し薬の減量中である。自適の生活を過ごしている様子である。

「自尊心？　とくに考えたことはない。治療を受ける理由が納得できるとよいことである。自尊心は関係ないように思う。うつ病があるので薬をのんだ方がよいといわれたので薬をのんだ。薬をのんだら頭が働かなくなっていたのが働くようになった。ありがたかった。今はことさらに困ることもないし生活を楽しんでいる。病気は治せばよいと思っている」

Cさん：30歳代女性・家業の手伝い
（統合失調症）

20歳時に幻覚妄想状態で発症。初診時に筆者が診察し，半年間の入院治療とその後の外来通院治療を他医師から受けた。10年前に筆者を再受診し，以後，月に1度の通院をしている。おおよそのところ安定した状態が続いている。軽い思考障害があるが，家業の手伝いをしており，客からも頼られているようである。

「病気になる前の自分は好きじゃなかった。病気になって本当の自分が出せるようになったし，自分が好きになった。こんがらがるところもあるけれど自然にしていられるようになって楽になった。自分を一人の人間としてみることができるようになった。病気になってよかったと思う」

Dさん：60歳代女性・会社経営
（うつ病）

13年前に発症し，今回を含めて3回の再発がある。いずれの再発時もごく初期に短期間（1～2週間）の入院治療とその後の通院治療をおこなっている。今回は5カ月前に再燃し，1週間の入院治療のあとの通院中。服薬しているがほぼ寛解の状態にある。

「病気になったときはただ苦しい。金も仕事も家族もどうでもよくなり何も要らなくなる。病気でないときは家族や仕事をよく守りがんばっているという自尊心がしっかりあるが，病気になると自尊心などというものは全くなくなってしまう。ただ苦しいだけ。入院して眠るだけで人には誰とも会いたくない。入院して1週間も経つと少し自尊心がでてくる。仕事のことなどが気にかかってくる。それが回復の兆し。現在は仕事も家族もしっかりと守っているという自尊心をもてている」

Eさん：10歳代男性・高校2年生
（胃腸症状，不登校傾向，抑うつ気分）

高校入学後，それまでの友達がいなくなったことや古い伝統を守る校風が合わないところから不登校傾向がみられるようになり，不眠や下痢などの胃腸症状が出現するようになった。家庭ではそれまでと特に変わったところはみられないようだったし，ジムにもそれまで通り出かける。通院していた心療内科病院の主治医から精神科の方がよいと紹介されて1年前に両親とともに受診した。

「前の病院で精神科を受診した方がよいといわれて，その時はとても自尊心が傷ついた。その頃は自分自身にうつ病にも精神科にも偏見があって，よくないイメージがあった。精神科を受診すると他人からも偏見をもたれると思って嫌だった。親に連れられてしぶしぶ受診したが，来てみると普通のところだったし，診察を受けたら気持ちが明るくなって治りそうな気がした。現在は緊張は少しあるが高校にはそこそこ行っているし，将来に向けての目標ももっている。医者になるのもよいかと思っている。今の高校が自分に合わないところは変わらないが，大学には行きたいので必要な日数は出席して卒業するつもり。今は自尊心は大丈夫」

Fさん：20歳代女性・学生
（強迫性障害）

高校3年生ごろから不潔恐怖や強迫的になっているところを自覚しだした。だんだんとひどくなって，最近は自分の体が汚れていると思えて自分が触れたと思うところを拭いてしまう。物に触れられない。風呂に入ると体を何度も繰り返して洗い長くかかるので入ることが難しい。半月前に紹介されて受診しその後の2度目の受診日。

「こんなことに悩んで何もできない自分はだめな人間だと思う。この前（初診時），それは病気の症状だから自分を駄目だと思う必要は全くない，よくなる，と説明されて少しは気持ちが楽になったし，できるだけ駄目だと思わないようにしている。しかし，いつも気になって拭いてばかりいるし，勉強などなにもできない。多分就職もできないだろうと思う。つらい。今は自尊心など全然ない（泣く）」

Gさん：20歳代男性・アルバイト
（行為および情緒の混合性障害，強迫性障害）

中学3年時に暴力，不登校，確認を主とした強迫症状のために両親に連れられて受診し，入院治療を受けた（筆者が初診し以後は他医師）。その後も3度の入院治療を受けながら外来通院治療を続けていた。この間，病院で知り合った女性と結婚し一児をもうけている。半年前から子どもを両親に預け，Gさん夫婦2人は住んでいた両親宅を出てアパートで暮らすようになった。主として父親からの金銭の援助で生活し，ときにアルバイトをし，妻の受診にも付き添って行っている様子。強迫症状はほぼ消失している。Gさんの新しいアパートが筆者の勤務先から遠くないということを人伝に聞いて外来を受診し，以後通院している。

「今は元気だが，暴れて確認していた病気のときの元気と今の元気は全く違う。病気のときの元気は熱かった。自尊心も熱かった。こうしないといけないというものがあって一生懸命だった。今はそのころに比べると価値観が違っている。今の自尊心は前の自尊心と違う。今はまだ社会での生活に完全には復帰していないので引け目を感じている。引け目は苦しいが，苦しみながらも認められたいと思って頑張っている自分を認めたいという自尊心がある」

Hさん：50歳代女性・主婦
（反復性うつ病性障害）

20歳時に精神科を受診し，初診時から現在まで，遠方に転居したときを除いて筆者が主治医である。この間，大学を卒業して結婚し二児を得ている。混迷状態や幻覚などの精神病症状がひどくなる悪化時に2回の短期の入院をした以外は外来通院による治療を続けている。この3, 4年は大きな動揺はなく安定しており，通院も数カ月に一度になっている。

「30歳頃までの自分は嫌いだった。自分がよくわからなくて，怒ったりすることがとても多かった。30歳ころから教会に行くようになり，聖書を読むようになった。だんだん落ち着いてきて自分が好きになってきた。治療でも自分が分かってきたような気がするし，考えが磨かれていくようなところもある。通院することや薬をのむことが嫌ではないかと先生（筆者）からよく聞かれるがそんなことはない。今は落ち着いてよい生活ができているし楽しく暮らせている。ありがとう」

Iさん：50歳代女性・主婦
（うつ病）

6年前に強い焦燥感と体の痛みやしびれなどの身体症状を主症状にして発症し，近医に強くすすめられて受診した。重症であり，改善には複数の大量の薬物が必要であったが，徐々に軽快し，1年前より薬の減量を開始しているがまだ服薬中である。現在は症状の自覚はなく，活動的であり，両親などの家族の病気の面倒などをよくみて，安定している。

「悪いときは苦しいので精一杯であった。自分の体も頭も自分のものでないようで身のおきどころがなかった。もともと人の役にたつのが生き甲斐のようなところがあるし、傷つけられると腹が立つタイプである。自尊心は高い方であると思う。病気になってかなりの間，人の目が気になってしかたがなく怖かった。自分がどう思われているかばかり考えていた。自分の体も頭も，自分のものでないようで身のおきどころがなかった。怖くて布団から出られなかった。そのころは自尊心など，かけらもなくなっていたと思う。よくなってくると，だんだんと人の目も気にならなくなり，自尊心もしっかりと戻ってきた。病気のときは自尊心も病気になる。今は人の世話で精一杯忙しいが気持ちいい」

ここにあげた日常の臨床のなかの一部の少数例だけからも、「クライエントの自尊心」は，治療のなかでいろいろな在り様をしていることが分かる。治療の経過のなかで自尊心を見出していく例，いったん失われたかにみえていた自尊心が回復とともに再び自覚されていく例，肥大化していた自尊心が等身大の自尊心に収束されていく例，症状を病気として自覚することで自尊心を穏やかに保っている例，苦痛と混乱が自尊心を押し潰している例，など，さまざまであった。

説明は蛇足になろう。

転移・逆転移

首都大学東京　岡　昌之

I　転移という概念の効用と留意点

　対人援助の仕事は，容易なものではない。その技は究めにくく，そのこころは計り知れない。その要因のひとつとして，転移ということがある。転移とは，クライエントがセラピストとの関係の中に，自分の問題や困難を，ほぼ無意識にいろいろな形で「持ち込む」ことにより錯雑した状況が作り出される，というような意味合いの言葉である。「持ち込む」ないし「運び込む」と言ってもよい。語源としては，ドイツ語の「イューバートラーゲン übertragen」という動詞である。試みに辞書を引いてみると，その意味はだいたい以下のようである。（郁文堂　独和辞典）

　①中継放送する
　②翻訳する
　③書き写す
　④当てはめる
　⑤任せる，委ねる
　⑥伝染させる
　⑦（動力を）伝達する

　たとえばクライエントが家族との口論を，奇妙に生々しく実況中継風に再演してみせたら，クライエントは，自分と家族の問題を落ち着いて考えることができない，ということを伝えるためにセラピストを試しに揺さぶっているという見方もできよう。[①中継放送する]

　あるいは，「私はアダルトチルドレンなんです」と一見明快に語るクライエントは，自分自身の生の姿を流行の姿に当てはめ，セラピストに問題の一端を示しつつ，また同時に本当の自分の姿を隠してセラピストをうかがっているとも見られよう。[②翻訳する，③書き写す，④当てはめる]

　また面接を今後どのようにするかに関して，「わかりません。先生にお任せします」と言うクライエントは，自分ではどうしようもない問題の重さを，知ってか知らずか，セラピストに丸投げしているわけであり，セラピストは悪い人ではないが，賢い人でもないということを暗にほのめかしつつ，「先生もっと考えて」と言いたいのかもしれない。[⑤任せる，委ねる]

　クライエントの表面的には単調な訴えを何とか聴こうとしているうちに，セラピストの方で奇妙な無力感に襲われたりしたら，クライエントの内面にうごめく蟻地獄の如き不安が心理療法の関係の中に持ち込まれたのかもしれない。[⑥伝染させる]

　クライエントのいろいろな話題に付き合ううちに，セラピストも活性化され，急に踊り出したいような，走り出したいような感じになったとした

ら、それはクライエントの青年期的危機の波動が伝達されたか、あるいはクライエントの躁病的な波長が伝わってきたということも考えられる。[⑦（動力を）伝達する]

これらは、すべて他動詞の用法であり、その目的語はクライエントの内面の心的世界である。その世界の本当のところはうかがい知れないものである。これらの状況にどう対応するかは、すべてケースバイケースであり、マニュアル的に単純化することは愚かである。読者の皆様が実際問題を引き受ける中で、演習として考えて頂きたい。

転移解釈ということは、高度な知性と感性によってそのうかがい知れないところにアプローチする試行錯誤の過程であり、熟達には長い修練を要する。本当のところはわからないにしても、何かしら重要・重大なものが密かに関係の中に持ち込まれているかもしれないということに留意することにより、対人援助の関係がかろうじて守られるということを忘れてはならない。なお、仮にセラピストが解釈めいたことを言って、万一クライエントが「さすが、先生鋭いですね。アタリですよ」とか言ったら、その時セラピストに求められるのはブラックユーモアのセンスと「自分を嗤う」機転である。

II 転移に関する語源学的考察

転移という訳語は、実はあまり良い訳語ではない。なぜかというと、ドイツ語の動詞「イューバートラーゲン」の「イューバー über」（英語ならオーバー over）の部分は訳出されているが、肝心の「トラーゲン tragen」の部分、「動」および「働」の要素が訳出されていないからである。試みに「トラーゲン」という動詞の意味を辞書で引いてみると、以下のように実に多彩でダイナミックな意味内容が見える。（郁文堂 独和辞典）

①運ぶ
②支える
③身につけている、（レッテル・名前などを）つ

けている
④（体の部分をある状態に）保っている
⑤（子を）はらんでいる
⑥（実を）つける
⑦（苦難などを）耐えしのぶ
⑧（責任などを）負う、（費用などを）負担する
⑨心に抱く

どれもみな、相当なエネルギーを要する行為であり、単に右から左に移動させるというようなことではないことがわかる。

文学的に言えば、クライエントは自分の人生の荷物を心理療法の関係の中に運んでくるのである。それを迎え入れるセラピストも相応の力仕事をしなければならない。[①運ぶ]

またあるクライエントは、実際に重い荷物を担いで面接の場に現われるということがありうる。それでますますその場が重くなるということにもなろう。また時には、クライエントがある漫画の全数十巻を担いできて、「これを先生にあげます」とか、「これを読まなければボクのことはわかりませんよ」とか、「読まなくてもいいから、持っていて下さい」とか言うこともありうる。そのような状況の中で、セラピストがクライエントに何を言うのがよいのか、あるいは何を言わないのがよいのかは、簡単には決められない。どのような対応をするにしても、セラピストの精神力がクライエントの人生の重荷を運ぶのを援助できるかは「神のみぞ知る」である。[①運ぶ]

多くのクライエントは、かつてあるいは今も、精神的に親を支え家族を支えている人であることが多い。一家の柱であるとか、縁の下の力持ちであるとか、ありようは多様であろう。そのような人を精神的に援助することはやはり容易ではない。「先生はわかってくれる人です」とか言われたら、セラピストの肩も心も重くなろう。この段階では、相変わらずクライエントがセラピストを支えている、あるいは支えようとしているということになりかねない。これこそが転移の重さである。悩んだ末にセラピストが、「ご苦労様です」

とか「無理なさらず」とか言いたくなっても、その言葉がクライエントの心身に対して援助的であるためには、セラピストの修行が必要である。[②支える]

面接の場に現われるクライエントの服装等は、関係へのメッセージであるという見方は捨てがたい。ただし、頭の固いセラピストが、この見方に固執すると危険である。特定の服や装飾品が特定の意味を持つわけではない。若い女性のクライエントが、ある日突然真っ赤なドレスを着て現われたり、若い男性クライエントがひげを伸ばしかかった風貌で現われたりしても、それはクライエントの独創性、自発性の表現であり、自らの人生における自発性の意味を理解してくれるセラピストであってほしいという思いであると受け止められるのが賢いセラピストであろう。[③身につけている、(レッテル・名前などを)つけている]

面接の場で、クライエントが頭部や手足を一定の状態に保っているありようは、やはりそれなりの意味があると考えてよかろう。しかしこれは、セラピストについても言えることである。身なりと同様に、姿勢や表情もまたメッセージであり、クライエントとセラピストの協働作業である心理療法の過程を彩る重要な要素であることは言うまでもない。セラピストはクライエントの服装や姿勢に関して、指摘めいたことや解釈めいたことをむろん言うべきでないが、逆にクライエントがセラピストに関してそのようなことを言ってきたら、面接の困難で重要な局面として捉えて、落ち着いた柔らかい態度で応対することが求められ、またそれが有益であると言えよう。[③身につけている、(レッテル・名前などを)つけている、④(体の部分をある状態に)保っている]

妊娠妄想や想像妊娠というような重篤な病理においても、患者がそれを訴える社会的な場が意味を持っていることは否定できないであろう。そこには何らかの主張があり、自他の人間的存在の態様に対するきわめて重い問題提起があることは十分に考えられる。翻って子どもの心理療法において、子どもが若い女性セラピストに、結婚しているかとか、何歳であるかとかを訊く時は、関係の基盤と展開の可能性に関する不安と期待があると見られることが多い。やはり重い問題が持ち込まれているのである。[⑤(子を)はらんでいる]

また象徴的に言えば、男女を問わずクライエント心理療法の過程において、自己の内奥に何かしら柔らかな存在のうごめきを感じ取ることがありえよう。それはきわめて強い不安にもつながりうる。感受性の高いセラピストなら、クライエントが新しい自己を胚胎する感じを余裕と責任をもって受け止めることができるはずである。もちろんこれは、対人援助の技術の内奥に秘められた深いこころに他ならない。[⑤(子を)はらんでいる]

ハードボイルドな言い方になるが、症状はクライエントの生命力、精神力に根ざした果実のようなものである。うつ症状であれ強迫症状であれ、クライエントが執拗に、自らを悩ませている症状の話をするにつれ、セラピストは気が重くなる。しかしそれにめげず踏みとどまっていると、その厄介な症状が、クライエントの片割れ、ないし子どものようなものでもあるということに気づく。クライエントの願望は、自己の特有な世界をセラピストに認めてほしいということかもしれない。セラピストは、クライエントの一部である奇妙な症状に目を向ける必要があり、同時にクライエントの人間的存在全体に目を向ける必要がある。[⑤(子を)はらんでいる、⑥(実を)つける]

クライエントは耐え忍んでいる。セラピストも耐え忍んでいるのだが、クライエントにはかなわない。クライエントは、いわば現地の人である。セラピストは支援のために現地に出かけた人として、現地の人の窮状を現地の人に聞かなくてはならない。クライエントはセラピストとの援助関係の中にいても、いくばくかその関係を耐え忍んでいるということになりかねない。そのような微妙な関係の実態を理解する能力が、セラピストの専門性ということである。[⑦(困難などを)耐えしのぶ]

クライエントは自己の窮状の責任を負っている。そのことがわからないわけではない。そのこ

とを話し合う相手がなかなか見つからないだけである。そのことを話し合える相手がいるとしたら、その相手こそ重い責任を負うことになる。誰も重い責任は負いたくない。人間関係が難しいのはそのことによる。セラピストが自己の責任を重く感じると、生活が苦しくなる。ただでさえ、セラピストは生活が苦しいのであるから、これ以上生活が苦しくなることは避けたいというのが本音であろう。援助関係の中に、セラピストの側から重い問題が持ち込まれることによって困難が生ずる由縁である。ここから、お互いの費用の負担ということが、重大な問題となることがわかる。［⑧（責任などを）負う、（費用などを）負担する］

「心に抱く」という意味は特に重要である。独和辞典の例文は意味深長である。以下に引用してみたい。eine Liebe im Herzen tragen（心に愛情を抱く）, Bedenken tragen, etwas zu tun（あることをするのをためらう）, für etwas Sorge tragen（あることに配慮する）, ein starkes Verlangen nach etwas tragen（あることを熱望する）。というわけで、クライエントはセラピストとの関係の中に、愛情、ためらい、配慮、熱望などを持ち込むということが考えられるのである。［⑨心に抱く］

以上からも、対人援助や心理療法の知恵を求めるなら、精神分析事典や心理臨床辞典と並んで、独和辞典を紐解くのもよいということになる。もちろん、英和辞典、仏和辞典を初めとして、国語辞典、古語辞典等も同様に有用であることは言うまでもない。

III　転移・逆転移の理解

対人援助や心理療法において、転移・逆転移の理解は特に重要なことである。フロイト派、ユング派、ロジャーズ派を問わず、クライエント－セラピスト関係における複雑微妙な過程を理解する能力がなければ、対人援助の仕事は成り立たない。心理療法を仕事とする者は常日頃から、自らの対人関係がどのような転移・逆転移的要素によって特徴づけられているかを振り返り、明らかにしていくことが必要である。

本稿は「心理療法再入門」ということで、一応の基礎知識は前提にして、以下に実際的な問題を論じていきたい。たとえば青年期にあるクライエントが壮年期のセラピストに「先生はどうしてカウンセラーになったのですか」と質問したとしたら、その時のクライエントには何らかの転移的感情があると考えても良いであろう。そのような質問に対応・対抗して、セラピストの側にも何らかの感覚、感情、観念が生じうる。それがセラピストの人生に淵源しているところがあれば、それは逆転移的な精神活動と呼ぶことができよう。もちろんそれが、セラピストの意識の中に適度に納まっていれば問題はなく、むしろ相手と自分の精神状態を理解するのに役立つ手がかりとなる。しかしセラピストに余裕がないと、それは関係の中に持ち込まれ、関係をさらに重くすることもありうる。

セラピストは「うーん、どうしてかな」とか「一口では言えないけれど」とか「ほんとに聞きたいの」とか呟くこともあろうし、あるいは東洋的に静かに「笑って答えず、心おのずから閑なり」のゆとりで「拈華微笑」の境地を開示することもあろう。いずれにしてもそこでは、対人援助の場の性質が問われているのであり、セラピストがどのような思いで関与しているのかが関係の中で確かめられる必要がある。俗に「アヒルの水かき」と言われるように、セラピストは寡黙ながらも内面で逆転移的な精神活動を精力的にこなしていなければならない。

フロイト派では転移解釈ということを特に重視するようであるが、「どうも君はお父さんへの気持ちを私に向けているようだね」とか言っても、マンガ精神分析でもない限り、それで決着が着くわけではなかろう。転移分析という作業は、双方の理屈の捏ね合いにもなりうる。展望が見えなくとも、めげずに理屈を捏ね続ける並はずれた知力と体力が必須である。ちなみに、マルクスやフロイトの思考の土台にもあるとか言われるユダヤ教のタルムード（解釈学）の伝統は、千年にわたる

理屈の捏ね合いの輝かしい成果である。

　ところでわが国においては，「能書きを言うな」「口を動かすより手を動かせ」という伝統があり，陶芸における「土捏ね3年」などの発想となり，世界に冠たるモノづくりの技とこころとして結実している。それゆえ，とことん言葉にこだわり，「終わりなき分析」や「解釈につぐ解釈」をも辞さない外来思想である精神分析の本質を理解することは難しい。

　ユング派においては，光と影が表裏をなすように，転移と逆転移も表裏をなすものと捉えられる。錯綜した関係の中で混乱しそうになったセラピストは，自身の夢見や能動的想像の作業を通してゆとりを取り戻し，対人援助の関係を修復・調整することを試みる。その時の支点がこころの全体の中心としての「自己」である。これは，逆転移の利用の技として見ることもできよう。ユング理論はヘレニズム的なヘルメス学の系譜を引き，宗教と芸術への理解が深く，転移・逆転移に関しても，基本的にヘブライズム（プラス近代主義）の純正フロイト派とは異なる独自のスタンスを保っているのが面白い。

　ロジャーズ理論は，アメリカニズム（その良質な部分）の系譜を引き，また深層ではルターやキルケゴールの思想につながり，人間が自己自身を生きるための知恵であり，証言である。セラピストとは，相手が自己自身を生きるために行なう試行錯誤を見守り続け，関わり続けられるだけの知力と体力を持つ人である。クライエントからの転移的な関わりは，たとえそれが「言いがかり」のような陰性のものに見えても，実は自身を支えるための「手がかり」を求めている可能性がある。例えば障害の重い男の子が，若い優しそうな男性セラピストに愛着を示し始めながらも，時に「死ね！」と罵ることがあったとしたら，クライエントの本音は，「死んでたまるか，死ぬのはお前だ！」ということかもしれず，これを受けて立つのは苦しい。それを可能にするのは，自身のフェルトセンスを大切にすることを通してつかめる「今を生きる」，「共に生きる」という意志と実感であろう。

　対人援助の技とこころは最も深い意味での文化である。排外主義にもならず，拝外主義にもならないゆとり，平常心に基づいた創造的な仕事が命である。わが国には，ユダヤ教のタルムードの集積にも比すべき「やまとうた」の集積がある。万葉集から古今・新古今，さらに連歌，俳諧を経て現代の昭和万葉集まで，千年以上にわたる伝統がある。その技とこころが，現代日本の精神文化である心理臨床に深い影響を及ぼしているのは興味深い。心理臨床家は，タルムードの「理屈捏ね」やユダヤ・ジョーク集にも学び，自然言語としての日本語の妙味，「うたごころ」の幽玄の世界をも味わいながら，自らの日々の実践の境地を深めていきたいものである。

文　献

コーヘン A（1997／村岡崇光ほか訳）タルムード入門 I．教文館．

コーヘン A（1998a／村岡崇光ほか訳）タルムード入門 II．教文館．

コーヘン A（1998b／村岡崇光ほか訳）タルムード入門 III．教文館．

ギル MM（2006／神田橋條治，溝口純二訳）転移分析．金剛出版．

井上宗雄，武川忠一編（2008）和歌の解釈と鑑賞事典．笠間書院．

成田善弘（2005）治療関係と面接．金剛出版．

尾形仂編（2008）俳句の解釈と鑑賞事典．笠間書院．

岡昌之（2007）心理臨床の創造力．新曜社．

小此木啓吾編集代表（2002）精神分析事典．岩崎学術出版社．

新村出編（2008）広辞苑．岩波書店．

冨山芳正編集主幹（1993）独和辞典．郁文堂．

トケイヤー RM（1994／加瀬英明訳）ユダヤ・ジョーク集．講談社α文庫．

チューダー K，メリー T（2008／岡村達也監訳）ロジャーズ辞典．金剛出版．

氏原寛ほか編（2004）心理臨床大事典．培風館．

山中康裕（2006）心理臨床学のコア．京都大学学術出版会．

起こりうる不適切な関係
クライエントとの適切な距離を維持する

桜クリニック　成田善弘

I　職業的役割関係について

　不適切な関係について論じるには、まず適切な関係とはどういうものかを明らかにしなければならない。適切な関係とは、セラピストとクライエントの関係が職業的役割関係にあるということであろう。職業的役割関係とは、

　①特定の領域において知識と技術をもつ専門家とその専門家に援助を依頼する依頼者との間に成立する関係であり、
　②その関係自体は目的ではなく、ある目的達成のための手段であり、
　③目的が達成されればその関係は終結する。

　そういう関係である。
　心理療法的関係はこういう職業的役割関係であって、親や配偶者や友人との間に成立する、その関係自体が目的であるような、生身の人間関係とは異なる。
　ただし、職業的役割関係として出発するけれども、生身の関係に変質する危険をはらんでいるところに心理療法的関係の特殊性がある。事実、精神分析の創成期にはクライエントと結婚した分析家もあった。現在でもクライエントと性的関係をもってしまうセラピストがないわけではない。職業的役割からの逸脱が生じる危険性がつねにあるのである。

II　クライエントの役割とセラピストの役割

　では心理療法的関係におけるクライエントとセラピストの役割とはどのようなものであろうか。筆者（成田, 2001）は以下のように整理している。これは精神分析的心理療法を念頭に置いたものだが、他の心理療法においても妥当するところが多いと思う。

クライエントの役割

　①自身の問題の解決を求めて専門家（セラピスト）に助力を依頼する（依頼者となる）。
　②治療構造を守る。
　③自分の内界を包み隠しなく言葉にする。
　④セラピストの介入を受け入れて、自分の言動の意味を理解する。それによって自分の問題（不安や葛藤）を自分の中に引き受ける。
　⑤自分の問題に自分で対処するよう努める。つまりクライエント（依頼者）でなくなるよう努める。

セラピストの役割

　①クライエントの依頼に応えうる知識と技術をもつ（と想定される）専門家としてクライエント

の依頼を受け入れる。
②治療構造を設定し、維持する。
③クライエントに傾聴し、理解する。
④理解したところをクライエントに言葉で伝達する。それによってクライエントの問題（不安や葛藤）をクライエントの中に差し戻す。
⑤治療の中でのセラピストの役割をすこしずつ小さくするよう努める。つまりセラピストでなくなるよう努める。

クライエントとセラピストが上記の役割を守れているときに、両者は適切な理解を維持していると言える。

Ⅲ 役割からの逸脱と不適切な関係

ただし、現実のクライエントは必ずしもこの役割を守るとは限らない。依頼者になることに関して、病識のない精神病者は治療を依頼したりしない。パーソナリティ障害をもつ人の中には、自己のパーソナリティの問題を悩むことがなくて治療を求めない人もいる。治療構造を守らない、あるいは守れないクライエントも多い。彼らは遅刻したり欠席したり、ときには面接時間の延長を求めたり、面接室の外で会うことを求めたりする。自己の内界を包み隠しなく言葉にすることに関しても、すべてのクライエントがそうしてくれるわけではない。彼らはときには意識的に、ときには無意識的に、言いよどんだり沈黙したり話題を無関係なものに変えたりする。心のうちを言葉で語るのではなく、行動で表すクライエントもある。治療への不安や不満を口にするのではなく、面接に遅刻したりキャンセルしたりする。怒りを言葉にするのではなく、ものを壊したり暴力をふるったりする。また、セラピストの介入を受け入れて自分の言動の意味を理解することも、多くのクライエントにとって困難なことである。彼らはセラピストの解釈をしばしば否定し、不安を内界に保持できずに保証や確認を求め続け、不安をセラピストに担わせようとする。クライエントの役割の最後は依頼者でなくなるよう努めることである。ク

ライエントは苦しんでいるのだから一刻も早くクライエントでなくなるよう努めるかといえば必ずしもそうではない。症状に悩むことで本来体験すべき不安や葛藤を免れられる場合もある。病人であることで社会的義務を免れ、世話や援助を受けることができる。そしてセラピストとの関係を持ち続けて、そこでさまざまな情緒的満足を得ることができる。だから意識的、無意識的にクライエントであり続けようとする人は珍しくない。

このように見てくると、ここで述べたクライエントの役割はセラピストがクライエントに期待する理想的な役割であって、その背後には不安や葛藤を自己の内界に保持し、自ら対処する自立した (self-reliant) 個人が想定されている。クライエントにそういう自立した個人であることを要請することが精神分析的心理療法の根幹にある人間観である。精神分析的心理療法とは、クライエントにある役割を一貫して期待しつつ、そこからの逸脱に注目し、その由来と意味を探求し、それを通してクライエントをその理想的役割に差し戻そうとする営みである。その営みが成功せず、クライエントの役割からの逸脱が続くときには、セラピストはその責任をクライエントのみに帰すのではなく、セラピストの側の逸脱がクライエントの逸脱を引き起こしているのではないかと考えてみる必要がある。たとえばクライエントがいつまでも依存的なのは、セラピストが依存されることを必要としていて、クライエントの自立を妨げているのではないか、などと。

セラピストの役割に関しては、セラピストはその役割を必ず守らなければならない。セラピストがその役割から逸脱するとき、不適切な関係が出現する。しかし現実の治療の中では、セラピストがその役割を守りにくいと感じるときがしばしば生じる。セラピストが専門家としてでなく親や恋人や友人として振る舞いたくなるとき、セラピストの方から面接時間を延長したり、面接室の外で会いたくなったりするとき、クライエントに傾聴することなく自身の主張を述べたくなるとき、言葉以外の手段、たとえば身体的接触でクライエン

トに近づきたくなるとき，クライエントからいつまでも依存されたいと思うとき，情緒的満足をクライエントから得たいと思うとき，などである。

　セラピストはその役割から逸脱したくなったとき，現実に逸脱してしまうのではなく，自分がなにゆえそういう気持ちになるのかを探究し，その理解をクライエント理解に，そして関係の理解につなげることが必要である。これはなかなか困難な課題であって，ときには現実に逸脱してしまうこともないではない。

　たとえば，セラピストがクライエントを救いたいと思うあまり，面接室外で会ったり，本来クライエントのすべきことを必要以上に代行したり，クライエントを抱きしめるなど身体的接触をもったり，さらには性的関係をもってしまうことがある。性的関係は突然に生じるのではなく，それ以前にセラピスト，クライエント双方の役割逸脱がいくつかあり，その積み重ねの上に生じることが多いようである。セラピストが情緒的満足を得るためにクライエントを利用することもありうる。たとえば依存されたい，理想化されたいという欲求の満足をクライエントから得ようとする。セラピストの中には周囲に自分を理想化してくれるクライエントの一群を引きつれているような人がいる。クライエントがそのセラピストの自己愛の満足に利用されてしまうのである。あるいは，クライエントに傾聴しクライエントを理解しようとするのではなく，自分の信奉する理論を絶対視してその観点からのみクライエントを見て，クライエントをその理論の正当性を示す道具のように扱う人もいる。一見ブリリアントに見える論文の背後に，そういう乱暴なセラピストが潜んでいることもある。クライエントを研究対象としてのみ見なして，研究者として得るものを得てしまうと，そのクライエントへの関心を急速に失う人もいる。

　セラピストの依拠する理論によって，セラピストとクライエントの役割には多少の違いがあるであろう。しかしおそらく両者の役割の①，②，③は多くの理論に共通するであろう。⑤も明瞭に自覚されていないかもしれないが，多くの理論に妥当すると思う。

　いずれにせよセラピストはクライエントとの関係が職業的役割関係であること，そこでの両者の役割がどのようなものであるかをよく自覚しておかねばならない。適切な関係がどのようなものかをよく理解しておくことが，不適切な関係を生じさせないために重要なことである。

　一つつけ加えておきたい。職業的役割関係を強調したので，より広いセラピストの人間性のことが棚上げになっているように感じられる方があるかもしれない。私がセラピストとして大切に思っていることは，われわれは人間の心という大きな不思議なものに向かい合っているのだという畏れの感覚と，それに対して一人の人間としてごまかしなく向かい合う姿勢である。ごまかしなく向かい合うということが職業的役割を誠実に果たすということであろう。

文　献

成田善弘（2001）心理療法的関係の二重性．In：河合隼雄総編集：講座心理療法6　心理療法と人間関係．岩波書店，pp.25-66．

事実の聴き方，告げ方，分かちあい方

神谷信行法律事務所　神谷信行

I　はじめに

　弁護士となったばかりの頃，所長とともに依頼者の話を聴いていたとき，依頼者から事件の見通しについての質問を受けた。裁判は証拠によって勝敗が決まるが，この事件では証拠が足りないと考え，私は率直に，「敗訴の可能性が高い」と依頼者に答えた。

　依頼者が帰った後，私は所長から，「君は事実をはっきり言い過ぎる」と言われた。その言葉を聞いて，私は「事件の見通し」を明確に伝えることが法律家としての職務であると思い，所長の言葉に抵抗を感じた。所長は事務所の営業面を重視し，勝てない事件から着手金を得ようとしているのではないかとさえ思った。

　今考えると，「断念」という態度決定をするには「時」が必要なのであり，事件の帰趨について，「さらに調査，吟味をした上で回答させて頂きたい」と，「間」をとることが必要だったように思う。依頼者の心のプロセスについて，駆け出し時代の私は思いが及ばなかった。

　事実の告げ方を考えるとき，事件の内容，依頼者の個性，依頼者とこちらの間の関係性（信頼関係の深さ），告げる「時」の要素を勘案することが必要なのである。

II　「直指人心」と「事実」

　事件は一件ごとに個性があり，依頼者も百人百様である。調査の「間」を置くよりも，即断即決の判断を求める依頼者もある。緊急性のある事件，契約調印まで時間がないケース，仮差押・仮処分など先手をうって財産保全をはかるケースなどがその例である。これらのケースでは即答する回答が，禅の「直指人心」の言葉と似た機能をもつ。

　即決の判断を求められる場面では，問題となっている「事実」はシンプルである場合が多い。契約書の問題となる条項，履行時期，代金，損害金，解除事由など，二義を許さない文言で定めようとする場合，契約文書に「より明確な言葉」を盛り込むことが課題となり，最終的には当事者間の需給関係，資本力の大小などによって決着がつく。仮差押・仮処分で問題となるのは「債務者の財産確保」であり，不動産・預金・債権など執行対象が特定されれば，依頼者との間の「まぎれ」は生じない。

III　「事実」とは何か

　依頼者の言葉を聞いていて，「事実」とは何かをたやすく把握できないことがある。

離婚事件を例にとると,「不貞行為」「悪意の遺棄」など一方当事者の有責性が明確なケースは別として,いわゆる「性格の不一致」といわれるケースでは,法律上定められている「婚姻を継続しがたい重大な事由」という要件の枠が広く,この要件に該当する細かな事実の一つ一つを積み上げる必要がある。

いま「事実」と仮に書いたが,依頼者が述べる「ある日時・場所における出来事」は,依頼者の見たり感じたりした「事実」なのであり,客観的事実と必ずしも一致しない。心理臨床においては,依頼者の見たり感じたりした「事実」を心的リアリティとして受け止めるが,法律実務の場合,片方の当事者が見たり感じたりした「事実」が,そのまま裁判官の事実認定に反映されるものではない。

話を聴いていて,依頼者の述べるところが腑に落ちなかったり,普通生じる流れと異なる事態の推移があり,背景に別の事実がひそんでいると思われることがある。その事実は依頼者が,意識的または無意識的に秘匿している事実であることもあり,補足が必要と感じたとき,さらに依頼者の話を聴いていく。

「私が理解できて,はじめて裁判官や調停委員が理解できるのです。私に理解できないことは,裁判官や調停委員にも理解できません」と前置きをした上で,対立当事者の代理人がするであろう「反対尋問」的な吟味を試みる。このとき,理詰めで依頼者を追いつめないように注意しながら,「いつ,どこで,誰が,何を,なぜ,どのように」したか,いわゆる「5W・1H」の質問をしていく。返答の態度や,内容の変化を見て,相手方に「思いこみ」や「事実誤認」,「作言」がないかどうかをチェックする。こうして,依頼者の事実認識を歪めさせている社会的背景,心理的背景にも目配りしつつ,自分なりの「事実認定」をする。

この段階で,自分としての「事実認定」ができていないと,依頼者の不利な事実を相手方から突きつけられる結果を生じ,依頼者をサポートできなくなる。依頼者にとって不利となる事実をあらかじめ訊き出すことが,対策を講じる上での重要なポイントであり,この事実を聴き取る態度の中に,事実を告知する姿勢が先行的に示されているのである。

いま法律実務における「事実」の聴き取りについて述べたが,心理臨床の現場でも,事実誤認をしていたのではクライアントへの適切な配慮はできない。医療,心理臨床,福祉,教育,司法,いずれの職域においても正確な事実認識をもつことが出発点である。

IV 依頼者に不利益な事実を告げるとき

こうして,不利な事実を訊き出した場合,その事実が,一つの事件の中でどのような重みをもっているのかをさらに検討する。この検討の対話が,「事実」を共有するプロセスの仕上げとなる。

例えば,離婚事件における親権の争いがある場合,親権を主張する側に多額の借金がある事実が判明した場合,監護能力との関係で,債務負担がどのような重みをもつかの問題がその一例である。母親が別居し,夫から生活費を得られず,パートで稼ぐ収入では足りなくなって町金融から借金をしたようなケースと,母親が買物嗜癖やギャンブルにはまって多重債務を負った場合とでは,債務に対する法的評価に差が出る。生活費の借り入れに対するマイナス評価は小さく,債務整理・自己破産の手続をとり,福祉につなげば,「監護者としての適格性判断」におけるマイナス評価はゼロにさえなるであろう。このようなケースでは「事実の共有」にさほどの抵抗は生じない。

これに対し,嗜癖や遊興のための借金については,法的に大きなマイナス評価を受ける。嗜癖や遊興のために借金をしていることにより,依頼者が親権をとれない可能性が高い場合,司法の実務における依頼者とのやりとりはカウンセリングの際のやりとりに近くなる。買物やギャンブルにはまる心性を克服しない限り,監護能力の向上はありえない。嗜癖の克服は離婚調停や離婚訴訟をしている期間,弁護士だけの対応で改善することは困難である。また,「断念」に至るプロセスにつ

いても考慮する必要が生じてくる。このようなとき，心理臨床と司法の協働が求められ，カウンセリングを受けつつ司法の手続を進めることが必要となる。

V　肥大化した「自己愛」を抱いている人の場合

カウンセリングの受診を勧めても，受け容れない依頼者もいる。特に，肥大化した「自己愛」をもち，自分の価値を高く見せることに執着し，他者を自分のしたいことの手段に使う傾向が顕著な人がその代表例である。身につけている物も華美であることが多く，話も自慢話や，買い物その他で強くクレームを申し入れて相手に謝罪させた話等々が，延々と続く。

このような依頼者が相続や離婚の問題で来所されることがあるが，このタイプの人は，こちらの意見をほとんど聞き入れず，自分の思いだけを主張してとどまることがない。カウンセラーの話を伺うと，このような肥大化した自己愛のクライアントは，自分からカウンセリングに訪れることはきわめて少なく，この種の人に困惑させられて不適応となった人が来談されることの方が多いという。

実際の事件で，この種の依頼者を説得することはきわめて困難であり，私は，打ち合わせの段階で，「貴方のご希望は承りましたが，裁判官がこれを採用するかどうかは疑問です」というコメントをした上で，調停や法廷に臨むことになる。自分の主張が通らないことを，公的な場面で体験し，自分の思いが「幻想」に過ぎなかったことを骨髄に徹して味わう機会を与えられないと，肥大化した自己愛から脱することはできない。

この種の依頼者にとって「断念」するということは，自己の存在を否定することに等しく，正しく「断念」せずに，イソップの寓話における「酸っぱい葡萄」「甘いレモン」の論理を使って，自己に不利益な司法判断を解釈し，「所詮，裁判官には解らない」と言って社会との関係を絶つことが続く。場合によっては，最終判断に至る前に，他の弁護士の見解を「セカンドオピニオン」とし

て参酌し，その意見を盾に依頼関係を断ち切ってくることもある。

物質的に「豊か」になり，インターネットで情報は得放題，「勝ち組」「負け組」などという言葉が一般化し，経済的格差が大きくなっている現在，肥大化した自己愛の病理をもちつつ，それに気づかずに紛争を「生産」する人が多出する傾向がある。私は，この種の事件においては，夏目漱石の『道草』の最後に，主人公健三が言う次の言葉を指針としている。

「世の中に片づくことなんてものは殆どありゃしない。一遍起こった事は何時までも続くのさ。ただ色々な形に変わるから他にも自分にも解らなくなるだけの事さ」

漱石は『道草』の中で，人生に生じる煩わしい出来事の一つ一つに対して，これを避けることなく，「何時までも不愉快の中で起臥する決心」をし，瑣事のまっただ中に腰を据えて生きる中年男性を描いたが，この健三のありようは，思うままに展開しない事件を受任したときの道標となる。

VI　「断念」の構造

人があることを信念をもって「断念」する行為は，「態度価値」の実現である。

この「態度価値」とは『夜と霧』の著者フランクルの概念であるが，彼は人生の価値について三つの領域を区別している。「創造価値」，「体験価値」，「態度価値」がそれで，何かを作り出すことができれば「創造価値」を実現したこととなり，美しい風景や芸術作品などに出会ったときに感動を受けたとすれば，そこに「体験価値」の実現がある。創造も体験もできない状況にあっても，人生の意味を肯定的にとらえ，自分はこの場面においてこのようにして生き，このようにして死んでいくのだと態度を決することができれば，「態度価値」を実現したことになる。

私たちは人生でさまざまな障害に出会い，自分

のしたいことや，手に入れたい物を断念する。その断念について，単に受身で人生の流れに呑み込まれるのではなく，断念することの「意味」を自分で見いだし，「断念」の態度を決することができたとき，はじめて「断念」は「態度価値」の実現となるのである。フランクルはある脳性麻痺患者を例に挙げ，「断念」が「態度価値」の実現であることを述べている（フランクル，1998）。

末期ガンの告知を受けた患者の心境は次のように推移することが多い。当初，ガンに罹っていることを否認し，その後怒りの感情に襲われ，絶望と虚脱状態の果てに怒りは深い悲しみに変わる。そしてこの後，ガンを受け入れ，自分に残された時間を有効に使おうと決心して，それに即応した行動をとり始めるとすれば，「生存の断念」は単なる諦めではなく，「残された日々生命を充実させる態度」として「意味」をもち，その人を支えることになる。

『道草』の健三の「不愉快の中で起臥する決心」は，まさに「態度価値」の表明であり，「回り道」と「断念」が彼を「中年クライシス」から脱却させたのである。

法的紛争に勝利する者がいれば，反面，敗れる者が必ず存在する。敗訴判決や不利な調停の結果を依頼者と共にするとき，依頼者との対話の中で，その判決や調停の「意味」を見いだすことが求められる。目先の利害を超えて，人生全体を俯瞰した上で，「断念」のプロセスを共にしなくてはならない。

Ⅶ 事実を知ることで「不安」が解消される場合

ここで眼を転じ，法的手続の情報を提供することだけで，依頼者の不安が解消され，認知の歪みが正されることについてふれておきたい。心理臨床と司法の協働は，この基礎的情報の共有がその第一歩となる。

DV被害を受けている妻は，「調停を起こしたら，家庭裁判所で夫に会うかもしれない」と不安を抱き，離婚調停の提起に踏み切れないことがある。DVのケースでは，家庭裁判所は当事者の出入りに細心の注意を払い，待合室を特別の場所にしてくれるほか，調停委員は，廊下等で本人同士がすれ違わないように，廊下に当事者がいないことを確認したうえで，調停室に誘導してくれる。

離婚訴訟は家庭裁判所の公開法廷で審理されるが，和解や証人尋問以外の期日に，本人は出頭する必要がない。証人尋問の場合，法廷で相手方当事者と顔を合わせることになるが，依頼者の傍らには弁護士が付き添っているし，DV加害者の動向について，裁判所書記官，事務官がトランシーバー等で連絡を取り合い，法廷での安全配慮につくしている。法廷で暴行を働いたり暴言を加えた当事者は，裁判所の権限で身柄を拘束することもできる。

法廷で，裁判所職員や弁護士に守られながら，自分の主張を述べきることができれば，これが「トラウマの上書き」となり，DV被害を受けた当事者に適応促進的な効果をもたらす。

また，DV加害者が住民票の閲覧をし，DV被害者の居所を確認しようとすることに対処するため，住民票の閲覧・交付の停止ができる。警察にDVの相談をしているケースでは，警察からその証明書を交付してもらい，住民票担当の課に提出すれば，1年間閲覧・交付の停止ができる。また，警察の証明書が交付されない場合，本人が事情を説明した「申述書」を提出すれば，6カ月間，閲覧・交付を停止できる。

このような情報を，カウンセリングを担当する心理臨床家からクライアントに伝えるだけで，不安は軽減される。これらの基礎的情報を整理して，心理臨床と司法の担当者が共有することが必要である。

Ⅷ 刑事事件・少年事件における「被害者の痛み」の伝え方

依頼者に告げる事実のなかで，最も重く，そして重要なものの一つは，被害者，遺族の痛みの感情である。今日，刑事事件，少年事件において，被害者の痛みを加害者が実感することが重視さ

れ，被害者の意見陳述や，被害者の少年審判の傍聴，被害者に対する処分結果の通知や，加害者の出所情報の提供など，多くの改正が行われたことは記憶に新しい。

刑事裁判の裁判員による審理において，裁判員は加害者が被害者の痛みをどのように実感しているか，関心をもつであろう。そして，検察側，弁護側とも，被害者に対してどのような思いでいるのかを，裁判員の前で立証することに精力を注ぐ。裁判員制度の導入で，法廷が「劇場」と化し，裁判員の心証を有利に導くための法廷戦術の競い合いとなるおそれなしとしない。このような「役割演技」的な「被害者の痛みの共有」の吐露は，真の内省ではなく，刑を軽くするためのペルソナによるものに過ぎない。

法廷戦術の次元ではなく，加害者の人間存在の根源にまで到達する「痛みの実感」をもつことが肝要であるが，真の「痛みの実感」を得られるか否かは，加害者と弁護する者との間の「関係性」の質によって規定される。

加害者との間の関係性はそうたやすくは成立しない。特に人を死に至らしめた加害者は，死刑の恐怖にとらわれるとともに，人生に絶望してニヒリズムに陥ったり，犯罪を犯した自分を忘却したかのような過剰な躁状態となったり，行為は他人が行ったかのような解離状態に身を置いていることがある。

実際の事件についてこれをみると，神戸児童連続殺傷事件の元少年は，少年院の職員との間に関係性が成立するまで数年を要しており，その間の法務教官の努力は並大抵のものではなかったと推察される。

審理を担当した判事は少年院に出向いて面会し，被害者遺族・少年の両親が書いた著書を差し入れ，これを少年に読ませている。その経過については，この判事が退官後に書かれた著書『少年裁判官ノオト』（井垣康弘，2006）に，詳しく記されている。

少年にとって，両親の本についてはともかく，被害者遺族の書かれた本を読むことは，言語に絶する苦行であったであろう。自分の行為によって被害者と遺族がどれだけ傷ついたのか，言葉にしえない叫びを知らされ，「自分は生きていることが許されるのか」というギリギリのところまで追いつめられたに違いない。しかし，犯した罪に向きあうには，この苦行に耐えなくてはならない。その苦行に耐えさせる拠りどころが，彼の更生を無条件に信じる者との間の関係性なのである。

私は，担当判事が被害者遺族の本を差し入れて少年に読ませたことを知ったとき，ある禅の老師のことを想起した。老師のもとで多くの雲水が修行している。生死の迷いの大疑団が晴れず，一人の弟子が老師に「如何なるか，これ一大事」と問うた。老師は「誰の一大事か」と聞く。弟子は「私の一大事です」と答える。これを聞いた老師は，「お前の一大事など，どうでもよいではないか！」と呵々大笑して，取り合わない。

ここで老師が言外に言っているのは，「お前は自分の迷いや悟りに執着していて，回りが見えない。おのれを二の次にし，傍らにいる者のため，自分のいのちを使わんか！」ということである。これを事件に即して言えば，自分の苦痛や人生の不安など放り出し，まず被害者，遺族の痛みを骨髄に徹して味わえ。そうして，その苦悩のどん底から，こんな自分でも生かして頂いていることに感謝して，自分のいのちを他者のために使いつくす，そう心を決定させ生きよ，ということになる。

加害者と被害感情について対話する前に，弁護人は被害者のもとへ謝罪に赴いたり，被害弁償について被害者代理人の弁護士と協議をしたりし，加害者本人になり代わって被害感情の前に立つのが一般である。ここで直接または間接に受け止めた被害感情を，過不足なく，正確，かつ純一無雑に，加害者へ伝えきらなくてはならない。このやりとりはまさに「禅機」であり，加害者に付き添い弁護する者の「器」が問われる瞬間である。

IX インターネット社会の「影」

インターネットが普及した今日では，犯した事

件について，ネット上で誹謗中傷がなされることがある。神戸の事件について，ネットに加害者の実名や写真が流出したことがあり，社会問題化した。

神戸の事件だけでなく，マスコミで取り上げられた著名事件について，多くのサイトやブログが取り上げている。なかには，元被告の出所情報や現在の住居，変更された現在の氏名がまことしやかに記されていたり，元被告が仮出獄したかのような情報や，居住先と推定した親戚の住所，写真までネットに掲載されているものもある。さらには，元被告や親族への加害予告，脅迫文言を書き込んでいる者もいる。

これらについては，プロバイダ責任制限法に基づいて削除申請の手続をとるが，加害者本人に，掲載内容の概略を伝えるかどうかについては吟味が必要である。インターネットの経験のない者は，ネットに書かれたことに大きな不安を抱くことがある。この不安に対して，私は，「匿名でネットに書き込んでいる者が現実の直接行動に出ることはきわめて稀であり，それがインターネットの特質である」と説明したうえで，本人の要望に応じて，書き込まれている内容の一部を報告することにしている。

X　おわりに

「心理臨床と司法の協働」を課題として，ここ10年仕事を進めてきたが，この4月から，私は顧問先のメンタルクリニックで，月1回，無料法律相談を行うことになった。これは，クリニックの院長が診察した患者のうち，背景に法律問題が存在し，法的知識と手続を知ることによって不安が解消されると考えられる人に，無料法律相談を受けてもらうことにしたものである。本稿に述べたDVに関する法的知識や，交通事故，多重債務など，30分の相談で伝えるささやかな情報が，症状の改善に役立ちつつある。

一般の方々にとって弁護士の事務所は敷居が高く，私たち弁護士の側から「接近障害」を破って行かねばならない。「心理臨床と司法の協働」の実現のために，それぞれの職域で現状を改善することが必要である。その試みの一端をここに記し，この稿の筆を擱くこととする。

文　献

フランクル V（1998／真行寺功訳）新版 苦悩の存在論—ニヒリズムの根本問題．新泉社．
井垣康弘（2006）少年裁判官ノオト．日本評論社．

治療的野心，為にする行為，問題の外在化

上智大学　黒川由紀子

I　広い世界に自身を位置づける

　心理臨床家は正解のない問いに向きあう体力が必要である。心理療法家の卵には，孤独に耐える力を養い，自分の頭で責任をもって考え，自分のからだで責任をもって行動するという訓練を積んでほしいと願う。クライエントの前にいるのは，ただ自分一人である。訓練の途上に先輩の指導・助言を受けることが多々あるだろう。そんな折りにどのような姿勢で指導・助言を受けるかによって，その後が大きく変わるだろう。一方においては，スポンジが水を吸うごとく素直な心で助言を取り入れつつ，他方においては，クリティカルなマインドをもって疑問を疑問のまま抱え続け，一つひとつの事柄を自ら決断することが肝要だ。「矛盾」を生き抜き，人が生きることに含まれる二律背反性に対し，常に自覚的でありたい。一方向に向かわないバランス感覚を養うために，日常生活における他者関係，外界認知，より広い世界における自身のポジショニングといったことに関する練習問題を繰り返し積みながら鍛える。

　ある世界での常識が別の世界では非常識かもしれないということを身をもって思い知ることは大切だが，うっかりすれば自己否定につながりかねないので，不安が喚起される。自分の世界を深めると同時に，にわかには受け入れがたい異分野，異文化に対する開かれた関心をもって，複数の世界を見すえていなければならない。よそ見をしていればいいというものでもない。不完全な自分をさらし，引き受け，恥ずかしい体験を重ねるなかで，相対的に広い空間に自身を定位することが徐々に可能となる。

II　スポーツ選手と関係性

　心理臨床家には体力が必要と述べたが，身体の筋力を，驚くべき忍耐と持続力をもって，日々鍛えることが求められるのがスポーツの世界である。スポーツと心理臨床は異なる世界だが，共通点もある。プロとしての世界を生きることの厳しさと潔さをスポーツ選手から学ぶことは多い。「言い訳を言わない」「結果を引き受ける」「この身一つで相手と自分に凛と向きあう」といった事柄である。スポーツ選手は，勝負に負けた際，負けたという結果を潔く引き受けなければならない。「昨日の夜事情があって寝不足だった」「風邪をうつされてひいてしまった」「電車が故障で試合に間に合わなかった」などと言っても誰にも相手にされない。

　ところで，スポーツ選手は，勝負の相手との関係（relationship）を，どのように認識しているの

だろうか？　さまざまな見解があろう。ある武道の選手（男子）が，テニスの選手（女子）に尋ねた。「勝負をする時，相手との関係，仲良くなった方がいいというようなことを考えますか？」テニスの選手，きっぱりと答えて曰く，「そんなこと，考えたことありません」。武道の選手「女はつよおい！　強すぎる」。

III　幕を引くこと

　心理臨床では，しばしばクライエントとの関係性（relationship）を問題とする。それは日常的な意味で「友達と仲良くなる」という関係とは異なる。友達との関係においては，親しくなるために互いの距離を近づけることが求められ，時には打ち明けづらい秘密を分かちあったり，他人にはできない相談事をしたりする。すぐに終わる関係よりも，長く続く友情が一般に深いとされる。出会いの時から別れを想定し，別離に向かって友情を結ぶ人はいない。しかし，クライエントとの関係においては，信頼関係を構築しようと努めながらも，距離が近づきすぎないよう注意を払う。出会いの時から，やがて訪れるであろう別れを想定する。その時がいつ訪れるか明確にできないとしても，別離を想定しながら面接を行う。見通しを持つとは，「今，ここ」の関係を慈しみながらも，「未来，彼方」の別離への道程に目を注ぐこととも言える。友情関係と異なり，セラピストとクライエントの関係では，長い関係よりも，短期間に問題が解決し目的が達成されれば，その方が上等と言える。幕を引く力が重要な資質として求められる。関係をつくることにばかり専心して，別れを忘れてはならない。築いた信頼関係の終焉に対する覚悟を持つためには，孤独に耐える力が必要である。終結し，会わない方が良いと思われるクライエントから「会う」ことを求められても，断る力も時に求められる。関係（relationship）は大切だが，「関係性オタク」になってはならない。

　欧米人の家族の会話をきいていると，relationshipという言葉の持つ意味合いについて，あらためて考えさせられることがある。欧米人も多様であるのでいちがいに言えないことは言うまでもないが，親密な関係と思われる間で，予想以上に多くの言葉が細やかに交わされている。ここに内容を再現することはできないが，特別な内容に言及するというわけでもない日々の時間の流れのなかで，互いの意思や希望をきめ細かく確認しあう。たとえば，「あなたは今朝はコーヒーを飲む？　今すぐ？　もう少し後？　砂糖は？　ミルクは？　パンは焼く？　それともパンケーキがいい？　ソーセージは？　卵は？」といった事柄である。とりとめのない食べ物の例だが，朝食前後の会話の模様を想像してほしい。日本の伝統的な和食料理屋で「おまかせ」が主流であるように，日本では，おそらく朝食の希望を言葉で細かく確認せず，作り手が相手の希望を想像しながら適宜準備する家庭が一般的なのではないか？　アメリカ人の新米お母さんは，まだ言葉を話さない赤ん坊に，頻繁にほおずりをしながら"I love you! I love you"と伝える。夫婦，親子でも関係は醸成されるのを受動的に待つものではなく，そこにはじめからあるものでもない。それは，能動的主体的に，「今，ここで」，瞬間瞬間につくり，改訂し続けていくものである。日々の言葉のやりとりを通じ，relationshipを自覚をもって育む文化におけるrelationshipの持つ意味と，空気を読みながら関係が醸成される文化におけるrelationshipでは，言葉の背後の意味合いやニュアンスが微妙に異なる。

IV　治療的野心と倫理的問題

　治療的野心について考えはじめると，問題がさほど単純ではないことに気づく。「心理臨床家が治療的野心を持つことは望ましいことではありません。慎みましょう」と言ってすむことでもない。言葉の定義にもよるが，治療的野心が，治療者が自分の力を使ってクライエントを良い状態にしようとがんばる心をさすのであれば，それはある程度必要なものである。問題は，中心や比重が，

自分を満足させることにあるのか，相手を満足させることにあるのかによって異なってくるのだろうか？　しかし，相手を満足させることが自分を満足させることとほぼ一致しているならば，問題はないのだろうか？　そもそもこうしたことは，個人の良識に任されるべきものなのだろうか？規程によってコントロールすべきものなのだろうか？　このことは，心理臨床における倫理的な問題と深い関連がある。

　心理臨床家で，臨床実践を行う傍ら，事例研究などを含む臨床的研究に関わる人は少なくない。臨床的研究をめぐる倫理的問題のあり方は重要な課題である。多くの国の教育研究機関には倫理委員会が設置されている。倫理委員会を設置する義務の有無，要求の厳格さは，国や機関によって異なる。概してヨーロッパよりアメリカの方が厳しいという。アメリカでは，特に医学系領域に絡む研究においては，倫理委員会による研究方法，研究対象，研究内容に対する言及がきわめて厳しい。

　このことに関連し，最近アメリカで，共同研究者による老夫婦に対する面接に立ち会った経験に触れたい。被面接者である夫婦の一方は，記憶や認知に軽度の障害があり，つい先程語ったことについての記憶も不確かになることがあった。面接者は，一連の質問を行った後で，すべての発言を再確認するよう義務づけられていた。「あなたが，私のこの質問（ここで質問をリピートする）に対しておっしゃったことは……ですね。次の質問（再び質問をリピートする）については……とおっしゃいましたね。これであっていますか？　だいじょうぶですか？　もしも，間違っているところや，不正確なところ，今お聞きになって不本意なことがあったら，どうぞ自由に訂正なさってください」。被面接者は，一つひとつの質問の確認作業に対し，時折言葉を加えたり修正したりしていた。面接者は，誠意あふれる真摯な態度であったし，両者の間に信頼関係が築かれている様子もみてとれた。しかし，記憶と認知に障害のある被面接者は，度重なる質問の確認作業中に，かえって混乱したり，疲労しているようにみえた。このことをどのように考えたら良いのだろうか？　共同研究者は，「日本はアメリカの真似をしない方が良い。倫理委員会を通すのに1年かかり，コメントを受けて何回も研究計画を吟味しなおさなければならない。その上コメンテーターが，領域に精通しているとは限らず妥当ではない事柄も指摘される。研究に着手するまでに，もの凄い労力がいるようになってしまった」と語る。侵襲的で配慮のない面接が強行されないためのガイドラインをつくることは重要である。しかし，そのために求められる事柄が，研究協力者にかえって余分な負荷を与えないとは限らない。

　昨今，多様な機関，領域で，明文化された規制が増加している。いったん明文化された規制や規定がなくなることはほとんどない。組織的な縛りは，増加の一途をたどっているようにみえる。一部の悪者によるマルプラクティスを規制するために，大多数の人が有する良識への信頼が失われ，規定を増やし，形式を整え，皮肉なことにクライエント・患者，人々への抑圧や混乱が助長されないよう留意しなければならない。管理を強める方向性によって，個人の主体性が奪われないようにするために，さらに規定が増えていくという皮肉な悪循環が生まれかねない。せめて，思考すること自体を諦念から放棄しないよう努めたい。

　今回筆者に与えられたテーマは難解で，理解できているかどうかあやしいが，思いつくままに書いてみた。

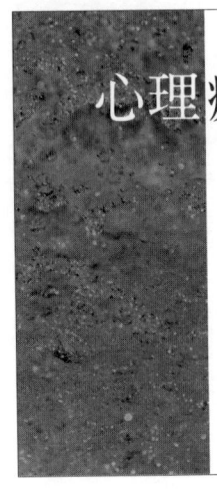

心理療法における治療的環境

子どもの虹情報研修センター　増沢 高

I　心理治療とクライエントを囲む環境

　心理治療とは，治療者とクライエントとの関係性をベースに，クライエントの心的な問題の解決に向けて働きかける一連の行為である。そのため，一見，生身の治療者とクライエントだけの治療室でのやりとりが治療の全てのように見える。しかしそれだけではない。そこには，室内の広さや形状といった物理的構造，室内を照らす照明や窓の明るさ，壁の色，空気，設置された家具，遊具，文具などの道具，治療者を包む洋服や身に付けた装飾品などが存在し，これら物質的環境と治療契約も含めた治療者の言動などの人的環境の総和として治療的環境が構成され，これらがクライエントおよび治療者－クライエント関係にさまざまな影響を与えている。この影響を無視しての治療的営みはあり得ない。

　治療に影響を与える要件は室内にとどまらない。部屋の外に目を向けてみると，そこにも捉えるべき人的，物理的環境が存在する。治療に入る直前までいた待合室のありよう，受付でのやり取り，治療に訪れる道程での出来事，治療に訪れるまでに関わった人々，治療以外の多くの時間を過ごす職場や学校，家庭の状況が，今ここで行われる治療の場に，意識するしないにかかわらず持ち込まれてくる。特に悩みを抱えて初めてアクセスするクライエントは，治療を受けることの是非も含めて大きな戸惑いと不安を抱いている。悩みの果てにようやく相談しようと踏み切るクライエントがほとんどであろう。受け取った電話の対応や建物や玄関のしつらえ如何では，相談を取りやめるクライエントもいる。それは悩みとの孤独な格闘の世界に再び籠ってしまうことを意味する。相談に来たこと自体を労い，少しでも安心感を与えられるような対応や配慮が求められよう。

　多くの心的失調のモデルは，過去の出来事が現在の抱える問題の根本にあるとの考えをベースとする。精神分析であれ，学習理論であれ，である。人間が歴史的存在であることを考えれば当然である。ゆえに治療者の関心は過去に向かい，過去から構成された内的世界に修正的，回復的な働きかけを行おうとする。そのために，治療者は現実場面では会わないなどの枠組みを設け，治療の場を現実生活から隔てることで，そこへのアプローチをしやすいよう構造化する。しかし，この現実の世界に治療の場がある以上，どのような堅い枠組みを設定しても，現実環境からの影響は免れない。

　むしろこの点がきわめて重要となる例に児童虐待がある。日々の虐待状況を必死に生きている子ども，それゆえに心的失調が生じている子どもに対して，治療場面でみせる不安定さ，不安や恐怖

の表現を，子どもの心の中に構成された歴史的問題としてとらえ，そこに焦点をあてた治療行為をどれほど行ったとしても，本質的な問題解決とはなり得ない。その子どもの抱える不安や恐怖の根源は，その子どもの現実で起きているのである。よって治療者は，治療室の外にあるクライエントを包む環境や，そこで起きている事柄にも視野を広げ，治療の場で起きていることと結びつけて理解するとともに，現実環境への働きかけを行う必要が生ずる。働きかけのあり方は，家族への直接的な働きかけから，福祉機関や学校などとの協働による間接的な働きかけなどさまざまであるが，現実環境への視点を持たぬ限り，クライエントの本来のニーズに応えることはできない。児童福祉領域で心理臨床をしてきた筆者の実感では，子どもの抱えた問題の根源が過去の体験に由来するというよりも，過去から現在に続く進行形の中にある場合が少なくない。これに関連して，教育分野では依然として重大課題である不登校について，保坂（2009）は，長期欠席（不登校）の背景に，家庭の経済的貧困や家庭機能の低下も無視できない一つの要因としてあげている。このことは，不登校児に対するアプローチにも従来の神経症モデルをベースにした理解や治療のみならず，今起きている現実環境を理解し働きかける視点を持つ必要性を示唆している。不登校や摂食障害という言葉でマスキングされ，虐待状況をつかみきれぬまま，中学3年の男児が瀕死の重傷を負った岸和田事件（2004年）を思い起こしても，頷けることである。

II 生活環境を治療の場とする発想

クライエントの生きる生活環境に心を配ることをさらに進めて，クライエントが生活する場そのものを治療的環境として設定し，提供する実践として，例えば，子どもが家族から離れて，生活の中で治療的援助を受ける情緒障害児短期治療施設（以下，情短施設）がある。1962年に初めて設置され，現在全国に32カ所ある。情短施設は，家族から離れて入所した子どもたちに対して，日々の生活を中心に学校教育や心理治療が統合され，総合的な治療環境を提供する施設である。生活そのものを治療的に構造化する考えを，杉山（1990）は「総合環境療法」としてまとめている。生活環境を治療の場とする発想は，Bettelheim（1963）によるシカゴ大学附属養護学校の実践やRedlら（1956）によるパイオニアハウス等の実践のベースとなっている。情短施設はこれらからの影響を受け，今日にいたっているといえよう。近年，虐待を受けて心身に重篤な問題を抱えた子どもが情短施設のみならず，児童養護施設など他の児童福祉施設へ入所することが急増しており，こうした施設にも治療的機能が求められるようになっている。心理職が常勤配置されるなど政策上の対応とともに，生活の場が子どもの心身の回復と成長を促す場となるために，環境療法的な発想を取り入れる必要性が認識されつつある。

施設や病院などが治療的環境であるために，例えば中井（2007）は，精神科病棟の環境について，色彩，室内環境，音，時間帯さらには気温や湿度に至るまで具体的で思慮深い視点を提示し，さらにこうした物理的環境のみならず部屋割りや職員チームのあり方など，配慮すべき事柄を述べている。村瀬ら（2004）は，心理臨床的環境を成り立たせる本質的な視点を，物理的条件と治療者の姿勢やチームワークなどの心理的条件とに分けて検討している。ただ，そこで述べられていることは，基本となる考え方やあるべき基本ラインはあるものの，この環境がベストといった単一な形態が示されているわけではない。一つの設定された環境がそのクライエントにはしっくりいっても，別のクライエントにはそうではないということはあり得る。こちらが良かれと思う提供が，必ずしも心地よさや安心感につながり，治療的であるとは限らないのである。大切なことは，そこで過ごす個々のクライエントの視点に立った共感的眼差しで，その環境を吟味し，修正していくことであろう。

児童福祉施設において，この点は入所の段階に特に問われる。子どもは好き好んで，施設に入所

するわけではない。暴力を受けることは嫌でも自分の家庭で過ごしたいと心底望んでいる。子どもが安心し快適に過ごせるように、良かれと思う環境を提供しても、すでにあるその環境がどこかお仕着せに感じられても不思議はない。お金をかけ、たとえ一見きれいで上品にしつらえたとしても、スタッフの感覚や思いででき上がった一方的な環境の提示は、むしろ自分の境遇にそぐわないと感じたり、ある種の欺瞞さを感じる子どももいよう。せめて入所前に子どもとの面会や施設見学の機会を設け、施設のことを繰り返し説明し、これからの生活が少しでもイメージできるよう配慮すべきである。その子の趣味や嗜好を知り得たならば、入所日に、例えばロッカーのネームにその子の好きなキャラクターの絵を添えておく、洗濯袋に得意なスポーツの刺繍を施しておく、入所日の夕食には好きなおかずを添えるなどしてその子どもを迎えたい。不安と戸惑いの中で訪れた環境に、ささやかでもその子どもへの配慮が感じられることの方が、一方的な環境の提供に比べ、ずっと気持ちを和ませ、新しい生活に希望を抱いてもらえるのではないだろうか。

III　環境を治療に生かす

入所後は、日常生活での様子を丁寧にとらえ、子どもの理解や子どもとの話し合いをベースに、恐怖や不安、過度な興奮をもたらす不適切な刺激をできるだけ排除し、到底無理な課題や日課はしばらく見送るなど、安心した暮らしが送れるよう、その子に適した環境の提供に心尽くすことである。時に暴力や盗みなどの逸脱行動が繰り返されるケースがある。暴力は決して認めないなど、現実的で毅然とした対応の上、どのような状況で問題が生じやすいか、誘発してしまう刺激は何か等を子どもの理解に即して吟味し、問題を予防できる環境を可能な限り整えることである。このことは問題を起こしたゆえの自身の傷つきから子どもを守り、救うことにつながる。毎日を享受でき、生きていて良かったと少しでも思えるよう、具体的な手をかけることである。子どもの多くはすでに絶望の淵にいる。こうした手助けは、いわば「救われる体験」としての意味を持つ。この体験の繰り返しを通して、初めてその環境が安心できる場となり、そこにいる援助者が、愛着の対象として、あるいは信頼し頼れる存在として選ばれるのである。

子どもが生活に根付いてくると、睡眠、食事、登校、入浴といった、予測可能で一貫し、リズムある日常に包まれる、それ自体に治療的な意味がある。こうした日常生活は、一般の家庭では当たり前でも、彼らの家庭生活には随分と欠けてきたものである。一貫したリズムがあり、毎日が見通しの持てるものになることで、安心感はさらに強まり、場当たり的な言動が落ち着き、安定したあり様へと導かれていく。ぐっすり眠れ、伸び伸びと過ごせるようになると、身長や体重がぐっと伸びる子どもが少なくない。これは単に食事があるからだけでなく、こうした日常生活の中で培われる心の安心をベースに、心と体が調和し、未熟なまま委縮し滞っていた身体的発育に再び火がともり、回復に向けて走り始めるからであろう。

小学校2年で情短施設に入所した男児は、母親から拒絶され、夜も無理やり起こされるなど不安定な生活を余儀なくされた子どもであった。ゆえに、発達の多くの側面が損なわれていた。身体は小さく、手足は霜焼けで真っ赤に膨れ、日中は胎児のような姿で眠っていることがほとんどだった。知的にも標準よりは大きく遅れていた。体温も1日のうちで35度から38度まで変動してしまい、身体全体の育ちが停滞しているようであった。スタッフは、まずは霜焼けの改善と大人との良い関係が築かれることを願い、就寝前に手足の薬塗とマッサージを毎日行った。やがてそれが心地よい時間となるにつれ、目覚めている時間が長くなり、同時に周囲の事象に対して、まるで初めて目にするがごとくに心が開かれていった。同時に霜焼けも改善し、身体も著しく成長していった。心の安定と身体発育との密接な関係を教えてくれた事例であった（増沢, 2001）。

また、村瀬ら（2004）は、建物や部屋などの空間

が，ほどよく外界との連続性を保ちつつ，安全基地として抱える環境であることとした上で，例えば，画一的でなく自分専用の物や空間があることをあげ，これらとの関わりの中で，自分が大切に遇されている感覚やそれらを扱う責任感や自尊心が育ち，日々の生活への愛着へと通ずると指摘する。施設には確かに共有物が多い。居室，家具，食器など，子どもの入所前からすでに揃えられている。筆者の勤務していた情短施設でも，集団生活ゆえに共有物が多かったが，洋服や文具などの個々の所有物の中に，箸と湯飲み茶わんがあった。家族やスタッフと一緒に選んで購入したものである。食堂のテーブルに食事が並ぶと，大きな施設ではどうしても画一的な雰囲気を醸し出す。個々の箸と湯飲み茶わんがあるだけで，そこには一人ひとりの個性が映し出され，その子がそこにいる存在感を感じたものだった。建物の設計や間取り，家具など簡単には変えにくいが，可能な限り工夫して，その子の意志や希望にそったものを用意したい。子どもたちの多くは，大人からの一方的，支配的な関係性の中で，子どもの意志や主体性が損なわれて生きてきている。こうした配慮は子どもの自尊心や主体性を取り戻す上でも治療的である。

　空間に関しても，個室はわずかしかなく，共有スペースが多いが，自分の机，ベッド，ロッカーは個人所有であった。ほとんどの子どもは整理ができなく乱雑なのだが，治療経過が進むにつれ，自分の空間をそれなりに整え，その子らしさが表れてくる。英国のある治療施設に筆者が視察をした際にも同様の指摘があった。そこは人生早期から虐待を受け，暴力と性の問題が顕著な小学校から思春期年齢の子どもたちがほとんどの施設である。ここでは子どもには一人部屋が提供され，家具や時に壁の色まで自分で選択可能としている。入所当初は，破壊的で居室空間が荒れ果てる子どもたちが，徐々に自分の部屋として大切に扱い，居室内がその子のセンスでしつらえるようになってくるという（川﨑ほか，2008）。自分の世界を大切にできるようになることは，人と自分との健康な境界を形成することにつながる。自他の区別が脆弱で，暴力や性がむき出しになる子どもたちにとって，このことは治療上重要であり，環境の持つ治癒力の大きさを再認識する。

　ベースとなる生活環境が用意された上で，日々，子どもと関わっていくと，さまざまな環境的素材がその時々の治療的エッセンスとなり得ることに気づく。子どもが穏やかに過ごしている場面，のびのびと主体的に活動できている場面等，生きていることの充実感や健康な育ちを感じられる場面を見出し，大切に育むことである。それは入浴の場面かもしれないし，洗濯物をたたむ手伝いをしている場面かもしれない。これらは新たな信頼関係構築の萌芽となる場面でもあり，育ち直りに向けた一つの大きな舞台となる。

　小学校4年時に情短施設に入所した男児は，些細なことで衝動的となり，友人とのトラブルが絶えなかった。いつも警戒して落ち着かず，些細なことで自制を失う子どもだった。しかしスタッフと2人の入浴の時だけは穏やかに過ごせ，そこではスタッフもどこかほっとし，その子を可愛いと思える時間であった。スタッフチームはこの時間を大切にしようと話し合い，入浴の時はのんびりと湯船につかり，受け入れてくれた背中洗いをし続けた。半年ほどしたある日，その子の背中を流していると，「あー気持ちいい。ありがとう」とつぶやいたのである。体感する心地よさを初めて表現した瞬間だった。その後徐々に生活の全般で穏やかに過ごせるようになり，困った時には相談できる子どもに育っていった。

　幼少時から実母からの虐待を受け，小学校1年時にその母親の死に直面し，死の恐怖から逃れられずに，不信と孤独の中で小動物に危害を加え続けていた男児が小学校4年時に情短施設に入所した。5年に渡る長い治療期間の中で，人を信頼し，未来に眼差しが向き始めた時のこと，スタッフと2人屋外にいる時，野鳥が頭のない鳩を落として飛び去った。2人はその光景をあっけにとられてみつめ，施設に戻ったが，しばらくして男児はもう一度その場に戻り，捨てられた頭のない鳩を，近くの木の下に穴を掘り，埋葬したのである。そ

れはまるで彼が自分の過去を赦し，収めているかのようであった（増沢, 2008）。生活を治療の場として統合することで，さまざまな素材を治療的に扱うことが可能であると同時に，こうした布置も捉えやすいのではないだろうか。

Ⅳ　個人心理治療と生活環境

個人心理治療における約束事や制限などの治療的枠組みも人為的環境の一つであるが，時に，大人への恐怖心が一杯の被虐待児にとって，室内で治療者と2人だけで過ごすこと自体に強い不安や恐怖を抱く場合がある。こうした子どもに対して，心理療法は面接室内で行うものと杓子定規に実施することは禁忌である。ここでも子どもの視点に立って，その技法を用いることの是非やその治療構造を吟味することが必要となる。「〜療法の構造はこうあるべき」との一方的な提示は慎みたい。

被虐待児の個人心理治療では，過度な外傷の表出にクライエント自身が耐えきれなくなること（増沢, 2008），クライエントの被害体験に同調しすぎて恨みや妬みを過度に膨らませてしまうこと，治療者がクライエントのむき出しの攻撃性の矛先となって身動きがとれなくなることなど，ややもするとクライエントも治療者も危機的状況に陥りがちになる。これに対しては，子どもの全体像を的確にとらえておくと同時に，日常生活の中で，例えば周囲に対して恐怖心や不信感からトラブルが絶えない，大人に対する些細な刺激で不安定となり疲れ果てている，あるいは不眠が続いて食欲も落ちているなど，その時々の状態を知ることが，個人心理治療の実施の可否や無理のない枠組み作りについて必要な示唆を与えてくれる。

また個人心理治療での表現と日常の営みの様子とを照らし合わせることで，その表現の意味がより明確になる（増沢, 2001）。先に紹介した小学校2年で入所した男児は，日中に目覚めている時間が長くなり，周囲に心が開かれていったが，その時期の個人心理治療では，セラピストにギターを持たせ，朝の音，昼の音，夜の音などを順番に何度も奏でさせた。それはまるで1日の流れのリズムを確認し体に刻んでいるかのようにみえた。彼が生活場面をプレイセラピーの場面に持ち込み，再体験していたことは明確だろう。セラピストが生活の様子を把握していたことで，その意味がすぐに理解でき，日々の暮らしを思いながらギターを奏でることができた。個人心理治療は生活と結びつけられることでさらなる意義を持つのである。

Ⅴ　クライエントの暮らす地域全体を治療環境として統合する

治療的営みにおける生活環境の重要性を鑑みると，外来型の心理治療を行う際においても，クライエントが日々過ごす生活環境へのアプローチが必要との認識に至る。村瀬（1996）は，二者関係から三者関係への移行がうまくいかず，人格構造の基底のもろさを抱えている，不安定でかつ入院や施設入所へ至らないクライエントが外来相談で増えてきており，こうしたケースに対して，外来相談における環境療法的アプローチの必要性を指摘している。そこでは，さまざまな専門職や機関の協働をベースにケースに関わる市井の人たちも含めた良質なネットワークによってケースを支えることが重要とされる。村瀬（2003）は，こうした一連の取り組みを統合的心理療法としてまとめている。統合的心理療法とは，クライエントの障害や治療経過による変容に即応して，一定の技法にとらわれず治療法を組み合わせるなどの工夫をし，他職種や機関などとの連携を基本に，室内から施設全体の環境，さらにはクライエントの住む地域全体までをも視野に入れて治療を展開するアプローチである。

近年，相談援助領域において，多分野協働を必要とする声は高まっている。例えば虐待ケースを援助する枠組みとして，要保護児童対策地域協議会の設置が平成16（2004）年の児童福祉法改正の中で可能となり，全国の市区町村でその設置が進んでいる。要保護児童とは家庭基盤の脆弱さの

ために支援を必要とする子どもを指す。協議会の狙いは、こうした子どもと家庭に対して、関係する機関や職種が情報を共有し協働で支援することである。しかし協議会の設置は進みつつも、狙い通りの機能が充分果たせていないのが現状である。理由の一つがケースをアセスメントし、チーム全体で共有し対応するための中核となる専門職の不在であり、その中核スタッフの一人として心理臨床家の配置を求める声は強い。さまざまな場面の行動観察、生育歴、家族状況等といった多岐にわたる情報から、心的発達の如何を含め、問題の本質をアセスメントし、ソーシャルワークとの協働をベースとして援助チームをコーディネートする力が求められる。そのためには、ケースを囲む環境全体に心理臨床家の視野が開かれていることが前提であることはもはや言うまでもない。一方、多機関多分野の協働チームが常に良好に機能するとは限らない。ケースの困難さが増すほどに、関わるチームに無力感や相互批判が充満し、チーム内にひずみが生じやすいのも事実である。治療者は、チーム全体に目を配り、起きていることを把握し、ひずみを修正しつつ、良好なチームを維持できるよう努める必要がある。そこには、アセスメントやコンサルテーションの能力とともに、関わる機関や分野への理解、チーム力動を捉える感性、課題解決に向けた戦略をうつ力などが求められ、その基盤として治療者の健康な対人関係力と周囲の信頼を得る具体的な立ち居振る舞いが問われることにもなる。

文　献

Bettelheim B (1963) Love Is Not Enough. (村瀬孝雄, 村瀬嘉代子訳 (1968) 愛はすべてではない. 誠信書房.)
保坂亨 (2009) "学校を休む"児童生徒の欠席と教員の休職. 学事出版.
川﨑二三彦ほか (2008) イギリスにおける児童虐待の対応・視察報告書. 子どもの虹情報研修センター.
増沢高 (1999) 遊戯療法と守り. 弘中正美編. 現代のエスプリ389 遊戯療法. 至文堂.
増沢高 (2001) 早期の心理的発達に障害を受けた子どもの入所治療. 心理臨床学研究 18-6;569-580.
増沢高 (2008) ケースカンファレンス・被虐待児の入所治療について. In：村瀬嘉代子ほか編：詳細・子どもと思春期の精神医学. 金剛出版. pp.178-185.
村瀬嘉代子 (1996) 子どもの心に出会うとき. 金剛出版.
村瀬嘉代子 (2003) 統合心理療法の考え方. 金剛出版.
村瀬嘉代子, 並木桂 (2004) 心理臨床的環境. In：氏原寛ほか編：心理臨床大辞典. 培風館. pp.1130-1133.
中井久夫 (2007) こんなとき私はどうしてきたか. 医学書院.
杉山信作 (1990) 子どもの心を育てる生活. 星和書店.
Redl F, Wineman D (1956) Children Who Hate. The Free Press. (大野愛子, 田中幸子訳 (1975) 憎しみの子ら. 全国社会福祉協議会.)
全国社会福祉協議会 (2009) 子どもの育みの本質と実践. 社会的養護を必要とする児童の発達・養護過程におけるケアと自立支援の拡充のための調査研究事業調査研究報告書.

● http://kongoshuppan.co.jp/ ●

ユングとサールズ

D・セジウィック著／織田尚生・老松克博監訳／阿部里美訳

分析心理学の創始者となったユングと，精神分析家として貴重な著作を残すサールズ。本書はこの立場の異なる両者の心理療法について類似点や相違点を細部まで検討し，二つの理論の止揚を図ったものである。つまり本書は，単なるユングとサールズの比較研究であるにとどまらないのだ。両者を比較しさらに統合することにより，なぜ，あるいは何が，各種の心理療法に効果を発揮しているのかを探り，癒しに含まれている興味深い共通の「非特異的」要因も見出していく。

平易な訳文と監訳者による解説「ユングとサールズへのナビゲーション」が，本書への理解を大いに助けてくれる。領域を超えて心理療法を深めたいもの，人のこころをより深く探究したい読者にとって示唆に富む一冊になるであろう。　　定価4,410円

生と死のコモンセンスブック

シュナイドマン90歳の回想

E・シュナイドマン著／高橋祥友監訳

本書は，自殺予防学を確立し世界的に著名な心理学者シュナイドマンの遺作であり，全編にわたって，"死""自殺"についての思索をきわめた精神の旅が展開する。

本書は単なる自殺予防の冊子ではない。自分自身や愛する人の"死"について，また人生そのものに占めている死の位置について考えるために有益な手引きであり，心理学，精神医学，文学，哲学，経営学，等のさまざまなコモンセンスが掲載されている。

自殺者が毎年3万人を超える非常事態が続き，自殺予防への取り組みが急務であるわが国において，本書は大きな示唆を与えてくれる。わが国における自殺学の第一人者であり，著者に直接師事した訳者による詳細な解題を付す。　　定価2,940円

まずい面接

コトラー，カールソン編／中村伸一監訳／モーガン亮子訳　22名の錚々たるマスター・セラピストたちが，理論を自ら構築し臨床実践してきたひとびとの「生の声」を私たちに届けてくれる。　　3,780円

ナラティブ・ベイスト・メディスンの臨床研究

B・ハーウィッツ，T・グリーンハル，V・スカルタンス編　斎藤清二，岸本寛史，宮田靖志監訳　NBM研究の第一人者たちによる，待望の『ナラティブ・ベイスト・メディスン』続編。　　4,200円

責任能力の現在

中谷陽二編　犯罪者の責任能力問題に関して，6つのトピックについて，法と精神医学双方の論客が，国内外の判例を引きながら，歴史と現状を分析し，最新の論考を展開する。　　4,410円

弁証法的行動療法ワークブック

S・スプラドリン／斎藤富由起訳　思春期以降の幅広い層を対象とする「弁証法的アプローチによる情動のセルフ・コントロールの書」。待望の実用的なワークブック刊行！　　2,940円

Ψ 金剛出版　〒112-0005　東京都文京区水道1-5-16　URL http://kongoshuppan.co.jp/
Tel. 03-3815-6661　Fax. 03-3818-6848　e-mail kongo@kongoshuppan.co.jp

（価格は税込（5％）です）

第 4 部

対人援助の実際

聴くことと問いかけること——
セラピーにおける言葉

神戸大学　森岡正芳

「言葉は聴かれるのを待っている」(Bakhtin, 1981)

はじめに

　高度情報化のきわまったこの現代社会において、必要な情報は一人でどこにいてもありあまるほど手に入る。しかしそれでも、情報や知識だけでは直面している問題が解決しないことがでてくる。多様に展開しつつある各種心理療法も基本は、面接という場を設定し、会話による交流を通じて問題の解決を目標とする方法である。会話によって、自分の気持ちが収まり整理されていくということ。これも考えてみれば不思議なことである。他者によって感情を受け止められることがなぜ、対人援助に役に立つのだろうか。実際に会って話をしたほうが自分で解決するよりうまくいくことがあるのはどうしてだろう。ここで聞き手の存在の積極的な意味について検討することが必要になってくる。セラピーの場では、聞き手として他者がそこにいるということの意味が根本として問題となる。

　一方で言葉のはたらきは両刃の剣である。言葉がかえって問題を固定し、隠すことがある。へたをすると問題を描くことに終始することをセラピーでやってしまう。クライエントは来所の理由となる問題が「いつも」起きているものとして話しているように見える。言葉はときにそのような錯覚をつくることがある。クライエントの持っているまだ気づいていない可能性を形にし、対話の空間を広げるものとして言葉を使うにはどうすればよいだろう。

I 体験に近づく言葉

　カウンセリングでどのように相手に問いかけ、話を聞いていけばよいのか。この問題を解くヒントとして、まずは名人の応答をよく見、味わうことが肝要であろう。名セラピストたちが遺したビデオテープ、逐語記録なども探せば数多い。この面接の詳細を徹底して分析してみる試みはもっとされてよいだろう。ミルトン・エリクソンの面接の詳細をチョムスキーの生成変型文法によって分析した、バンドラーとグリンダーの先駆的研究がある (Bandler & Grinder, 1975)。

　一方で根本的問題がでてくる。セラピー面接で行っていることはディスコースを分析すれば明確になるのだろうか。話し言葉は言いたいことを近似的にしか言い表さない (Sullivan, 1954)。「面接でやっていることは逐語記録を見ても見つからない」サリヴァンはこのようにいう。会話を基本におくセラピーの場合、これは由々しきことのよう

にも思える。当然のことながら，セラピーでは字義通りの言葉が問題なのではない。何が伝わったかだけではなく，どのようにその言葉を体験したかが重要である。

　言葉は何かを代理し，反復するものであり，言葉を通じて生きた意味をとらえ，また言葉によって触発されたイメージや感情の動きなどの副産物こそ治療的に意味があることも多い。また，治療的に意味のある変化はその面接の場に生じるとはかぎらない。変化は面接と面接の間に起きていて，面接はその事後的なやり取りであることも多い。面接における言葉のやり取りは，面接が終わってから意味が生まれるともいえる。また，変化よりも今を維持するために，少なくとも悪くならないために面接を重ねるということがセラピーの目標であることが少なからずある。

Ⅱ　「いっしょにそこにいる」ための言葉

　「ここで何を話すのがよいのでしょうか」「何からでも思いついたことを自由にお話しください」カウンセリングでは，会話の話題をはじめから限定はしないのが基本である。このように適度な自由度のある応答がなされるのは，クライエントの来談の理由は必ずしも当初聞かされていた主訴や問題とは一致しないこともあるからである。セラピストは自由な保護された空間をまず用意する。そして，この空間に浮上してくる主題を少しずつ形にしていく姿勢をとる。対話空間をつくっていく作業がまずある。

　セラピストは立場のちがいをこえて，クライエントとの関係づくりを促進し，クライエントの自己探求につながるような問いかけをタイミング良く発しているはずである。問いかけの工夫はクライエントとのコラボレーション（協働）の形成のためにある。けっして問いによって相手に圧力をかけるようなものではない。セラピストの発話は「いっしょにそこにいる」ということを構築するためにある。

　セラピーという実践では応答的関係を維持する他者の存在が欠かせない。セラピーの場ではセラピストが何を語り聞くかというよりも，他者としてそこにいることそれ自体が重要な場合がある。

　精神分析家のドルトは，衝動的行為やパニックが頻発し，長年知的障害児として見られ，家庭でも学校でもかえりみられなかった少年ドミニクと会う。はじめドミニクはドルトの顔を見ない。しばらく黙っている。ドルトは自己紹介をし，どんな具合なのか。説明できることがあれば言ってほしい。このように語りかけた。するとドミニクは，苦しそうな，凍りついたような笑いを浮かべて，次のように言った。「そう，ぼくは，みんなのようじゃないの。ぼくは，ときどき，はっと目を覚まして，ほんとうの物語を生きてきたんだ，と思う」この言葉に対してドルトは「だれがきみをほんとうのきみでなくしたの？」と問う。ドミニクは「それなんだよね！　けど，どうして先生は，そのことがわかるの？」と驚いたように聞く。ドルトは「どうしてかわからないけれどきみを見ているとそう思えてくるの」と応える。

　ドミニクの面接はこのように始まっていく。相手が沈黙ししゃべらないときでも，応答する存在としてそこにいることがセラピストの役割である。

　「クライエントは何かを見せようとしている。セラピストがそのように見はじめたとき，すでに共に行う作業（collaboration）へと変換しつつある」（Anderson, 1997）クライエントが見せようとするものとは全身でそこで提示してくれるものであり，参加者はそれを全身で受け止めて返す。それが享受する（appreciate）ということだろう。クライエントもセラピストもそこにいっしょにいるということだけで，多様なメッセージを凝縮してあらわす。セラピーだけでなくスーパーヴィジョンの場など，特有の関係場においては，いっしょにいるということ自体が何よりも雄弁なときがある。これは臨床での素朴だがしかし強い感覚だ。

Ⅲ　なぞる

　会話は基本的に相手と交互に話すことで成り立

つものである。どちらかが一方的に話すだけでは，会話にならない。会話の順番がどのようにスムーズに相手にスイッチされるか。会話の話者交代（turn taking）という現象それ自体が興味深い問題である。会話が弾むと，自分の話したことが相手の応答を経ると，はじめに話したことの意味内容が少し変化することがある。

クライエントは30代の女性　抑うつ状態で長期の休みを取っている

cl.1　自分にとっての仕事のイメージはまだ空っぽ。もう復帰できないのではと思ってしまう。とにかく自信がない。
th.1　復帰する自分が想像つかない。
cl.2　自信がないというよりもう少し冷静に，自分にはその能力がないと思える。
th.2　何でも一人ででき，やってきた＊＊さんが，自分ができないというその感覚は大切だと思う。
cl.3　何でもやれる，こうありたい，格好のいい自分というのは確かにイメージにあったけれど，いつもどこにいても試験を受けているみたいで，あれでは続かなかったなあと思う。

　会話によって生み出されていく現実がある。セラピーという治療的会話の場合，会話のターンによる効果が意味をもつ。クライエントは「自信がない」（cl.1）というが，セラピストの応答（th.1）を経て次に「自信がないというより（中略）自分にはその能力がない」（cl.2）と前の言葉をさらに吟味し，異なった意味に転じる。クライエントは自分ができないという感覚の大切さということの意味について，その後探求するようになった。

　クライエントの発話を「なぞる」という応答はカウンセリングの会話では基本的である（下坂，1998；森岡，2002）。先の例から考えてみよう。セラピストはクライエントの言葉（cl.1）を通じて感じられたことをなぞっている。クライエントより先には行かない。セラピストがなぞった言葉は内容的には類似の言葉であっても，クライエントの感じていること，言いたいこととは差異が生じ

ている。クライエントが語ったことはセラピストの応答（th.1）をくぐることで，時間経過を経て自分の言葉をくり返し感じ取ることになる。対話にはこのようなダイナミズムが生じている。これによって語り手は自分を見るもう一つの視点を獲得することができる。

Ⅳ　わからないことに素直に

　語り手のメッセージは完全には受け手に把握できない。言葉の限界をよくふまえながら，セラピーの会話をつくっていく。わからないから問いかける。臨床面接法の古典の多くが共通して指摘することは，セラピストが相手の言動に対してわかった気にならないことである（Sullivan, 1954；土居, 1992；下坂, 1998；熊倉, 2002）。臨床面接は日常会話と比べて「わかること」「わからないこと」の区別をつけることに焦点があたっている。ここでのわかる・わからないは知的理解ではなく，感情の共有を背景においた理解である。

　セラピストの問いかけは，クライエントにとってかえって自分の考えや感じ方の不確かさに気づかされるきっかけになる。セラピー会話の効果の一つであろう。アンダーソンとグーリシャン（Anderson & Goolishan, 1992）の「無知」（Not knowing）の姿勢とはまずこのことを意味しているとしておきたい。

　カウンセリングの手ほどきを教わった頃，「わからなかったらクライエントに聞いてみる。教えてもらうことや」という何度も聞いてきた河合先生の言葉を思い出す。おそらく受け身的であったクライエントがその問いかけに応えていくことによって積極的になっていくのだろう。自分が行為のエイジェントになる。受け身から能動へのポジションの移動が生じている。このような問いかけによって生じてくる知こそ，生きたものとなる。

　セラピーという会話の場面では，聞き手が目前にいて確かに応答してくるという手応えは実感として大きい。セラピストの問いかけにのって自分の感じたことを率直に述べることができる。ある

ときはセラピストの応答が自分の言葉をなぞるようにしてかえってくる。ぴたっとくる部分とそうとも言い切れない部分とが頭をもたげてくる。その前に述べた言葉が，自分にもしっくりこない感じが出てくる。もっと言いかえてみる。応答はこのように互いに他者の視点をくぐりながらすすんでいく。「相手の問いとして立てることのできるような問い」を行うということである（Anderson, 1997）。このような力動的な反復から，クライエントにとって「自分がはっきりする」という感覚が生まれるようである。

またセラピーで行っていることがクライエントにとって役に立っているのかどうか。率直に意見を交換し，セラピーの方向性を軌道修正していく。そのような問いかけの言葉が自然に出てくるだろう。このやりかたでうまくいっているのだろうか。このようなことをクライエントにその場で聞き，フィードバックをもらうというのは簡単なことではない。率直に自分の感じることを話題にして相手に確かめつつすすむ，それを揺らぐことなく行う一貫性が必要である。セラピストのしなやかな安定感こそ，クライエントには保護感や，安心感を生む。

V 可能性を開く言葉

数年前になるが，ハーレン・アンダーソンのワークショップに参加したときの体験を思い起こす。アンダーソンの姿はどちらかというと控えめで，そばにいても圧迫感の少ない人である。しかし対座すると，そこにいてくれるということの存在感が伝わってくる。その感覚は強くまた複合的なものである。私は一人ではないという実感，これが私を楽にさせてくれ，安心して自分との対話にも向かえる。一方で，私はその場からやすやすと逃れることはできない。独特の拘束感がある。これはおそらく技法や立場を超えて共通の力である。

ワークショップはいつも参加者にたいして，この場の「可能性」を開く問いかけから始まる。今日帰るときに『こういうこと知って帰りたい』そ

ういうものがありますか？」

これは考えてみると，不思議な問いかけである。答えはすぐには出てこない。この問いをたよりに心の内側をさぐってみる。私の内心はすでに少し動いている。この会が終わって帰るときにどうなっていたいかを問われると，筆者などはとまどい逡巡してしまう。これは「おまかせ」で聞いていたいというポジションから抜け出し，積極的にその場に参加するように促されるということだ。ある種の浮遊感覚にさらされる。

私たちの「知」は関係のなかでつくられていくものである。関係性，コミュニティのなかで生まれた知こそ人を実際に活かし，支え，また人に変化を起こさせるものであろう。アンダーソンは「クライエントから情報をもらってそれをセラピストの地図で整理するのではない」という。それまでの知識や情報による地図が面接者の頭のなかにあるとこの何かが見えなくなってしまう。セラピストはまず積極的な会話の参加者となる。発話への積極的な参加とはけっして口頭でのやりとりのテクニックではない。

むすびに

少年「でもこんなふうに作るつもりじゃなかったんだ」
K「そうね。ときどきまったくちがったものができることもあるわよ」
（中略）
少年「そんなもの思っていなかったから」
K「もし，そう思っていなかったら，何か変わりかけているのよ」「何か変わりだしているから，突然ちがったものを作ったのね」
（中略）
K「意外なものに出会ったときはどうするの？」
少年「あまりうまくやれないね」
K「それじゃやってみましょう。これからちがうことがはじまるかも」
　　　　　　　　　　ペーター・アンマン編
　　　　ビデオ『箱庭療法：カルフ夫人とともに』

少年は箱庭作りが思うようにいかなかったよう

である。そのときにカルフが少年と交わす会話は見事である。セラピーでは何か思わぬものが出てくる。それが何か分からない。カルフはそれをそのままにおいておこうと語りかける。たぶん何かが変わりかけているから。未完のままで（not to be completed）次が出てくるのを待つという態度である。これはセラピーのもつ深い知恵だろうが、修練の必要なことでもある。

文　献

Anderson H (1997) Conversation, Language, and Posssibilities. New York : Basic Books.（2001／アンダーソン（野村直樹・青木義子・吉川悟 訳）会話・言語・そして可能性．金剛出版．

Anderson H & Goolishan H (1992) The client is the expert : not-knowing approach to therapy. In : McNamee Sh & Gergen KJ (Eds.) : Therapy as Social Construction. London : Sage, pp.25-39.（2001／アンダーソン・グーリシャン（野口裕二・野村直樹 訳）ナラティヴ・セラピー．金剛出版．

Bakhtin MM (1981) The Dialogic Imagination : Four Essays. Holquist M (Ed.) Austin, TX : University of Texas Press.

Bandler R & Grinder J (1975) The Structure of Magic I, II. Palo Alto, CA : Science and Behavior Books.（バンドラー・グリンダー（2000／トマス・コンドン 監訳・尾川丈一・高橋慶治・石川正樹 訳）魔術の構造．亀田ブックサービス．

Dolto F (1971) Le cas Dominique. Paris : Seuil.（1975／ドルト（小此木啓吾・中野久夫 訳）少年ドミニクの場合．平凡社．

土居健郎（1992）新訂 方法としての面接—臨床家のために．医学書院．

熊倉伸宏（2002）面接法．新興医学出版社．

森岡正芳（2002）物語としての面接—ミメーシスと自己の変容．新曜社．

下坂幸三（1998）心理療法の常識．金剛出版．

Sullivan HS (1954) The Psychiatric Interview. New York : Norton.（サリヴァン（1986／中井久夫ほか 訳）精神医学的面接．みすず書房．

親・家族への援助，その他の環境へのサポート

静岡県精神保健福祉センター　松本晃明

I　はじめに

　心理療法の基本は個人精神療法にあるが，スクールカウンセラーや児童相談所の虐待対応などの立場では，必然的に，親・家族とのかかわりが生じる。「親・家族への援助」は，心理臨床のさまざまな場面で日常的に行われ，クライアントの回復の上でも重要な意味をもつが，その技法については，これまで語りつくされた観がある。

　スクールカウンセリングにおいては，担任の先生や養護教諭などのキーパーソンへの支援が必要となり，心理臨床家が「親・家族以外の環境へのサポート」にかかわることは，よく経験される。さらに，最近では重大な事件・事故発生時のメンタルヘルスや災害時メンタルヘルスなどの危機対応においては，コミュニティ全体の心理的サポートの重要性が指摘されている。臨床心理士の活動のすそ野の広がりとともに，昨今，心理臨床の対象が，個人から家族，さらにはそれらを取り巻く環境への支援にまで拡大している。

　筆者に与えられたテーマは「親・家族への援助，その他の環境へのサポート」であるが，本稿では，親・家族，その他の環境を含め，支援対象となる現場全体に心理療法家としてどのようにかかわるべきかを中心に考えていく。

　筆者は，精神科医として総合病院救急救命センターや，精神保健福祉センター職員として「重大な事件・事故発生時の緊急支援」などの危機対応にかかわってきた立場である。本稿では，筆者が以前勤務していた病院の救急医療現場の事例を示しながら，危機状況にある現場全体の支援を例にして検討したい。

II　事例の概要：子どもの事故死にかかわる親・家族への援助，救急現場（環境）へのサポート

　事例は，子ども（A子）の事故死により母親が錯乱状態となり，家族のみならず救急スタッフも混乱する中で，家族さらには救急現場への心理的援助を行ったものである。

　本事例は，プライバシーに配慮して複数事例から再構成したものである。なお，筆者は支援希望者からのカウンセラー依頼に応じて，心理臨床家の立場で対応した。

〈経過〉
1）事件の発生

　母親は長女であるA子（幼児）を連れ，友人のマンション（上層階）を訪れた。母親と友人が歓談中，A子は通路で遊んでいたが，同日夕方，マンションから転落した。5分後，救急隊が現場に到着したが，脳挫傷による即死の状態にあり，母

親はぼう然とした表情でA子を抱きかかえていた。約20分後，総合病院の救命救急センターに搬送され，救急担当医により死亡確認がなされた。警察による検死後，担当医により頭部の損傷が修復された。

2）救急担当医からのカウンセラー要請

救命救急センターに搬送され2時間経過後，担当医から筆者に「母親が錯乱状態で，父親がカウンセラーの援助を求めています」との連絡が入った。筆者がすぐに救命救急センターに駆けつけると，救急外来の通路で，母親は「A子！ A子はどこにいるの！」と大声で叫び続けながら徘徊していた。待合室には父親を含め数名の親族が待機していたが，母親が取り乱す中，母親と親族は未だA子に対面できずにいた。担当医は「父親に一通りの説明はしたのですが，父親からは『母親は今の状態でA子と対面したほうが良いのかカウンセラーと相談したい』と希望されたため連絡を取りました」と困惑しきった表情で語った。現場の騒然とした雰囲気から，家族のみならず救急スタッフを含めた救急現場全体の混乱が強く感じられた。

3）救急スタッフとの連携体制の構築

筆者は騒然とした現場の雰囲気に圧倒されかかったが，まずは救急担当医との安定した連携関係を築くことを意識し，担当医の困惑した気持ちを汲み取ることから開始した。筆者からは「わかりました。大変な状況と思いますが，私のほうでも最大限，協力できればと思います」と，病院スタッフの一員として責任ある態度で事態の収拾に臨む覚悟を伝えた。すると担当医は緊張した面持ちを緩めながら「ありがとうございます」と返答した。次に筆者は当直事務員にもゆっくりした口調で声をかけ，担当医を含めた三者で打ち合わせを行い，病院スタッフ間の連携体制を整えた。当直事務員の配慮で，父親とは診察室ではなく，個室で面接できるように手配された。徘徊が続いている母親については，看護師に状況を説明して見守りを依頼した。

4）父親面接とサポート

救急担当医から父親に筆者が紹介され，父親と筆者は個室に移って面接を開始した。父親にいきさつを説明し「できる限りの協力をしたい」旨を伝達すると，仕事着姿のまま病院に駆けつけた父親は，一見平静を装いながら「今の状況で，母親を子どもに会わせたほうが良いのでしょうか？」と震える声で質問した。母親は娘の死を否認し解離状態にあると推測されたが，筆者はまずは父親のサポートを心がけ，「お母さんのことも心配でしょうが，お父さんの立場としても非常につらい状況にあると思います」とねぎらいの言葉をかけた。その途端，それまで気を張っていた父親は，激しく泣き崩れた。泣き続ける父親を数分間見守り続けた後，筆者から「ご家族にとって今からの時間が非常に大切になります。お母さんがA子さんと面会する件ですが，もしお母さんが今日A子さんと会えなかったら，一生後悔することになりかねません。たぶんお母さんはあまりのショックで現実が受け入れられず，『A子はどこ』と叫び続けていると思われます。お父さんからも『今が大事なとき。母親としてA子に会い，自分と一緒に寄り添ってほしい』とはっきり伝えてください」と母親の状態を解説するとともに，父親が取るべき行動を具体的にアドバイスした。この時点で，筆者は「必要とされているのは，単に母親の錯乱状態を抑えることではなく，子どもの死のプロセスに母親が一緒に寄り添っていけるような支援であること。さらには，母親を含めた家族全体で亡くなったA子に寄り添う体制ができること」と意識し，母親機能および家族機能の自律的回復を目標とした。

ただ，現状では父親の負担があまりに大きいため，父親には「お母さんを励まし支えていくにあたり，お父さんもつらい状況にあるでしょうから，すぐお母さんの両親を呼んでいただき，ご両親と協力してお母さんを励ましてください」と親族が一致協力して事態を乗り切ることを提案した。すると父親は「わかりました」とはっきりした口調で答え，母方祖父母に電話連絡した。母方祖父母からは「道路渋滞のため病院まで1時間以上かかる」との返答があった。

5）親族とA子の面会

次に，母方祖父母が到着するまでの間，母親の錯乱のため中断していた親族とA子との面会を早急に実施することを担当医に確認した。担当医が母親以外の親族にA子との面会を促すと，父方祖母は「私はつらくて会えません」と泣きながら面会を拒んだが，その他の親族とA子との診察室での対面がやっと可能となった。A子の頭部は包帯に覆われてきれいに修復され，まるで眠っているような表情であった。担当医から父親と親族に，当院への搬送およびその後の処置までの経過を家族に丁寧に説明。親族は当初は死を受け入れがたい様子であったが，親族間でA子の死が受容されるまで，救急スタッフはじっと付き添った。面会開始後10分ほどして，親族がいくらか冷静さを取り戻したところで，A子のみを病院の霊安室へ移動し，「お見送り」のための病院側の準備を開始した（搬送後約3時間経過）。通路では，看護師が見守る中，母親は相変わらず叫びながら徘徊を続けていた。

6）母方祖父母の到着

病院搬送後4時間経過し，母方祖父母が到着した。救急担当医から母方祖父母に経過を丁寧に説明した後で，筆者から祖父母に「お母さんはあまりにショックで現実を受け入れられない状況になっていると思われます。しかし本日母親としてしっかりした対応が取れなければ，一生後悔することになりかねません」と説明し，祖父母に母親がA子に対面する際の母親サポートを依頼した。併せて周りにいる親族全員にも，母親の行動の意味合いを簡潔に説明し，理解を求めた。母方祖父は戸惑いが大きかったが，祖母のしっかりとした受け答えからは，母方祖母は母親を支えることが可能であると判断された。

7）母親とA子の対面

父親に心の準備を促した後，事務員・担当医・筆者の3名が共同して，母親を含め家族と親族を待合室から霊安室に誘導した。途中，母親は「どこに行くの？」と不安を示すが，父親は「A子のところだよ」と声かけし，やさしく肩を抱いた。

父親と母方祖母が母親をはさむようにして霊安室に入り，母親はA子に対面した。突然，母親は「A子，何でここにいるの！」と大声で叫び始めたが，父親は母親の手を取ってA子の頬に当て「触ってみろ。冷たいだろ。もうA子は死んでしまったんだよ」と静かに語りかけた。続いて筆者は，救急担当医に「母親は一見取り乱していても，実はしっかり認識できる力があります。動揺しているようでも通常の場合と同じように説明をお願いします」と依頼した。担当医は母親に向かって経過を簡潔にわかりやすく説明した。その間，母親はじっと耳を傾け，その後は母親の徘徊はなくなった。しかし，表情は能面のように堅いままで，数分おきに「A子，どうしてここにいるの」，「さっきまで遊んでいたじゃない」と叫び，その都度，父親と母方祖母の励ましにより沈黙するパターンが繰り返された。

8）お見送りと家族機能の回復

母親への対応を母方祖母にゆだね，父親は事務員と「お見送り」の打ち合わせをした。父親からは「自分の車でA子を抱いて家に帰りたい」との申し出があった。通常ではありえない「お見送り」の方法ではあったが，スタッフ一同は父親の子どもへの強い思いを感じ，事務員は父親の希望に添うよう迅速に対応し，担当医は脳損傷のあるA子の抱き方を父親に指導した。

父親がA子を抱きながら車に移ると，それまで自分を見失っていた母親に変化が生じた。自ら車に乗り込み，父親に抱かれたA子の傍らに，そっと付き添った。出発前に，筆者から父親に，「今後もご相談があれば精神科外来へ」と伝えた。搬送後5時間経過し，家族そろってA子に寄り添いながらの帰宅となった。

その後，父親，母親ともに精神科外来に相談に訪れることはなかった。

Ⅲ 対応のポイント

本事例をもとに，支援対象となる現場全体に心理療法家としてどのようにかかわるべきか，支援

のポイントとなった点を列挙する。

1．場の不安を受け止める覚悟をつけ，場の混乱を一つずつ解きほぐす

本事例は，母親について父親が相談を希望している旨，救急担当医から連絡が入ったが，その根底には，幼いA子の突然の死による，家族，さらには救急救命センターという場への衝撃があった。

危機対応では，支援者自身も現場の騒然とした雰囲気に圧倒されるが，まずはこの場に臨む覚悟をつけ，それをまわりに示すことが肝要となる。場全体の不安を受け止める「支援者の覚悟」が試されているといえる。今回は，救急担当医，事務員，次に父親という順で支援を開始したが，いずれにしろ，ファーストコンタクトで不安を受け止めてもらえる安心感が伝わったかどうかが決め手となった。

自分の目の前で困惑しているのが親・家族であれ，救急スタッフであれ，まずは各人の不安・困惑に対して一つひとつ対処し，場の混乱を一つずつ解きほぐすことから，問題の核心が見え始める。

2．関係性からのアセスメント

心理療法では，クライエントに関する確かなアセスメントが，実効性のある援助の基盤となる。しかし，危機対応のように環境そのものが混乱している状況では，じっくりとアセスメントできる時間的余裕はない。その際は，実際に対応を行いながら，そこで生じる関係性をもとに，瞬間瞬間での判断が求められる。本事例では，救急担当医や父親，父方祖母などに対して，筆者からの声かけや助言への反応などから各人のキャパシティやニーズを予測しつつ，全体の流れを考え合わせての総合的な判断を，その場その場で繰り返した。

なお，このような関係性からアセスメントする技能は，個人精神療法による1対1対応の"今，ここで"の関係性把握のトレーニングの積み重ねによって培われたものである。その点で，危機対応における場全体の支援の基礎は，やはり個人精神療法を磨くことにある。

3．家族のあるべき姿をイメージし，回復力を信じる

本事例におけるカウンセラーへの要望は，直接的には，父親から「激しく混乱している母親が亡くなった子どもと会うのが良いのか」という内容であるが，その質問に直に答えることだけで問題が解決するわけではない。母親をはじめ，父親，親族，救急スタッフそれぞれが援助が必要な状況にあり，場全体を考えての目標設定が必要とされる。

このような場面では，どうしても錯乱している現在の母親の姿に目が行きがちであるが，自分の悲しみは胸に押し込み，一人で懸命に家族全体のことを考えようとしている父親にふれることで，筆者は「母親を含めた家族全体で亡くなったA子に寄り添うこと」が本来の家族の姿であることに気づかされた。

さらに，父親は母親に対して根本的には信頼感を抱いていることが伺われ，また事故直前までは母親は子どもに対して母親役割を果たしていたことも考え合わせ，本事例では，家族・親族の協力により本来の母親機能の回復が可能であると判断。家族・親族みんなそろって子どもの死を弔うことを目標としてイメージした。筆者は，父親や親族に「母親はショックのため一過性に混乱した状況にあるが，母親役割を果たす状況にまで回復可能」とのメッセージを繰り返し伝えた。さらに，救急担当医にも母親に通常通りの説明をお願いすると，母親は説明にじっと耳を傾けた。母親の力を信じ続けることで，結果的に家族全体の自律的回復が進み始めた。

4．不安は全面的に受け止めながらも，黒衣になっていくこと

支援者は，まずは現場の不安を自らが引き受けながら，場全体の回復力を信じ，なるべく家族やスタッフが自律的に機能するように働きかける姿勢が求められる。一方では，自分の支援の限界についての認識も必要である。

本事例でいえば，A子の家族・親族は，今後もこころの傷をかかえながら，何年単位のスパンで

家族の再生をはかっていくことになる。その膨大な時間に比べ，筆者がかかわったのは救急現場でのわずか3時間ほどでしかない。今後の家族の再スタートにあたり，ボタンのかけ違いが起こらないよう，手探りで対応を考えた3時間というのが，今回の支援といえるかもしれない。

支援者は混乱した場の不安を一挙に引き受ける覚悟は必要であるが，危機現場で'スーパーマン'のごとくふるまうことは，家族機能の自然な回復を妨げてしまう可能性がある。場の回復のために補強しなければならないところをさがして積極的に補強し，全体として場が再び機能し始めることを目指す姿勢が基本となろう。

家族機能の回復に合わせ，支援者は黒衣となっていくことが望ましい。

以上の1~4のような心がけは，危機対応に限ることではない。

たとえば，スクールカウンセリングであれば，子どもや親以外にも，担任，養護教諭などさまざまな方々が困惑して専門家の前に現れる。個別カウンセリングのみで子どもは回復するのではなく，子どもの支援を基本としながらも，専門家の前に現れる一人ひとりの苦悩を汲み取り，それぞれの不安を拭い去っていくことが，子どもの回復に大きな力となっていく。

虐待事例においても同様である。あざだらけの子どもを目の当たりにし，険しい表情の母親に対面すると「ひどい母親」と感じられるのが一般的な感覚である。しかし，なぜ現状に至ってしまったかに思いを馳せることで，自分の腹を痛めて産んだ子に手を出してしまう親の苦悩を知り，さらに母親機能の回復を信じ続けることが，家族再統合を進める上でのポイントとなろう。

V　おわりに
——自分自身の歩みを振り返りながら

「親・家族への援助，その他の環境へのサポート」について，危機対応事例を示しながら，主に現場全体へのサポートの視点で述べた。支援の基本は，まずは現場全体の不安を引き受ける覚悟を持つこと，その上で，現場で困惑している各人が自律的に回復していくような支援を心がけることにある。

筆者は児童精神科医としてスタートしたが，当初数年間は「子ども（個人）の幸せ」の追求に力点を置き，家族は支援の対象と認識できていなかった。ところが，自分自身が結婚して子どもが生まれ，家族を持つことで，「子ども（個人）の幸せ」は「家族（全体）の幸せ」の中で育まれるものであると実感されるようになった。臨床経験8年目頃から，「家族（全体）の幸せ」を考えながら，「クライエント（個人）の幸せ」を目指すようになった。さらに14年目から行政の世界に入り，今は「社会の幸せ」を目標としながら，それが家族レベル，個人レベルの幸せにつながることを意識し，緊急支援，自殺対策などに取り組んでいる。

心理臨床の基本はクライエントの回復（個人の幸せ）にあるが，心理臨床家の活躍の場が社会のさまざまな場面に広がる中，「家族の幸せ」さらには「社会の幸せ」の視点で考えてみる必要性も高まっている。個人精神療法でつちかった「対人援助の技とこころ」を，支援が必要とされる場面に合わせ，個人，家族，社会それぞれの段階を意識しながら臨機応変に発揮していくことが，現代社会から心理療法家への期待となってきている。

文　献

福岡県臨床心理士会編（2005）学校コミュニティへの緊急支援の手引き．金剛出版．

治療的連携について，チームワーク，コラボレーション

上尾の森診療所　山田 均

I

　心理臨床の世界では，この20年ぐらいの間に，「連携」「ネットワーク」，そして近年では，「コラボレーション」というキーワードがよく使われるようになった。これは，個人療法ばかりを取り上げるのではなく，社会的な文脈の中でわれわれの存在，仕事を位置づける考え方が注目されてきているためと言えよう。

　その背景には，カウンセリングという行為が社会から要請されてきていることが関係していると思う。例えば，教育分野のニーズからスクールカウンセリング事業が始まり，虐待防止対策の一環として児童養護施設にカウンセラーを置くことが実現し，さらに一般企業はメンタルヘルスの大切さに注目している。また，災害や事件に対する緊急支援のように，カウンセラーを派遣することすら珍しくなくなってきている。このように，カウンセラーが社会貢献できる場が広がってきているわけだ。必然的に，われわれと他職種との交流が生まれ，どのように仕事分担していくか議論がなされていく。

II

　確かにわれわれの中で，個人療法を中心に仕事をしてきた者でも，職場の中でのチームワークには気を遣ってきた。たとえば，入院病棟の患者さんを担当するときには，看護師との関係を良くしておくことは重要だ。私が面接で患者さんと会うのは，せいぜい週に1，2回で時間的にも少ない。それに引き換え看護師は，患者さんに接する時間も長く入院生活に大きな影響を及ぼす。看護師の言動によって，患者さんの具合を良くしてくれる可能性が大きいわけだ。若い看護師へ，「この患者さんは入院して寂しい思いをしています。年齢の近いあなたへ親近感を覚えているようです。なるべく話し相手になってくれませんか」と協力依頼をしたときに，気持ちよく引き受けてくれる関係が望ましい。

　もちろん，医師とのチームワークの大切さは言うまでもない。われわれが医師とコンビを組んで並行面接をする機会はますます増えている。お互いの方針を確認し合い，コンビが分断されないように注意が必要だ。

　また，私は養護施設で週に1回，カウンセラーとして勤務してきた。私の仕事は，子どもたちへのカウンセリングはもちろんだが，それ以上に保

育士への支援を重視していた。子どもたちの生活する部屋へ赴き（面接室の中では見せない，その子らしさが窺える），子どもたちがどのような様子なのかを遊びながらみていく。われわれは，遊びながら子どもたちをアセスメントする目を持っているわけで，その見立てを保育士に伝えていく。たとえば，「この子は，ただ叱ってもわかれないところがあるんです。壁に注意事項を貼ってあげて，ほらこれだよ，と視覚的に示してあげましょう」のように。保育士に安心感を提供し，自信を持って子どもに接してもらいたいわけだ。そして，職場の長との関係を良くしておくことが重要であることも指摘しておきたい。どこの職場で勤務するにしても，職場の長からの信頼が得られなければ思うように役立つことはできないと考えている。

さて，表題にある「チームワーク」という用語は，「組織内連携」というニュアンスが強い。同じ組織内にも，受付や看護師，保育士などさまざまな役割の人がおり，組織全体で支援というサービスを提供しているわけだ。われわれは，一つの役割としてカウンセリングを行っているにすぎず，驕ることなく各スタッフへの敬意を示さなくてはならない。

チームワークを良くしていくためには，なるべくスタッフと顔を合わす，という点を強調しておこうと思う。われわれは，面接室にこもってばかりいないで，暇な時間にはスタッフのところへ行って雑談をしたり，一緒にお茶を飲んだりするべきだ。信頼関係を作る，すべてはここから始まる。

Ⅲ

次に，「組織外連携」という視点から検討してみる。

施設で生活する多くの子どもたちは，虐待を受けて保護されている。虐待の影響がどの程度あるかは定かではないが，子どもたちの中には発達障害と言わざるを得ない状態の子が数人いる。子どもたちは，施設のある学区の小中学校に通うわけだが，教室で落ち着かず座っていられない，危険な行動をしてしまう，他の子どもに手を上げてしまうなどの問題行動を起こしてしまうことが多い。

ここにおいて，学校との「連携」をはかる必要性が出てくる。施設と学校がうまくいっていないという話をたびたび耳にするが，私のいた施設は施設長と学校長との関係が良く，子どもたちのためにお互いが協力しようという了解が得られていた。恒例行事として，年に1回，小学校の全教員が施設に来てくださり，子どもたちの生活の場を見学してくれた。そして，私から「子どもたちの心理」について話をすることが許され，カウンセラーの立場をプレゼンテーションする絶好の機会となっていた。そこでは，施設で子どもたちを「養育・保育」することと，学校での「教育」との考え方の相違を提示し，お互いがわかり合えるよう橋渡しに留意した。

このような良い関係ができているために，子どもが学校で問題を起こすと，すぐに施設に電話があり担当教員と担当保育士が対応について話し合う。そして，必要に応じて私にも連絡があり検討の輪に加わるという段取りだ。学校に出向いて話し合うことも多く，施設から担当保育士，施設長（ないしは主任）そして私，学校側は校長，教頭，教育主任，担任が席についてくれる。ここでの私の役割は，専門的な見立てを伝え，教員や保育士にどのように考え，どう対応するべきかを協力依頼することだ。コーディネーターとしての役割を自覚し，「教える－教わる」という関係にならないよう注意していた。あくまで対等に議論し，了解のもとに協力し合うことが重要である。

Ⅳ

「連携」の始まりは，連携をとる必要性が生じ，その目的を達成するためにお互いが協力しようというところからである。そして，相手の「機関」をただ知っているのではなく，「その機関のこの先生」というような，顔の見える関係になることが望ましい。

うまく「連携」が機能している時は、「ツーと言えばカー」というような信頼関係があるがゆえに、相手がどう考えているのか会わなくても推測できるようになる。情報の共有は大切だが、万が一連絡漏れがあったとしても、被援助者に「あれ、向こうの先生はどう言っているの」と問い、返事に合わせて「それはこういうことなんだよ」と話の流れを壊さずフォローできていく。そして、後から報告すれば良い（ここが大切）。

また、「連携」するにおいて「作戦（方針）」がしっかりしているかは大切だ。「作戦」がないとただの情報伝達だけで終わってしまい、責任の所在もわからなくなって混乱するばかりである。作戦の立案は誰がして、情報収集役は誰がするのか、のような役割分担がされ、各人がそれに沿って行動する。理想的には、コーディネート役を引き受ける人間がいることが望ましい。お互いは同等でも、作戦隊長という役割を担う人がいると、さらに「連携」は進んでいく。

ところで、現場では、「組織外連携」がうまくいかないことがよく起こる。その原因について考えてみると、①各人が忙しく話し合う時間が十分にとれない、②異動で担当者が変更になる、③自分の専門領域の考え方に固執する（相手の考え方のモデルを受け入れられない）、④対等な立場が保証されない、⑤情報の伝達が不十分、などが思いつく。「連携」をうまく機能させるためには、相手の立場に立って発想し、このポイントを注意したいものだ。

「連携」「チームワーク」「コラボレーション」は、とても大切であることは間違いないが、本当に有効な関係を築くことはとても難しい。われわれカウンセラーは、面接室の外に飛び出し、広い視野をもって行動しなければならない。そのためにも、①一般常識をしっかり身につける、②教育や福祉、医療のモデルを理解する、③今起こっていること全体を見渡す、ということが重要であると指摘しておきたい。

文　献

丹治光浩ほか（2004）心理臨床実践における連携のコツ．星和書店．

非言語的アプローチの活かし方

兵庫県こころのケアセンター　中井久夫

I　はじめに

　非言語的アプローチというものは，広義と狭義とにかなりの隔たりがあるが，さしあたり面接中に絵画または粘土を用いることという通常の意味で使うこととしておく。また，ここでは通常の面接室で必ず1対1で行うものとし，集団療法を除外する。ただし，患者の許可を得て見学者が同席することはある。絵画なり粘土なりを原則として，その場で造る（稀に隣室で造ることはある）。また，それは面接の一部であり，その流れの中で，主に患者からのメッセージである。決して審美的アプローチではない。したがって，巧拙を決して問題にしない。私は，関係論文全シリーズの最初に「弱々しい一本の線と精巧で美しい絵画とを哲学的に対等とする」と宣言しておいた。

II　非言語的アプローチへの個人的契機

　私が絵画（と粘土）を使うことにしたきっかけの一つは次の素朴な疑問である（もう一つは，二人の患者が向こうから絵を描いてみせてくれたことである）。精神科に転じて気づいたのは，スキゾフレニアの精神病理学が，もっぱら発病過程と異常現象とに精緻であって，直接観察が可能である寛解（回復）過程にはほとんど触れないことである。回復過程こそ直接観察ができるはずなのに，である。

　私はこの点を当時の日大・井村恒夫教授に問うたところ，答えは「彼らは語らないからね」であった。

　なるほど，異常現象のほうが人目につき，それが精神科医のもとに患者を導く。精神科医も精神病理学的関心はもっぱら障碍特異的な異常現象に集中する。回復は，特異的異常現象の消失を目安にしている。医師は一般に病理的なものを聴き出そうとし，幻聴や妄想を治療の「標的」にする。患者も，何科であれ，医師に語るべきは不具合であって，決して健康な面や好調の時期ではない。これが社会通念である。その結果かどうか，回復を語る語彙も表現も数少なく漠然としている。

　ところで，京大ウイルス研究所病理学・天野重安教授と私の在籍当時，「ナカイ君，発病の病理と回復の病理は違うのだよ」と告げられたことがあった。この記憶は私には天啓であった。

III　言語的アプローチの問題点

　通常行われている病的現象を主題とする面接は治療にプラスかマイナスか。

　周知のとおり，記憶は短期記憶と長期記憶とに

分かれる。RNA合成を必要としない短期記憶はここでは問題ではない。長期記憶は，海馬の短命な細胞に担われ，扁桃体にモニターされつつ，海馬という関所を通過し，RNA合成－酵素蛋白質合成が行われる。それは，何らかの形で神経細胞に情報として保存されることを示唆する。では，記憶が想起される際はどうなるか。最近の実験生理学的研究によれば，想起された記憶はその都度不安定な状態になり，変更を加えられやすくなる。変更されたほうが改めて海馬を通過し，脳に再保存される（変更前の記憶が全く置換されるかどうかまでは述べていない）。

　これは，もしそうであれば，心理療法の神経生理学的基礎の一部である。また，同時に，妄想や幻聴の内容を事細かに聴きただすことの有害性を示唆する。妄想建築などは妄想研究者との合作ということにならないか。

　通常記憶の想起実験では，被験者を大学生として過去の記憶を浮かんでくるままに書き取らせれば，その人の過去の実際がどうであろうと，好ましい記憶，中立的記憶，嫌な記憶の比はおおむね6対3対1であるという。このように記憶は本来生命保存的である。統合失調症患者面接のあり方を少し考え直す必要があると私は思う。私は，言語的アプローチにおいて，先に患者が語らない限り，幻覚妄想を初めとする障碍特異的異常体験については問わないことにしてきた。もし，患者が特異的病的体験を語れば，患者の語る定言的命題（かくかくである）を私は仮定命題（if～，then～，もし……ならば……だね）に仕立て直して返すことが多かった。たとえば，被害念慮ならば「もしそうなら（たとえば）逃げ場がないって感じても無理はないかもね」，注察妄想なら「もしそうなら，キミはかなりすごい大人物なんだね」といった具合である。たいていの患者は恥ずかしそうに「それほどえらくありませんけど」とつぶやき，私は「ふしぎだね」と感に耐えぬようにこたえたりした。

　この変換は，すでに対話的な方向への置換でもある。

　このような言語的アプローチに，身体診察と絵画（粘土）を用いた面接と健康状態と看護記録による生活状態とによって，患者の縦断的経過を描きつつ，患者が経過線上のどこにいるかを定めていった。こうして，面接は経過診断ともなり，治療の目安ともなった。言語は事態の単純化と少数の因子による因果関係の表現に適しているが，これも両面の作用がある。ここに非言語的アプローチの出る幕がある。

　描画にせよ粘土制作にせよ，幻覚妄想が隠見する世界に対抗して，幻覚や妄想であるかないかの線引きが存在しない場所を提供する。それによって面接の場がすでに異常体験から一時的にせよ自由な場が実現する。これは良循環の始まりとなりうる。また，回復過程を跡づける上では，ことば以上に絵は，さらに一般に非言語的アプローチといわれるものは，言語よりも確実な里程標である。また，それぞれの回復やその停滞，逆もどりについて告げることもできる。その上，線を引くこと，色を決めることはそのたびごとに小さな決断の連鎖である。決断ほど心的エネルギーを要するものはない。しかし，現実世界における決断よりもはるかに軽く自由で後腐れがない。決断にかんするリハビリ性があるといおうか。

IV　描画への移行と描画中の語りかけ

　相互の位置はたいてい平行面接か90度面接が好ましい。対面面接だとどうも雰囲気がテスト的になるようである。

　描画（粘土）に移行することを告げる会話が必要である。これを，相手に応じ，おのれの持ち前に合わせて工夫することは，治療者の腕の見せ所である。初歩的な例を挙げる。内容よりも音調，声の高低，声の質が重要である。

　「ところで，絵，一つ描いてくれない？」と切り出し，「絵，描いたことないです」と答えられるとしよう。「上手下手みるのとちがうの。せっかくのチャンスだから，ふだんしてないことするのも一興じゃない？」などと言って画用紙を二人

の間に滑り込ます。相手が「何でもいいですか」と言うならば、何かを描くつもりにはなっているのだから「うん」と言ってよい。ないとか描き悩むならば「ぼくが言うとおりにしてみて、いい？」この間に画用紙を二人の間に滑り込ます。枠をサインペンで描き、サインペンを渡す。私が描画をしやすくする方法のいずれかを使ってもよかろう。その他にも「星と海」などいろいろの方法がある。

粘土だけは少し違う。袋から紙粘土をとりだして、「こういうものあるけれどね、これで何か作ってみない？」と切りだし、粘土を少しまるめてから左右に引き伸ばし、二つに割って、片割れを「はい」と渡す。相手が不潔恐怖だからといってひるむのは無用である。渡してしまえば、そういう人は、しばしば、だらだら汗を流し、力をこめてこねはじめる。こちらも、粘土をこねつづける。

ここから先は方法によってすこしずつ違う。方法の具体的な内容は省略する。導入の言葉を考えてみる。実際には余分な言葉を混ぜ、関西方言で語っていた。

（1） 樹木画

「ここに木一本描いてね。どんな木でもいいの。キミの木」……「ほう、できたね」「クレパスの箱をあけて色塗って仕上げて」……「できたね、木だね。きみの木」と二人の前にかざす（これは以下同じ）。

（2） 分割彩色法

「この枠の中、仕切ってくれる？　どんなふうでもいいの。たて、よこ、ななめ、まっすぐでも、曲がった線でも。キミがいいと思うまで、やっていって」……「ほう、できたね」（クレパスの箱をあける）「この一つ一つに色を割り当てて、塗って。うん、ステンドグラスみたいな感じでもいいし、何でもいいの」「色、塗りたくない？　あ、それでもいいの」「いろんな色の中で、キミの好きな色、何？　その次は？　いちばん好きでない色は？　好きな色から塗ってみたら？」……「できたね」

（3） 誘発線法

「この線を生かして絵を描いてみてくれる？　何を思い浮かべる？　何でもいいの。はい、そうそう」……「できた」（クレパスの箱をあけて）「色塗ってみる」……「この4枚のうち、好きな順から並べてみて」……「それから、自分に近いと思うものから順に並べてみて」……

（4） なぐり描き（二枚）法

「この枠の中になぐり描きしてくれる？　どんなふうでもよいの。ぐるぐる、しゃーっ、たてよこ、ななめ、縦横無尽、何でもよいの」……「できたね。これ、何に見える？　何に似てる？　何を思う？」「何々（答え）」「どれがどう？　どのへんがどうなってるの？　あ、そうか、なるほど。それじゃ（と画用紙を重ねて）、この、枠のないほうにも、同じようになぐり描きしてくれる？」「何々」「あ、これね。なるほどね。じゃ、色塗って仕上げてくれる？」（とクレパスの箱をあける）……「できたね（上の画用紙を除いて）。こっち（先になぐり描きしたほう）も色塗って仕上げて」……「これ、何してるのかな。あ、なるほどね。じゃ（と上の画用紙を取り上げて並べる）こっちもね。……なるほど、これ何？　何してるのかな（このもの）何考えてるのかな」など。

（5） 風景構成法

（画用紙を出して枠をつける）。「これからぼくの言うものを描き込んでいって、全体として景色に仕上げてみて。いい？　川、山、田、そうそう、道、うん、家、木、人、それから、花、動物、石とか岩とか」「あと何でも、あったほうがいいとキミが思うもの」……「うん、できた。色塗って仕上げてくれる」……「できたね」（と絵を持って手を伸ばして私と相手との前にかざす）「これ、季節、いつかな。この山の高さ何メートルぐらい？　この川の幅は、えーっと深さは？」など。

(6) 粘土

紙粘土の塊の半分を「はい」と相手に渡して「これをこねてみて」「こねているうちに何かつくるものを思いついたら、それを作って仕上げて」……「ウン、できた」（色を塗ることもある）。

いずれも、制作中あるいは完成後に患者が語る言葉が重要である。ここで、描くこと、こねあげることは、驚くほど言葉の添え木の役を果している。そして、言葉は、描画なり粘土制作がなければ生まれなかったであろう内容になっている。そのたいていは、たとえ（隠喩、メタファー）である。しかも、そのたいていが患者のオリジナルである。なお、統合失調症患者はたとえや諺を理解しないというのは全くの間違いである。

V 相手が制作に熱中している間の治療者

「次は何を描くかな」「これからどうなるかな」と自由連想的に想像力を遊ばせながら眺めているのが普通の態度である。わがことのように眺めるようになるから、一種の関与的観察となっている。描画は関与的観察を単純容易に体験する機会である。眺めている私の姿勢は、陪席者が何かに記述していたところでは、机に腕をもたせかけて顎か頰を載せ、「日向ぼっこをしていて、ふにゃふにゃになっている猫のようであった」そうであるが、これは中年以後の人間の特権かもしれない。リラックスした関与的観察を行うのに良い一般的方法は、模写である。カルテに描き、色まで塗ることもある。模写は、ただ眺めただけでは理解できなかった絵の部分の秘めている意味、あるいは部分が全体に占める位置の意味などが実によくつかめるのである。

粘土の場合は、相手に半分を渡した後は、手元に残った半分をこね、のばし、折り畳み、しながら制作を眺めているのがよかろう。箱庭は普及しているのでここでは省略しよう。しかし、この場合も写真撮影ばかりでなく模写をぜひお勧めする。

どの場合も、眺めながら、模写しながら、あるいは粘土をこねながら、私はいつのまにか自由連想をしていた。私は、相手に自由連想を求めることはなかったが、自分は自由連想をしていることが多かった。フロイトの言う自由に漂う注意は、これに近いであろう。

患者でなくて私のほうが画を描くことが時々あった。スクリッブルを行うこともあり、画を描くこともある。非常に苦しい面接の場合である。そのうちに、患者ごとに、その面接の際に描いてしまう絵というものが決まってきた。海の彼方に長い島と灯台を描く場合、いろいろな恐竜を描く場合、荒れた海を行く船と秤とを描く場合などを思い出す。これは端的に私の「逆転移」を表していると言ってよかろう。

VI 第一例

40年以上の過去となった1966年のこと、最初に描画に乗り出す契機を精神科医になったばかりの私に与えたのは一人の少女である。21歳の女子大生である。主訴は離人症であった。躁うつ病か統合失調症かに議論が分かれて、非定型精神病とされた。精神科に転向したばかりの新人の私が受け持った最初の精神病圏の患者である。彼女は非現実感を訴え続けていた。

完全開放病棟の大学病院分院に入院した彼女は何かの英文をタイプライターに打ちこんでいた。誰かが思いついた作業療法である。担当を命じられた私は、ある時、傍を通りかかった。タイプ済みの丸めた紙が机の横のくず籠に捨ててあった。そこに「眼」が数個描かれているのを私は目に留めた。「絵なら描くの？」「はい」。私は、当時、徳田良仁氏の用いていた描画課題シリーズに従って、分割彩色法から始めた。離人症の人はこういう時、まるで現実の淡さに対抗するかのように非常に澄んで濃い純色を使う。それもしばしば赤であった。彼女は次第に薬罐などの写生に移った。そしてある日、誇らしげに持ってきたのは、花が咲き、人の顔をした茸が躍る春の緑の野の真ん中に雪に覆われた家が一軒あるという絵だった。家

の煙突から煙が出ていた。全体として，強い彩色であり，絵の水準は良い絵本の挿絵クラスであった。彼女は「外は春なのに家は冬なの」と言った。そして，なぜ冬かを語った。それから，彼女は急速に改善して退院した。この患者には後日談があり，再発があって，それはハッピーエンドで終わらなかった。絵画療法は同一治療者が同一患者に2度目に用いた時はむしろ成功しないのが普通である。他の治療法，たとえば，薬物処方の内容でさえ，その傾向がある。チャレンジするという感覚が患者治療者の双方になければならないのであろうか。したがって，「絵でもやっておくか」という「でもしか」精神では成功しなくても不思議ではないが，「やる」ことが開眼体験にもなるから，やめなさいとは言わない。

Ⅶ　絵画シリーズ

このように，独りで描く絵（この場合「眼」）と面接の場にもたらされる絵とは，独りごとと会話が違うように別物である。絵はそれ自身が信頼度の高い情報を与えるとともに，言葉を活性化して，画を介さなくては生まれっこないような隠喩（メタファー）を生む。この隠喩にはしばしば一挙に患者の置かれている状況を照らしだすものがある。

隠喩は，「猫に追いかけられる鼠（私）」のような単純なものもあるが，魚と鳥とを1週おきに描き，「もう少し羽を温めていたい」というものから「荒波によって岩に打ち寄せられてゆく無人のボート」のような，畏怖感を以て黙って受け取るしかないものもある。しかし，花が一面に咲いたり，たくさんの蝶が舞ったりする画もある。針の先に球があやうく乗っかっているのと殻の中に籠もっている雛鳥を一枚の紙に描いて，「どちらもぼくです」という場合もあった。

一般に，画のシリーズは1組の患者治療者の治療で40枚から50枚である。およそ半年から1年かかる。この期間の画は1回きり的なもので，全体としてダイナミックなシリーズになっている。

この枚数を越えると，繰り返しになるのが普通である。それは，日々が穏やかに流れているしるしであることが多いが，続けていると，新しい危機を，たとえば断崖や交通事故や救急車の形で告知してくれることもある。

最重要なメッセージを隠喩の形で開示する画は，全シリーズの中で多くて数枚，しばしば1枚である。その時がしばしば回復の峠である。それ以前は，準備，助走，瀬踏みであり，それ後は落ち着き，成熟，広がりに向かうが，時にゆりもどしを告げてくれる。

中には，複数個のシリーズを使いこなす人がいる。それぞれ別のスタイルの画，たとえば，抽象画，具象画，人物画が別々の主題，たとえば感情，行動，知的考察を表すことがある。

Ⅷ　非言語的アプローチの与えるゆるめ

私のこれまでの臨床を振り返ると，個人の治療者特性かもしれないが，非言語的アプローチを使った場合のほうが，その後の安定性が高いようである。逆に，言語だけで十分やれると思ったために，どこか不安定性が長く残ったという悔いがある場合がある。

言語的アプローチの特徴は次の5点である。（1）語りかけの相手を意識の中心に据えなければならない。（2）導入に社交的レベルの対応が必要である。（3）相手の心理への探り合いが起こりがちである。その結果，双方が相手への気遣いの塊になりがちである。（4）語りの主導権は治療者に傾く。（5）相手との心理的距離が測りがたい。

実際，非言語的アプローチができるようになると，私はほっとする。そして，治療者の余裕感は一般に治療的である。

何よりも私の中の「内的モニター」が楽になる。それは私の言動をモニターしている私の中の何者かである。

なお，この存在の自覚の有無を患者にきくことも重要である。「きみは自分をモニターしている

自分があると感じるか」と問うのである。「ある」と答える人は神経症圏の人であった。しかし，神経症圏の人が皆「ある」と答えるのではない。強迫症では，外来でやれる人は「ある」と答え，重症の「強迫精神病」と言いたくなる人は決まって「ない」と答える。うつ病の人では寛解期にあって社会活動中の人がしばしば「ない」と答える。これは，直観的にサイコーシスとニューロシスとの区別になるのではないだろうか。もちろん，治療者には内的モニターがぜひあってほしい。そのモニタリングも非言語的アプローチの際には（少し慣れると）単純明快になる傾向があるのではなかろうか。

というのは，言語とちがって，まず，（1）社交的要素がなくなる。（2）相手の心理的な構えを推し量る探索作業が不必要になる。さらに，絵画や粘土の制作という行為の場を頂点とする三角形が生まれ，面接が二者関係から一種の三者関係に近づく。三者関係は二者関係に比して格段に安定性が高い。そして，生まれつつある作品は患者のものでも治療者のものでもなく，場のものであり，場に属するものとして二者関係では表れないメッセージを発している。治療の場は一般に安定し，患者の自由度が高くなる。患者の断る自由が増大し，「語れ」という内外からの促しの圧力が減るのを感じる。

最後に，粘土や絵画は，自由連想が無効あるいは有害だとされる人にも安全に行える。自由連想が起こるのは治療者の中のほうである。これはしばしば有益である。

IX 非言語的アプローチと言語的アプローチとの統合

一言にして言えば，非言語的アプローチが「母」とすれば，言語的アプローチは「父」である。言語的アプローチは，どこか論理的，整合的，因果論的，指示的，定言的，圧力的である。これに対して非言語的アプローチは，雰囲気的，前論理的，非因果的，非整合許容的，非指示的，非断定的，許容的，放牧的である。

言語的アプローチは妄想と非妄想，理性的と非理性的，社会的と非社会的とを区別せざるをえない。非言語的アプローチはこれらの区別がない。妄想的絵画，非妄想的絵画というものは，ともに存在しないのである。だからか，葛藤は絵画に表現するほうが容易であるようだ。では，両者をつなぐものは何であろうか。

言語側から非言語側に向かって伸びるアプローチがある。それは，言語に属するが書きえないものである。それは，音調，抑揚，声の大小，高低，太細，清濁，寒暖，表裏，穏やかさ対けたたましさ，さらにはもっと繊細なキメである。また，声に伴うジェスチュア，顔の表情である。文法にもとづく狭義の言語を「言語の骨格」とすると，これらは「言語の肉体」である。伝達に両者共に欠かせない。そして，肉体抜きで骨格だけでは伝達性に乏しかろう。統合失調症患者は特にこれらに敏感であり，認知症患者との対話でも言語の肉体面による伝達が次第に大きな比重を占める。

画や粘土でこれに相当するものはタッチや塗り方の違いである。

私の経過観察の経験では言語は表面的な変化を過大評価させがちである。

「絵画で何がわかるのですか」という問いがあるが，「わかろうとしていない。感じようとしている。feelするのだよ」というのが私の答えである。やさしさ，ぎこちなさ，弱々しさ，遠さなどを始め，何を描くかよりも，絵のキメのほうが訴える力を持っていることが多い。

これらは言語的か非言語的か？　強いて言えば中間帯である。言語的アプローチと非言語的アプローチとは相互浸透的なのである。隠喩は多くはイメージを伴い，媒介者として恰好のものである。

X まとめ

絵画療法の方法を，過半数の患者ができるように開発し，それを1つの体系に収めたことは，経過の研究に役立っただけでなく，しばしば，患者の治療を直接間接にやりやすく，また，ゆとりの

あるものにしてくれた。そして，言語的と非言語的のアプローチの区別を意識することはほとんどなかった。さらに間言語的アプローチ，雰囲気的アプローチ，環境的アプローチなどいろいろある。それぞれ，長所と短所がある。絵画は非常に複雑な同時的関係を表現するのに適している。しかし，「何々でない」「何々がない」という否定を表現できない。言語は単純な因果関係の表現に適している。だが，言語表現は本質的に要約であり，その長所と盲点を持っている。

　なお，「想起された記憶は海馬通過によって記憶を更新する」という研究は『ニューズウィーク』日本版2009年5月29日号の科学欄38ページ「『記憶を消す』という禁断の研究」（To Pluck a Rooted Sorrow）の中にある。カリム・ネーダー氏が2001年11月，カリフォルニア州サンディエゴの学会で発表したそうである。記憶は想起されるたびに不安定な状態になり，この時に変更が加えられれば，それ以降は変更後の記憶が脳に再保存されるというのが研究の要旨である。私は目下雑誌にアクセスする手段を持たないし，かりに読んでも理解できないかもしれないので，有能な後進の努力にゆずりたい。ラットについての実験であるが，記憶に関連した心理学的治療――認知療法から精神分析まで――の生理学的基礎の一角に取りついた研究となるかもしれない。

治療戦略的プラセボ──精神科薬物療法の目指す未来

あいち熊木クリニック　熊木徹夫

I　はじめに

　精神医学および精神科薬物療法は，ながらく混沌のなかにあった。それは患者の示す精神症状がどのような体のメカニズムによるものか，うまく描き出せないためであり，またそれゆえに向精神薬が効くのに，どのような薬理学的背景があるのか，うまく説明できないためであった（向精神薬誕生から50年以上経つのに，それらの薬効にいまだ確たる裏づけが与えられていないことの傍証として，E・S・ヴァレンスタイン『精神疾患は脳の病気か？─向精神薬の科学と虚構』（みすず書房，2008）が挙げられる）。

　精神医学が，脳の科学を志向して，さまざまな精神薬理学的仮説を立て続けることは，それが仮説の域を越えてくることはほとんどないとしても，ひとつの方向として，あながち悪いとはいい切れない。しかしだからといって，薬理学的アプローチ一辺倒で精神科薬物療法を行っていくならば，薬理学的に説明できぬ要素を排除しようという動きばかり際立ち，治療において精神科医・臨床心理士や患者の抱く感覚がないがしろにされることになるだろう。結果として，臨床の地味はやせ衰える一方で，精神科医・臨床心理士および患者にとり，決して豊かな治療環境の到来はないのではないかと危惧する。

　では，薬物療法においてどのようなことを意識し，目指していけばよいのか。本論では，そのひとつのあり方を提言したい。

II　精神科患者のまわりにあふれる情報

　近年，精神科を訪れる患者とそれを取り巻く情報には，いくつか問題がある。それを以下に挙げてみたい。

　患者は，薬物の具体的な効果についてすでに見聞きしたうえで，受診することが多くなった。もちろんそれらは，インターネットなどの口コミ情報を元とした他者の服薬体験記であり，玉石混交なのではあるが，何も情報源がなかった時代とは大きな違いがあると言える。

　そして治療に先立ち，患者はさまざまな副作用情報（なかには非常に偏ったものもある）に触れてしまうことが多く，処方される前からすでに精神科薬物に対してかなり猜疑的になってしまっていることがままある。すなわち「精神科医が薬を，不必要に多く処方するのではないか」「一度服用を始めたら，簡単にやめられないのではないか」「ぼけてしまって，戻らないのではないか」などである。

　さらに情報収集の結果，あらかじめ患者自身が自分にふさわしいと思う薬物を選定し，処方を求

めてくることも少なくない。もちろん，精神科医と建設的な治療関係を結べるタイプの患者であるならば，この求めに応じてもよい。しかし，なかには特定の薬物に固執し，さらに依存・常習傾向をもつようになる患者もいる。

　ともかく，精神科医のみが薬物の情報・知識を占有する時代は終わっていると言えよう。

III　これまでにあった
プラセボ（偽薬）をめぐる問題

　薬物療法のあり方を論ずるにあたって，ここではプラセボ（偽薬）効果について考えてみたい。プラセボは薬効を規定する重大な要素だからである。まず従来から言われているプラセボを例示し，それぞれについて検討を加えたい。

（1）ダブルブラインドテストにおけるプラセボ

　医薬品開発において治療効果を検証する場合（いわゆる治験），ダブルブラインドテスト（二重盲検法）が用いられる（※ブラインドテストとは，被験者の思い込みによる影響を確認するため，真薬と偽薬（本来，まったく薬効を持たないはずのもの）を投与する被験者グループを用意し，それぞれの被験者には真薬か偽薬かを知らせずに試験を実施し，効果を検証することである。また，試験の直接の実施者が真偽を知っている場合，試験者の挙動が被験者に影響を与える可能性や，試験結果の判定に予断を与える可能性もある。これらの影響を避けるために，試験の直接の実施者にも真薬偽薬の区別を知らせずに試験を行う方法が，ダブルブラインドテストである。（参照：ウィキペディア））。このダブルブラインドテストにおいて，新薬Aを与えられた被験者のうち，50％に薬効が確認され，偽薬Bを与えられた被験者のうち，30％に薬効が確認されたとする。本来，まったく薬効を持たないはずの偽薬Bでなぜ30％もの薬効があるのかと訝る向きがあるかもしれないが，実際これぐらいの割合で偽薬Bに薬効発現が起こるものである。この偽薬Bが引き起こす薬効を指して，プラセボ（偽薬）効果と呼ぶのである。すなわち，新薬Aが本来持つ薬効は，偽薬Bがもたらしたプラセボ効果を差し引いた50-30＝20％と考えられる。

　このように科学の土俵に乗せて，統計的処理を試みると，人間の体は暗示にかかりやすく不確実なものであり，人間の認識とは，本当に薬効がないものでも偽の"薬効"を感じてしまういい加減なものということになる。そしてプラセボは，正確に薬効をあぶり出すに際して，除外して考えねばならない面倒なものという捉え方をされる。

　このように統計的データ処理をする場合，薬効発現を把握するためには明晰に数値化されなくてはならないのはわかる。しかし，実際の臨床現場でただ一人の患者を前においている状況でも，同じように"純粋な薬効"など抽出しうるものであろうか。その時々の患者の体調の変動や，精神科医と患者の関係性といった多くのファクターが薬効の発現を左右するはずなので，実際の薬効というものは，プラセボ効果を差し引けばわかるというほど単純なものではない。

（2）不眠時薬投与における騙し

　今は減ってきていると思うが，かつて精神科病院では，患者から不眠時の頓服薬の度重なる要求がある場合，患者には内緒で，乳糖など本来睡眠薬としての薬効が期待できないようなものを処方することがあった。実際このようなもので眠りにつけてしまうケースもままある。これもプラセボと表現されるが，これは先に挙げたダブルブラインドテストにおけるプラセボとは意味が異なる。語弊があるかもしれないが，この不眠時薬投与は一種の騙しである。

　本当の睡眠薬を処方し続けると，耐薬が起こり，依存症になることもあるので，そのようなことを避けるための苦肉の策というわけである。その背後には，人間は本当に薬効がないものでも，場合によって偽の"薬効"を感じてしまうようないい加減な存在なのだから，本当の薬を与えるまでもない，乳糖でも与えておけばごまかせるのだという考えがある。または，薬物は医師が天下り的に患者に処

方するものであって，患者はその薬効などに頓着せず盲目的であるのがよいということになろうか。

これは，昔の一部の精神科病院においてのみ通用したやり方である。患者が薬物情報をふんだんに取り込み，治療に積極的に関わろうとする今の時代にあって，このような昔からの精神科病院的プラセボは，やはり時代錯誤なものである。

以上（1）（2）のように，これまでの精神科臨床において，プラセボには決していいイメージが与えられることはなかった。それゆえ，治療上積極的にプラセボを評価し活かすなどという発想はされてこなかったと言える。

IV 「治療戦略的プラセボ」とは何か

かつて私は，拙著『精神科医になる——患者を〈わかる〉ということ』（中央公論新社，2004）のなかで，"処方あるいは服用した薬物について，患者あるいは精神科医の五感を総動員して浮かび上がらせたもの（薬物の"色・味わい"といったもの）や，実際に使用してみた感触（薬効），治療戦略における布置（他薬物との使い分け）といったものを指して，精神科薬物の〈官能的評価〉と命名した。私は処方行為において，この〈官能的評価〉が欠かせぬものと考えている。

薬の処方とはすなわち，精神科医が患者の体を介して感じたことを自らの体で再体験しなおすことで完結する行為であり，精神科医の身体感覚がまるで関わってこないような患者への遠隔操作であってはならない。もちろん服薬の当事者は患者であるから，患者の服薬体験（および患者の口から語られた言葉）が治療のすべてのベースになる。患者が十分に薬物についての知識をもつことを助力し，患者自身が薬物を服用してどのようにその効果を感受するのか，そのあり方を教え，そこから発せられる言葉が治療において有益なものとなるように，患者の体と言葉を"開発"していく。その際精神科医も，患者の服薬体験にチューニングするため，自らの感覚を研ぎ澄ますことが必要である。そして精神科医は，患者のなかに発生した"心地よき感覚"を捕まえ，その感覚をさらに膨らませるように働きかけるのである。それは，細かなところにまで神経を通わせて作られた料理の奥深さを味わうのに，十分に繊細な官能を働かせなければならないのと，よく似ている（言うまでもないが，その薬に本来備わっていない薬効を感じさせるよう，暗示にかけるのではない）。その際，患者の感覚をあくまで信頼し，患者に治療のドライブ感をもたせるように配慮する。その上で精神科医は，自らが患者のうちに発現をめざす薬効と，実際に患者が体で感受する薬効を摺り合わせ，最小の薬物で最大の効果を狙うよう仕向けていく。患者の治療着地点（具体的には，服薬しながらの寛解状態，そしてこれが最も重要なのだが，最終的に薬をやめきれた地点）を，なるべく具体的に示し，イメージさせるところまでが理想的な初期治療の流れである。

患者に治療のドライブ感をもたせ，薬効の感受・言語化を助力し，最小の薬物で最大の効果が得られるよう仕向けていくという，この一連の過程で特筆すべきなのは，薬物のポテンシャルを増大させていることである。本来その薬物に期待される"標準的薬効"以上のものを有効に発現させることこそ，精神科医の本領である。それは，適切な薬物の選択を行うことに勝るとも劣らぬ精神科治療の要諦である。この際，精神科医が治療上果たすべき役割とは，"指揮者""映画監督""編集者"などになぞらえられるものである。この過程で精神科医が導き出している"薬効"は，実際には意識されることが難しく，よって言語化することがかなわぬことが多い。しかし私は，この"潜在的薬効"こそ精神科医という専門家が治療に介在していることの証しであり，これを顕在化させようとする営為こそ，治療の縦断的（歴史的）・横断的（空間的）集積を果たしていく上で欠かせぬものだと考える。それゆえ，この"潜在的薬効"を「治療戦略的プラセボ」と命名し，その意義について言及することにしたい。"治療戦略的"とするのは，従来から言われているプラセボと異なり，治療に

積極的な働きかけができ，戦略的にその発現をコントロールしうるという意味においてである。

またこれまで，精神科医と患者が織りなす薬物療法において「治療戦略的プラセボ」を説明してきたが，これはつまるところ"薬物を介した精神療法"なのであるから，精神科医が臨床心理士・看護師をはじめとするコメディカルと治療的連携（チーム医療）を行うのにも非常に有益である。ある薬物の狙うべき効果に仮託して，治療の意図を伝達できる。薬物は恒常的に組成の変わらない物質なので，精神科治療における標準的媒介物となりうる。この際，自ら処方経験をもたない臨床心理士は尻ごみすることがあるかもしれないが，心配は無用である。ある処方の前後で，ある患者がどのように変わるか，その推移を言語的に抽出できる力をもつものであれば，薬効はそこから逆にあぶり出すことができる。その言語的抽出の繰り返しで薬物の特性をつかむことができるようになり，さらには「治療戦略的プラセボ」の演出に一役買うことさえできるようになる。そこでの治療チーム内での共通言語は〈官能的評価〉である。どのような職種の人々も，薬物に絡むことを忌避せず，薬物を同じ土俵で語り，「治療戦略的プラセボ」を働かすことに興味をもってもらうことこそ私が願うところである。

V 身体感覚と「治療戦略的プラセボ」

近頃臨床の現場で，インフォームド・コンセントという言葉がよく用いられる。これは，今後の治療展開で想定されうる良くない事態を，治療者が事前に患者に話して聞かせ，了承を取り付けておくというものである。ここで交わされるのは，治療の言葉ではなく，契約の言葉である。治療者の責任回避・防衛のための言葉といってもよい。それは残念ながら，〈治療者－患者〉間の関係や治療そのものを豊かなものにする言葉ではなく，「治療戦略的プラセボ」を膨らませるのに役立つ言葉でもない。予想される薬物の副作用の伝達・了承も，それがもし治療者の責任回避を旨とするなら広い意味でのインフォームド・コンセントになるが，患者がつまずくかもしれない障壁をあらかじめ知らせ，治療の可能性がしぼまないようにとの配慮に満ちたものであるなら，これは「治療戦略的プラセボ」に資する言葉だと言える。その違いは，治療の可能性を膨らませるか否かである。それから，伝えるべき副作用情報は患者に応じて変えなければならない。これもまた治療の可能性を限局せぬように配慮したいのだが，その加減を決するのは難しく，これ自体が治療の腕を示すと言ってもよい。

また精神科臨床現場で，極端に薬物を嫌い何が何でも服用を避けようとする患者や，それとは逆にまるで頓着せずに薬物を受け入れ，精神科医の指示を超えていささか過剰に服用してしまう患者に遭遇することがある。双方はまったく逆のタイプにみえるが，私は表裏一体のものだと考えている。どちらも身体感覚が生来的に鈍いか育ってきておらず，薬物について適切に官能を働かせ受け入れていくことができない。薬物という異物と折れあうためには，ある程度身体感覚の訓練が要るのである。それに，本来その薬物に備わっていないはずの薬効を感じたり，また特別暗示にかかりやすいタイプの患者も同様である。こういった患者のうちに「治療戦略的プラセボ」を生み出すには，より多くの困難が伴う。

以上のことから，薬物に対し精神的依存がつきやすい患者も，当然のことながら身体感覚が鈍いタイプであると言えるが，もうひとつ注意しなければならぬことがある。それは「治療戦略的プラセボ」形成を阻害する治療者の貧しい言葉も，患者の薬物依存を助長するということである。すなわち薬物依存とは，身体感覚が鈍くそれに根差す言葉の乏しい治療者と患者による"合作"なのである。薬物依存とは，ひとりその当事者だけの問題に帰着させることはできないのだ。それゆえ薬物を扱う者は，自らの身体感覚を磨き，他者の身体感覚をも開発し，それらを互いに摺り合わせ，最終的に服用者の納得に導く責任を負うのだと肝に銘じておきたい。

法律家と協働する心理的援助

花園大学　橋本和明

I　さまざまな領域とつながりをもつ心

「人間の心はどこを起源とし、どことつながっているのか？」と哲学的なことを考えることがある。確かに、人間の心というのはいろんなこととつながっている。人との関係はもちろん、その人の健康状態、住んでいる風土や自然、さらには住居環境などともかかわりは深い。だからこそ、心理的援助は臨床心理学や心理療法という限られた学問だけで完結するものではまったくなく、医学や法学、環境学、建築学、天文学、大袈裟に言えばあらゆる学問とつながっているとさえ言える。

実は、このあまりにも自明のことが時として見失われがちとなる。目の前のケースに右往左往し、あるいは無我夢中になりすぎている場合などは、非常に狭い視野でしか物事をとらえられない。そうなると、さまざまな事象どうしのつながりが見えなくなり、ますます近視眼的となってしまい、事態の悪化を招いてしまう。例えば、気分がうつ的となって落ち込むという主訴でカウンセリングを希望し来談したケースを例に挙げよう。そのカウンセラーはクライエントの心理的な側面にばかり焦点を当て、睡眠、食欲などの日常的ではあるがきわめて基本的な変化にあまり注意を向けずにカウンセリングを続けた。いっこうにうつ的な気分は解消されないばかりでなく、体重の異常な減少も見られるようになった。そこで、ようやくクライエントは精密検査を受けたのだが、脳に悪性腫瘍が見つかったのである。これなども、もしうつ的な気分が心理的だけではなく、身体的なもの、あるいは内因的なものからくる場合があることをもっと認識しておれば、カウンセリングを漫然とするのではなく、早期に効果的な治療に結びつけられたかもしれない。

上記のケースは、心理的援助が医学の領域と密接にかかわるほんの一例にすぎないが、心が医学だけではなく、さまざまな領域とつながっていることは例を挙げるまでもないだろう。本論においては、その領域の一つである法とのつながりを取り上げ、心理臨床家が法律家といかに協働していくのかについて述べたい。

II　心理的援助と法

そもそも法が作られた原点は、人が社会の中でよりよく生きていくためにルールが必要であったからである。逆に、いったんルールができあがると、人はそのルールにしばられもする。ルールは目に見える人間の行動ばかりでなく、物事を考える思考にも当然に影響を与え、日常を規定していく。われわれが使用する言葉一つを考えてみても、

まさに文法というルールに基づき，ものを書いたり読んだりさせ，コミュニケーションを成立させているのである。

こうして，心と法が相互に影響し合い，人間は社会生活を営んでいる。ところが，その法を逸脱する行動を取ってしまうことが時としてあり，そのもっとも典型が犯罪や非行である。そう考えると，この犯罪や非行の動機やメカニズムを解明する際，逸脱となるか否かの規準となったり，行動を規定する枠組みとしての法を考慮せずに，単なる個人の行動や心理だけを取り扱うわけにはいかない。特に，司法臨床においては，心理臨床家と法律家がそれぞれの専門性に立脚しながら，お互いの専門領域を最大限に活用させて問題解決に当たっていくことを目指した援助活動なのである。

筆者が勤めていた家庭裁判所は，まさしく人間関係諸科学を専門とする対人援助職としての家庭裁判所調査官と法律家である裁判官が協働する現場であった。ただ，協働と一口に言ってもそれはなかなか容易なことではなく，そこには日常の交流のあり方，伝達技術の方法など多くのことがからんでくる。それぞれ拠って立つ専門性が違うため，事象のとらえ方や結論に導く思考のあり方さえも違う。そこで，互いの役割を存分に発揮するためにはどのようなことに気をつける必要があるのかを心得ておかねばならない。

III 事実のとらえ方

対人援助職と法律家の取り組みの違いの一つとして，事実のとらえ方が挙げられる。対人援助職，なかでも心理臨床家は，目の前のクライエントの内面に焦点を当てた面接を行い，そこで語られるクライエントの主観的な事実を尊重していくのが一般的である。カウンセリングを例に挙げるとわかりやすいが，その究極的な目標はクライエントが主観的な事実を変容させるようにカウンセラーが援助することであるといっても過言ではない。それに対して，法律家は主観的な事実というよりも，客観的な事実のとらえ方を優勢としている。

例えば，殺人事件であれば，被疑者が被害者を殺そうという殺意があったかどうかの事実に重点が置かれる。仮に，「被害者を憎くて殺そうと思った」と被疑者が言ったとしても，それはあくまで被疑者の主観的な事実でしかない。主観的な事実はその人本人の物事の受け取りや感じ方であるため，場面や状況によっていかようにも変わる可能性がある。そこで，法律家はその主観的な事実だけでは殺意があったとは断定できないため，殺意を裏づける証拠（例えば，凶器を準備した事実や被疑者が犯行前に被害者や発した「殺すぞ」といった言葉など）を収集し，それを客観的な事実とするのである。

心理臨床家と法律家が協働する際，この事実のとらえ方の違いをよく理解していないと，双方がまったくかみ合わなくなってしまう。法律家から見ると，心理臨床家の情報はあまりにも現実から飛躍しすぎ，信憑性に乏しく事実認定には使えないとの批判となる。逆に，心理臨床家からすると，法律家の判断は目に見えるものばかりを追い求め，内面の心の動きを理解せず，対象者の気持ちや感情が置き去りにされているとの不満となる。いかに主観的な事実と客観的な事実との折り合いをつけていくのかが問われるところである。

しかし，考えてみると，いずれの2つの事実の間には明確な境界があるわけでもない。また，それぞれが独立して存在しているというより，互いに相対的な位置関係の上に成り立っている。そのことを前提とした上で，心理臨床家としての，あるいは法律家としての役割業務の中での事実のとらえ方があることを理解しておくことが重要なのである。これは，心理臨床家の収集した数多くの主観的な事実から客観的な事実が見えてくるという方向性をもっていること，法律家の客観的な事実から主観的な事実が浮かび上がる方向性を失っていないことと言いかえてもいいかもしれない。さらに，主観的な事実と客観的な事実の境界があいまいなことに甘んじず，それをあくまでも分けて考えていこうとする姿勢を堅持することが，それぞれの事実を追求する者には必要である。その

ことが読み間違いのなさ，誤解の受けない報告書や記録の作成へとつながっていく。このようなことを経て，司法臨床における心理臨床家は初めてクライエントの心が扱えると言える。

IV　バランス感覚をもつこと

もう一つ法律家と協働する上で大切なことは，心理臨床家としてのバランス感覚である。

すでに述べたように，心理臨床家はクライエントの内面を重視し，そこに繰り広げられる主観的な事実につき合っていくという仕事柄，先に述べたような客観的な事実との相対化ができなくなったり，面接室内だけに生じたことに目が向けられ，面接室外でのことには無頓着になってしまいやすい。しばしばケースカンファレンス等でクライエントの現実検討能力の有無が取り沙汰されることがあるが，ここではまさに心理臨床家のそれが問われるとも言える。地に足が着いていない援助活動は，法律家のみならず他職種の専門家と協働が取りにくくなってしまい，心理臨床家がしている仕事だけが浮き上がってしまうことにもなりかねない。

カウンセリングの面接はクライエントの主観がいっぱい詰まった非日常の空間や時間であり，心理臨床家はそれをクライエントと共有する。しかし，心理臨床家が日常性を見失って非日常性ばかりを生きたのでは，あの世にいったままこの世に帰ってこないことと同じである。言い方を換えれば，具象性がないまま，ずっと抽象性を生きていることでもあり，支柱がない橋を渡っている危なっかしさえも感じてしまう。そうならないためにも，自分のやっていることを三人称的な視点でいつも観るよう心掛けておかねばならない。そうでなければ，心理臨床家もクライエントも一人称的もしくは二人称的な世界に埋没してそこから戻ってこられなくなってしまう。

このようなバランス感覚は，何も特別な感覚を要することでは決してない。誰もがもっている当たり前で常識的な感覚を忘れないことだと考えてもいいだろう。しかし，何かにこだわってそこに思考が停滞したり，勢い込んで力が入りすぎると，そのバランス感覚は消えてしまいやすい。バランス感覚を身につけるコツは，ヤジロベエの中心点を見つける要領に似ている。日常性と非日常性，外と内，主観と客観，あの世とこの世といった両極性を自由に行ったり来たりすることにより，自分の立ち位置を見出すのである。

さらに言えば，このバランス感覚は，組織の中で活動を行う際の組織感覚にも通ずるところが多分にある。この感覚がないばかりに，自分の仕事が全体として活かされなかったり，組織の中で自分たちの職種だけが孤立してしまう事態にも陥ってしまいかねない。

V　家庭裁判所における調査官の心理的援助

ここで筆者が担当したケースを一つ紹介したい。当然，守秘義務の関係から大幅に事実関係を変えているが，裁判官との連携を考える一つの材料となるのではないかと提示する。

この少年は中学2年生の男子生徒で，シンナー吸引が頻繁にあり，家庭裁判所に毒物及び劇物取締法違反事件が在宅事件として係属した。面接前の情報では，少年はシンナーへの耽溺も深く，学校にもほとんど登校していないとのことであった。調査官としての筆者はもはや在宅での処遇は難しく，心身鑑別の必要性のため少年鑑別所に入所させてはどうかと考えた。裁判官も筆者と同意見であったことから，少年が初回面接に出頭し，筆者との面接が終わり次第，少年を少年鑑別所に送る措置を執ろうとあらかじめ準備しておくことになった。

その初回面接には少年と父親が出頭してきた。少年には目の輝きはなく，表情も暗く覇気が感じられなかった。筆者は少年が非行に至る経緯や背景を理解するため，これまでの生い立ちを尋ねていったところ，彼は幼稚園時に母親を病気で亡くし，以後，父親の手によって育てられたことがわかった。ただ，父親は仕事と家事をこなすのに精

一杯で，少年とゆっくり遊ぶこともほとんどなくここまできたのであった。少年はそんな寂しさを紛らわすために，地元の年長の不良仲間に近づき，遊び感覚で早くからシンナーを覚えたとのことであった。

そんな話を少年は意外にも素直に語るので，筆者は彼の心の内には誰かに構ってほしいという願望，あるいは誰かを手応えにしたいような気持ちが強いように感じられた。また，木訥ながらも必死で自らの気持ちを語っている父親の姿にも筆者の気持ちが揺さぶられた。そこで，筆者はある程度事情を調査したところで面接を打ち切り，今日はひとまず少年鑑別所への措置を延期し，2週間後に再度面接を実施して判断してはどうかと考えた。また，次回の面接までに，少年がどれほど学校に登校できるのかも入所措置を執るか否かの判断の指標にしようと考えた。筆者は自分の目に映った少年や父親の姿をありのままに裁判官に報告し，自分自身の気持ちや考えを述べた。裁判官はあたかも自分が面接したかのように筆者の話を理解してくれ，筆者の提案どおり，次回面接に臨むことになった。

2回目の面接に出頭してきた少年は初回面接とは違い，少し晴れやかな表情であった。この2週間の登校状況を尋ねると，一日も休まず学校に行ったとのことで，筆者はこの報告に驚かされた。なぜなら，これまで少年は長期間不登校を続けており，筆者の出した課題は少年にはとてもハードルの高いものと知っていたからである。筆者は少年との面接後，もしかすれば施設収容をせずに在宅のまま更生が図れるかもしれないと考え，しばらくの期間，試験観察[注]を実施したいと思うようになっていた。ただし，この少年は知的な能力はそれほど高くはなく，また言葉による面接だけではとても時間を持て余すであろうと考えた。そうなると，いつしか裁判所への足も遠のき，再非行をするのも目に見えている。そこで，幼少期や学童期に親と遊んだりする経験がない少年であったので，その遊びを試験観察に取り入れてはどうかと筆者の脳裏をかすめた。毎回の面接時間の半分は裁判所の庁舎外に出て，2人でキャッチボールをすることにした。このことが裁判官にどれだけ理解されるか自信がなかったが，筆者の考えるところを述べたところ，裁判官は快く承諾をしてくれた。そして，少年は毎回家からグローブを持って出頭し，筆者と会うのが楽しみだったのか，一度も休むことはなかった。試験観察中の生活状況もこれまでの生活とは打って変わったように改善され，シンナー吸入はもとより学校への適応もみるみるよくなったのである。

ここで述べたいことは，仮に筆者がこのケースに対するかかわりについて説明もせずに，庁舎外で少年とキャッチボールを行っていたとしたら，裁判所職員としてはあるまじき行為と非難されたかもしれない。たとえ説明しても，法律家から見ると，事件の処分を決める裁判所でキャッチボールをするとは常識の域を超えていたかもしれない。しかし，このケースにおいては調査官としてなぜ少年とキャッチボールする必要があったのかを裁判官に説明し，裁判官もその意味をよく理解してくれていた。実はそのことが何よりもケースを好転させたのではないかとさえ思える。

VI これからの心理臨床家に求められるもの

心理臨床家が法律家とどのように協働するかという視点で論じてきたが，ここで指摘したことは何も司法臨床に限らず，現在の心理臨床全般にも通じることではないだろうか。

最初に述べた事実のとらえ方に関して言えば，心理臨床家はそれぞれのケースに立ち返り，果たしてクライエントの事実をしっかり受け止めているだろうかと考え直さねばならない。クライエントの主観的な事実に着目しすぎて，クライエントが置かれている客観的な状況が見えなくなってはいないだろうか，あるいはクライエントに関する事実はどこまでが客観的で，どこまでが主観的な

注）終局処分を一定期間保留し，その間，調査官が少年の生活状況等を観察する制度

のだろうかというように，事実に立脚したケース検討をしてみてはどうだろうか。

　あるケースカンファレンスでこんなケース報告がなされた。そのケースは30代の男性会社員であったが，「自分だけが昇進ができないので会社の中で取り残される感じがする」とうつ的症状を訴え来談された。担当のカウンセラーがこのクライエントとの面接経過を一通り報告した後，筆者はクライエントの会社の規模や職場の様子，仕事内容といった基本的な事項について質問した。すると，そのカウンセラーは筆者の尋ねた点についてはまったく情報として収集していなかったのである。このクライエントは自分だけが会社で昇進できないという主訴で来られているにもかかわらず，クライエントがどのぐらいの規模の会社で働き，同期もしくは同年代の社員がどの程度おり，営業職か事務職かそれとも技術職かといった仕事内容などについても，一切カウンセラーは把握しないで，どれだけクライエントの昇進できない気持ちに共感できていただろうかと筆者は考えるのである。カウンセリングはクライエントの主観的な事実を重視するにしても，基本的な事実（しかも主訴にかかわる重要な事実）をカウンセラーがクライエントと共有することなしに進めていくことは妥当だろうか。もう一度，事実をしっかり踏まえたケースへの取り組み方を考えねばなるまい。

　もう一つの視点としてバランス感覚をもつこと挙げたが，これもこれからの心理臨床家にとってはより一層身につけなければならない課題である。

　心理臨床家は多くのクライエントに出会い，そこで多くのクライエントの生きざまに出会う。価値観も多様であれば，物事のとらえ方や考え方はそれこそ千差万別であろう。そんな中で，心理臨床家は時空を超えて，クライエントに寄り添うわけで，そこには何ものにもしばられない柔らかさが武器になる。しかしその一方，時間や約束事といった構造を遵守し，クライエントの生命を守っていこうとする堅実なる意思も心理的援助にはなくてはならない。この両極端な仕事をしかも同時にやっていくことが心理的援助でもある。すでに述べてきた言葉を繰り返せば，主観と客観，日常と非日常，外と内を容易に出たり入ったり，行ったり来たりできる素養が心理臨床家には求められる。どちらにも偏ることなく，なおかつしっかりした支点を頼りにやりぬくことが，これからの心理臨床家の求めるバランス感覚であるように思える。

　心理臨床家は今後もますます多分野で活動することが求められるはずである。その意味では，いろいろな職種がいる職場においては，このバランス感覚は組織感覚として機能する。しかし，目の前のクライエントだけに目を奪われ，自分が所属する組織や社会ということへの視点が欠けると，援助活動そのものの意味も半減しかねない。学校現場でのスクールカウンセリングの例で言えば，面接室内だけで問題がすべて解決することは少ない。時には担任教諭や養護教諭，生徒指導主事などと連携し，役割分担をしながらクライエントに対処していかねばならないことも多いはずである。ただ，そこには守秘義務という壁が立ちはだかることも事実であろうが，守秘義務だけを理由に連携が取れないというのは専門性に欠ける。知恵を絞れば，守秘は保ちながらも円滑な連携方法がきっとあるはずである。その意味では，面接室にいるスクールカウンセラーの役割と同時に，学校全体という組織の中にいるスクールカウンセラーの役割もこれまで以上に考えていかねばならないはずである。

VII　さいごに

　近年，エビデンスに基づいた心理療法が盛んに求められている。そして，心理療法の効果が数値として明らかになっていないものは，低い評価しか得られないといった動きにまで発展しているようにも感じられる。これは一つに，心理臨床家がこれまであまりにも現実とは接点のない，しかも外から見えにくいことを説明もなく行ってきたことの反動ではないかと筆者には思える。

　心理臨床におけるエビデンスとは，有意差が認められるかどうかといった数値だけが示すものだ

けでは決してないはずである。自分たちの行っている対人援助活動が全体としてどのように位置づけられているのかをきちんと認識することが必要である。また，それが他の領域とどのようにつながり，あるいはその領域のアプローチと自分のアプローチがどのように違っているのかをわかった上で，自分の仕事を遂行することが今，心理臨床家が提示しなければならないエビデンスではないだろうか。

心理療法における身体性

京都大学　岸本寛史

I　エンボディメント

　近年，さまざまな領域で身体が果たす役割が強調されるようになったことと並行して，エンボディ（embody）・エンボディメント（embodiment）（最近は「身体性」と訳されることが多いようである）という言葉に重要な意義が与えられるようになってきている。たとえば，哲学，コンピューター・サイエンス，ロボット工学，人工知能，認知心理学などの領域において，心を形作るうえで「身体」が果たす役割を強調する立場が注目を集めつつあり，Embodied cognitionとか the embodied mind thesisといったことが議論されている。言語学においては，人工知能がいくら発達してもそれが感情（ここで感情とは内部環境（身体）・内的欲求の状態の知覚に基づく評価とされる）を持たない限り人間の言語能力に匹敵する能力を持つことはできないとするエンボディメント理論が関心を集めている。経済学においては，完璧に合理的な判断をする「経済人」という前提そのものが疑問視されるようになり，感情に突き動かされ不合理な意思決定をする「経済人」のイメージが提唱されている（ただし，バカン（Buchan, 2006）によると，これはすでにアダム・スミスが『道徳感情論』において論じているところであり，2002年にノーベル経済学賞を受賞したダニエル・カーネマンらの業績もアダム・スミスが残した「本当の問題」への取り組みと位置づけられるのだが）。ユング派分析家のロバート・ボスナック（Bosnak, 2004, 2007）はまさしく"Embodied Imagination"というタイトルの著書をまとめたが，半覚醒の状態で夢の世界に再入場する時の身体反応を重視する自らのドリームワークをエンボディド・ドリームワークと呼んでおり，さらにこれは演劇におけるトレーニングにも導入されている。音楽理論にも Embodied music cognitionという概念がある。このように，さまざまな領域において，「エンボディ」は関心を集めている。

II　心理療法における「身体」への関心

　それでは心理療法においてはどうだろうか。がん医療，特に緩和医療においては臨床心理士の関与が以前にも増して求められるようになってきたし，糖尿病などの慢性疾患や心身症においても臨床心理士が心理療法的アプローチを行う機会が増えている。また，藤見らが推し進めているプロセス指向心理学はもともとユングの増　幅（アンプリフィケーション）を身体症状に適応するところからはじまっているし，フォーカシングや動作法，ダンスセラピーなどでは「身体」が重要な意義を持っている。心理療法

はその対象としても学派の拠り所としても、以前にも増して身体に関心を注ぐようになっていると思われる。しかし、キー・タームとしてエンボディということに関心を注いでいるのは先に挙げたボスナックなど少数に留まっていると思われる。本稿では筆者の能力も紙数も限られているので、特定の学派や技法における身体の意義や心理療法の対象が身体疾患にも広がっていることについて論じるのではなく、エンボディという観点から心理療法を見直すことにしたい。試論の域を出るものではないが、議論が広がるきっかけになればと思う。

III ベース・チェンジの徴としての身体症状

具体的な例を挙げてみよう。摂食障害、自傷行為などを何とかしたいと来談された若年女性が、心理療法の経過の中で自然と夢について語るようになったが、ある時、怖い夢を見たといって、恐る恐る語られた。「……エレベーターに何人か乗っていて、エレベーターが下りるか上がるかする間に自分以外の人はみんな黒こげになってしまって、それがすごく怖かった」。実は、その少し前から、火事の夢とか火にまつわる夢をよく見ていたのであるが、この夢は特に強く印象に残ったようであった。その次の回、彼女は熱を出したとのことで面接はキャンセルとなったが、ちょうどその時筆者は下痢で体調を崩していた。その後も面接は続くが、後で振り返ると、この頃を境に面接の位相が変化したと思われた。

このような、心理療法の経過の中で生じてくる身体症状に早くから注目していたのは、山中（1991）で、「統合失調症から神経症圏にまたがる、広義のボーダーライン」の心理療法過程において、「いわゆる高度な精神症状からようやく脱却して、生きていてもいいかなと感じ始めるころ、今度は、鼻閉、便秘-下痢、尿閉などの心身症状を呈してくることが往々にある」と述べ、統合失調症の治療過程においても「しばしば、幻覚や妄想が消えた後、突然、奇妙な腫瘍ができたり、相当ひどい褥瘡ができたり、一過性に高熱を発したり、といった心身症状を経過することが多かった」と述べている。自閉症の心理療法過程においても、「これまで、この子、風邪をひいたことなど一度もありません」と言っていたのが、風邪をひいて面接がキャンセルとなったのをきっかけに母子関係が好転するといったことがしばしばあり、これらはベース・チェンジの徴と考えられている。

IV エン・ボディ

上に述べた筆者のケースの「発熱」も、ベース・チェンジの表れと捉えることはもちろん可能であるが、ここではエンボディという観点を導入してみよう。そもそもembodyという言葉はen（em）（「…の中に入れる」「…を与える」という意味の動詞を作る）という接頭辞とbody（身体）という言葉から成り、体の中に入れる、という意味と、体を与える、という意味がその語源にある。そこから、「〈精神〉に形体を与える」「…の霊性を奪う」「〈思想・感情などを〉具体的に表現する」「具体化する」「体現する」「人間［動物］の形で表わす」「一つの組織体としてまとめる、組織化［体系化］する」「〈組織体の一部として〉組み入れる、織り込む、包含する」（リーダーズ英和辞典）といった意味がうまれてくる。「身体性」と訳されることが多いようだが、これでは「体の中に」とか「体を与える」といったニュアンスが薄く、「具体」（体を具える）とか「体現」といった訳語が語感的には近いと思う。いずれにせよ、「体の中に」と「体を与える」という少なくとも二つの方向性を考えておくのがよいだろう。

ここで先のケースに戻るなら、発熱を、燃焼のイメージ（火事とか火にまつわる夢）のエンボディメントと捉えるということは、すなわち、火事とか火にまつわるイメージが「体の中に入った」というニュアンスがより強く出ることになる。それまで心の領域で生じていたことが体の中に入ってきたという感じであろうか。一方、「燃焼」の側に焦点を移すなら、彼女の中にある「燃焼」と

いうイメージが発熱という具体的な形を得て顕現したと見ることも可能であろう。あえてエンボディというタームを持ち込むことの意義はナラティブ論の立場と対照させることでより鮮明になると思われるので、次節でそれについて簡単に触れておきたい。

V　エンプロットメントとエンボディメント

ナラティブ論の立場からすると、出来事（火事の夢とか火にまつわる夢）と出来事（発熱）をつなぐことで物語（この場合は「燃焼物語」とでも呼べるだろう）の筋書きが形成される。これをエンプロットメントという。それぞれの出来事は同じ重みを持って筋書きの中に取り込まれることになる。

一方、エンボディメントという観点からみるなら、火事の夢のような心的な出来事は、発熱という身体の領域に流入しているため、あるいは、身体的な出来事に形を変えて、もしくは具体的な形を得て立ち現われることになると捉えられるため、それぞれの出来事は単なる並列というよりは、一方が他方に流入したり変容したりといった、より一歩踏み込んだ複雑な関係となる。

ナラティブ論の立場からすればエンボディメントも一つの物語ということになるのだろうが、エンプロットメントという場合、出来事は物語の中に吸収されてしまうという印象を受けやすい。これに対して、エンボディメントという場合、出来事が生じる舞台が変わったり出来事の現れ方が変容するという点に目が向きやすくなる、といえるのではないだろうか。

さらに、治療者の示す身体反応や身体症状も、エンボディという観点から眺めるなら、治療者側の心で受け止めきれず体に症状を出してしまったというような、心理的脆弱性を示すものとしてではなく、たとえば、治療者の方も身体という新たな舞台に入ったという徴として、あるいは相互変容のプロセスに入ったことの徴として捉えることも可能になるだろう。エンボディという観点を取り入れることで、治療者が示す身体症状にも新たな展望が開けるのではないだろうか。

文　献

Bosnak R (2004／岸本寛史・山愛美訳) ドリームワーク. 金剛出版.
Bosnak R (2007) Embodiment. Routledge.
Buchan J (2006) The Authentic Adam Smith.（山岡洋一訳 (2009) 真説アダム・スミス. 日経BP社.）
山中康裕 (1991) 子どもの心身症への理論的モデル試論——こころとからだの中間領域に挑む鍵. 季刊精神療法 17-2 ; 103-109.

編集後記
Editor's postscript

　近年，臨床心理学は教育，医療，司法，災害（被害者支援）など様々な現場にそのフィールドを広げ，心理臨床家の活動は社会にも広く認知されるようになりつつあります。そういう時にこそ，臨床心理の基本に立ち戻り，こちら側の枠組みに相手をはめるのではなく，「与えられた場と条件の中で，責任性を考えつつ，心理的援助を必要としている人に対し，全体状況との関連を視野に納めながら個別化された関わり方を模索すること」が大切であることを痛感いたします。

　このたび，『臨床心理学』では増刊号を刊行することになりましたが，創刊号はこのような問題意識をもとに，「対人援助の技とこころ」というテーマで，特集を組むことになりました。本特集の構成は次のようになっています。心理療法の基礎をなす基本姿勢を第1部で論じた後，第2部ではその枠組みと展開過程について詳しく吟味します。さらに第3部で関係性という視点から心理療法で生じる相互作用についての理解を深め，第4部で対人援助の実際を紹介しています。特定の理論や技法に焦点を当てるのではなく，現場で求められていることを汲み取り，個々の文脈を踏まえたうえで個別に対応していくことを追求していく上で助けになる渾身の論文が一堂に会しています。日々の臨床のお役に立つことを願っております。

（村瀬嘉代子・岸本寛史）

編集委員（五十音順）

進藤　義夫	高良　　聖	乾　　吉佑	神村　栄一	岸本　寛史	下山　晴彦
松木　邦裕	村瀬嘉代子	田中　康雄	津川　律子	鶴　　光代	針塚　　進
		森岡　正芳	山下　一夫	山田　　均	

編集同人（五十音順）

岡　　昌之	岡田　康伸	伊藤　良子	氏原　　寛	大塚　義孝	大野　博之
小谷　英文	滝口　俊子	亀口　憲治	河合　俊雄	北山　　修	倉光　　修
成田　善弘	成瀬　悟策	武田　　建	田嶌　誠一	鑪　幹八郎	田畑　　治
弘中　正美	藤岡　淳子	長谷川啓三	馬場　禮子	東山　紘久	平木　典子
山上　敏子	山中　康裕	藤原　勝紀	溝口　純二	宮田　敬一	村山　正治
		吉川　　悟			

査読委員（五十音順）

鹿毛　雅治	金沢　吉展	石井　秀宗	岩壁　　茂	遠藤　利彦	皆藤　　章
能智　正博	浜田寿美男	小山　充道	坂本　真士	武内　珠美	遠矢　浩一
		濱野　清志	廣中　直行	森田美弥子	安田　節之

対人援助の技とこころ ── 心理療法再入門
（たいじんえんじょのわざとこころ ── しんりょうほうさいにゅうもん）

臨床心理学　増刊第1号　2009年10月10日発行
定価（本体2,400円＋税）

発行所　………（株）金剛出版
発行人　………立石　正信
編集人　………藤井　裕二

〒112-0005　東京都文京区水道1-5-16
Tel. 03-3815-6661 / Fax. 03-3818-6848　振替口座　00120-6-34848
e-mail　rinshin@kongoshuppan.co.jp（編集）
　　　　eigyo@kongoshuppan.co.jp（営業）
URL　http://www.kongoshuppan.co.jp/

印刷……太平印刷社　　製本……坂田製本

精神科関連書 最新刊一覧

予測して防ぐ 抗精神病薬の「身体副作用」
Beyond Dopamine Antagonism　　長嶺敬彦

○抗精神病薬の作用と副作用のメカニズムを非常にわかりやすく紹介している(図解が豊富)。
○非定型抗精神病薬の種類によって、副作用の出方に特徴があることが、メカニズムの点からわかる(予測ができる)。
○身体副作用の徴候と、出現を防ぐ臨床的な工夫がわかる(症例も豊富)。
○統合失調症の病因と治療について、最新の学説がわかりやすく紹介されている。

●B5　頁206　2009年　定価2,520円(本体2,400円+税5%)[ISBN978-4-260-00835-8]

摂食障害　食べない，食べられない，食べたら止まらない　第2版
切池信夫

改訂版では、Introduction「はじめて摂食障害患者を診る医師のQ&A」を新設。巻末には、著者が実際の診療で使用している患者向けパンフレットを収載した。このほか、疫学と発生機序については最新データに改め、また臨床像として近年増加している「働く女性」を追加。治療については著者が実践している外来通院治療法を解説し、支持的精神療法や難治例についての記述も補充。薬物療法の内容も一新した。

●A5　頁256　2009年　定価3,570円(本体3,400円+税5%)[ISBN978-4-260-00818-1]

社会精神医学　編集=日本社会精神医学会

日本社会精神医学会の編集による定本的「社会精神医学」テキスト。歴史的事項から最新の社会病理現象までを網羅し、広範な他の学術領域とのつながりを詳述、時宜を得た刊行。精神科医はもちろん、精神保健医療福祉に関わるすべての関係者の必携書。

●B5　頁480　2009年　定価11,550円(本体11,000円+税5%)[ISBN978-4-260-00708-5]

精神科の薬がわかる本
姫井昭男

ざっと知っておきたい。大事なことだけ知りたい。副作用と禁忌だけは押さえたい——そんなニーズに応えます。「よくある質問への答え方」「患者さんへの説明のポイント」「副作用マップ」付き。

●A5　頁208　2008年　定価2,100円(本体2,000円+税5%)[ISBN978-4-260-00763-4]

統合失調症治療ガイドライン　第2版
監修=精神医学講座担当者会議　　編集=佐藤光源・丹羽真一・井上新平

精神医学講座担当者会議が監修する統合失調症治療ガイドラインの改訂版。病期別に薬物・身体療法、心理社会的療法を統合して提示した包括的治療ガイドライン。引用文献にはエビデンスレベルを明示、第2章「治療計画の策定」において治療オプションの推奨度を加えた。最近の新規抗精神病薬の詳細情報、認知行動療法、J-ACT、早期精神病など、最新トピックスが満載。日本の実情に即した記述で、日常臨床にすぐに役立つ実践的な内容。

●A5　頁352　2008年　定価4,935円(本体4,700円+税5%)[ISBN978-4-260-00646-0]

向精神薬マニュアル　第3版　融道男
●A5　頁496　2008年　定価5,460円(本体5,200円+税5%)[ISBN978-4-260-00599-9]

Beck&Beckの認知行動療法 ライブセッション　日本語版監修・解説=古川壽亮
DVD+BOOK
●DVD2枚組み+BOOK　四六変　頁204　2008年　価格9,975円(本体9,500円+税5%)[ISBN978-4-260-00650-7]

認知症早期発見のための CDR判定ハンドブック　目黒謙一
●B5　頁112　2008年　定価2,940円(本体2,800円+税5%)[ISBN978-4-260-00656-9]

気分障害　編集=上島国利・樋口輝彦・野村総一郎・大野 裕・神庭重信・尾崎紀夫
●B5　頁680　2008年　定価16,800円(本体16,000円+税5%)[ISBN978-4-260-00567-3]

精神科身体合併症マニュアル
精神疾患と身体疾患を併せ持つ患者の診療と管理
監修=野村総一郎　編集=本田 明
●B6変型　頁440　2008年　定価4,725円(本体4,500円+税5%)[ISBN978-4-260-00605-7]

内科医のための うつ病診療　第2版　野村総一郎
●A5　頁152　2008年　定価2,940円(本体2,800円+税5%)[ISBN978-4-260-00639-2]

パニック障害ハンドブック
治療ガイドラインと診療の実際
編集=熊野宏昭・久保木富房　編集協力=貝谷久宣
●B5　頁168　2008年　定価3,990円(本体3,800円+税5%)[ISBN978-4-260-00537-1]

医学書院　〒113-8719 東京都文京区本郷1-28-23　[販売部]TEL：03-3817-5657　FAX：03-3815-7804
E-mail：sd@igaku-shoin.co.jp　http://www.igaku-shoin.co.jp　振替：00170-9-96693

消費税率変更の場合、上記定価は税率の差額分変更になります。

新曜社

アナログ研究の方法
杉浦義典 著
臨床心理学研究法（シリーズ編者 下山晴彦）第4巻
たとえば、不安障害の患者のアナログ＝「等価な」「連続な」対象として不安傾向の強い健常者を研究対象とすることにより、治療に役立つ知見を得ることができる。まだ新しい方法であるアナログ研究の考え方から具体的な手法、研究例までをわかりやすく解説した日本で初めての入門書。
A5判並製288頁／3465円

職場のメンタルヘルス相談室
心のケアをささえる実践的Q&A
菅佐和子・相澤直樹・播磨俊子・北田雅・住田竹男 著
人が集まり働く場は「軋轢の増幅器」と化すのが常。性格・人間関係の問題から組織・社会の問題まで、どこにでも転がっている「仕事場の厄介事」に、こころの専門家が「かゆいところに手の届く」アドバイス。産業カウンセラーや団体の人事職に届けたい《実践的ヒント集》。
A5判並製224頁／2310円

カウンセラーのための法律相談
心理援助をささえる実践的Q&A
出口治男 監修／〈心理臨床と法〉研究会 編
「かえって悪くなった、料金を返せ」と訴えられたら？「いじめられているのは内緒に」と頼まれたのに学校に報告した結果いじめが悪化し不登校になったら？広い職域に浸透した心理相談員が日々突き当たる「壁」への対処法や、多彩な実例をもとに法律家とカウンセラーが徹底討論。
A5判並製208頁／2310円

医療における心理行動科学的アプローチ
糖尿病・ホルモン疾患の患者と家族のために
中井吉英 監修／内分泌糖尿病心理行動研究会 編
「患者中心の医療へのパラダイムシフト」が急務の今、患者の心のケアから栄養指導、運動指導や漢方などを総動員する次世代「チーム医療」の実際を紹介。医師から看護師、心理士、栄養士、理学療法士、薬剤師まで、医療従事者必携の《メディカルフロンティア》ハンドブック！
A5判並製280頁／2940円

記憶のゴミ箱
パールズによるパールズのゲシュタルトセラピー
フレデリック・パールズ 著／原田成志 訳
ゲシュタルトセラピーの創始者パールズの自伝的奇書、ついに邦訳！晩年の著者が自分の退屈感や過剰な自己顕示欲、のぞき趣味なども含めて、記憶の中のすべての出来事をとりだし表現することで自分自身の治療を試みた、ゲシュタルトセラピーの生きた入門書。
A5判並製376頁／3780円

株式会社 新曜社
〒101-0051 東京都千代田区神田神保町2-10 多田ビル ■電話03(3264)4973 FAX 03(3239)2958
E-mail info@shin-yo-sha.co.jp URL http://www.shin-yo-sha.co.jp/
（価格は税込）

ミネルヴァ書房

精神分析理論の展開
J.R.グリーンバーグほか著 横井公一 監訳
〈欲動〉から〈関係〉へ「対象関係」を座標軸に精神分析各派の成立と発展の流れを一望する。 7140円

関係精神分析の視座
S.A.ミッチェル著 横井公一ほか監訳
分析過程を取り入れながら関係性を語る新しい精神分析入門。分析過程における希望と怖れ 4410円

来談者中心療法
東山紘久編著
歴史や理論、技法などを学ぶ解説編と事例編の二部構成で、カウンセリングのあり方を学ぶ。 2100円

森田療法
北西憲二・中村敬編著
日本で独自に発展した心理療法である森田療法の理論とさまざまな症状に対する治療の事例を紹介する。 3360円

家族療法
亀口憲治編著
理論や技法を学ぶとともに、さまざまな現場での家族療法の考え方・視点を生かした臨床事例を紹介する。 2940円

内観療法
三木善彦ほか編著
内観療法の背景にある歴史や理論、活用の仕方などについて解説し、具体的な事例を多数紹介する。 3150円

シリーズ 臨床発達心理学（全5巻） ＊A5判上製カバー 各巻定価2940円

① **臨床発達心理学概論**
長崎 勤／古澤頼雄／藤田継道編著 ● 発達支援の理論と実際

② **認知発達とその支援**
田島信元／子安増生／森永良子／前川久男／菅野 敦編著

③ **社会・情動発達とその支援**
須田 治／別府 哲編著

④ **言語発達とその支援**
岩立志津夫／小椋たみ子編著

⑤ **育児・保育現場での発達とその支援**
藤﨑眞知代／本郷一夫／金田利子／無藤 隆編著

ミネルヴァ書房
〒607-8494 京都市山科区日ノ岡堤谷町1 ＊表示価格税込 目録呈
TEL 075-581-0296 FAX 075-581-0589 www.minervashobo.co.jp/

新・外傷性精神障害

岡野　憲一郎 著
Ａ５判320頁上製　定価 3,780円（税込）

目次抜粋● 外傷理論入門／「外傷理論」とは何か／外傷とは何か／精神分析における外傷理論／外傷性精神障害を知る／心的外傷後ストレス障害／解離性障害／外傷性障害としての境界性パーソナリティ障害／「外傷性精神障害」の再考／外傷概念の拡大と拡散／PTSDと解離の架け橋としてのASD／外傷性精神障害は「神経症」の一種なのか？／外傷性精神障害は「パーソナリティ障害」なのか？／レジリエンス／外傷性精神障害の治療／精神療法の基本的な考え方／全体的な治療プロセス　他

http://www.iwasaki-ap.co.jp

● 臨床と研究のあり方を問う渾身の書
臨床精神医学の方法
土居健郎著
四六判 200頁　定価 2,625円（税込）

● 哲学と臨床の両側面から本質をさぐる
フォーカシングの原点と臨床的展開
諸富祥彦編著
Ａ５判 304頁　定価 3,990円（税込）

● 精神病水準の不安と庇護【新装版】
ウィニコットと精神分析の記録
M.I.リトル著　神田橋條治訳
Ａ５判 128頁　定価 2,415円（税込）

● 対象関係論を学ぶ／立志編
精神分析体験：ビオンの宇宙
松木邦裕著
Ａ５判 248頁　定価 3,150円（税込）

● 初版より10年，待望の改訂版
改訂 精神科養生のコツ
神田橋條治著
四六判 232頁　定価 2,415円（税込）

● 学ぶことの関係性
学校現場に生かす精神分析●実践編
B.ヨーエル著　平井正三監訳
Ａ５判 224頁　定価 2,625円（税込）

〒112-0005 文京区水道1-9-2 I&Iビル2F　**岩崎学術出版社**　電話 03(5805)6623・代　FAX (3816)5123

「甘え」とスピリチュアリティ
土居健郎、フロイト、空海、そして「私」

熊倉　伸宏（元東邦大学教授）：著

「面接法」「精神疾患の面接法」「メンタルヘルス原論」シリーズ３部作に続き、土居健郎の「甘え」の理論の完結編。
「自由」の彼岸に何を見るか。
本書は、土居健郎「甘えの構造」の現代復刻版であり、その続編と言っても過言ではない。
土居健郎の愛弟子である著者が、「甘え」の理論研究から、フロイトの精神分析学、そして空海の著作へと辿り着いた。心の深奥を含み神秘性をもった自然への畏敬、時代と空間を超えて共有した大きな精神性、スピリチュアリティの世界を可視的なものとして世に問う問題作。

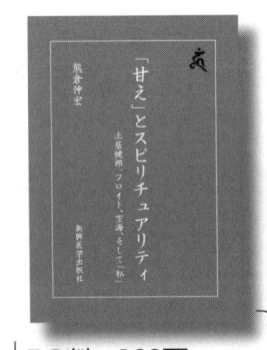

B6判　180頁
定価2,415円
（本体2,300円＋税5%）
ISBN978-4-88002-172-0

あわせて読みたい大好評の面接法シリーズ３部作

面接法
定価1,575円
（本体1,500円＋税5%）
ISBN978-4-88002-158-4

精神疾患の面接法
定価1,785円
（本体1,700円＋税5%）
ISBN978-4-88002-160-7

メンタルヘルス原論
定価1,785円
（本体1,700円＋税5%）
ISBN978-4-88002-162-1

株式会社 **新興医学出版社**
〒113-0033　東京都文京区本郷6-26-8
TEL. 03-3816-2853　FAX. 03-3816-2895
http://www.shinkoh-igaku.jp
e-mail: shinkoh@viola.ocn.ne.jp

● http://kongoshuppan.co.jp/ ●

新訂増補 子どもと大人の心の架け橋
心理療法の原則と過程
村瀬嘉代子著

本書には，ごく初歩的な面接の基本が平易に書かれているように見える。しかし，実践を積んだ臨床家であるならば，ここに書かれている基本の「徹底」こそが，あらゆる臨床課題の最大の骨子であることに気づくだろう。今回改訂にあたって，大正大学における「最終講義」を新たに収録した。

本書は，子どもの心理的援助を構造的に理論から実践まで論じた重要論文「子どもの精神療法における治療的な展開」を含む，著者の臨床の原点ともいうべき論集である。心病む人を援助するとは，セラピストの基本的条件とは何か，など心理療法についてのあらゆる課題にこたえる村瀬嘉代子の臨床の真髄がここにある。定価 2,940 円

心理療法がうまくいくための工夫
乾　吉佑・宮田敬一編

精神分析的心理療法，ユンギアン・サイコセラピー，ロゴセラピー，パーソン中心療法，フォーカシング指向心理療法，認知行動療法，人生哲学感情心理療法，グループセラピー，家族療法，ブリーフセラピー，イメージ療法，催眠療法，臨床動作法，TAゲシュタルト療法，統合的心理療法などさまざまな理論的立場に立つ著者たちが，技法や技法を越えて共有できる『うまくいくための工夫』を模索した画期的な一冊。各療法の歴史や特徴を踏まえつつ，臨床の最前線にいる臨床家が実例にもとづいて披露する「工夫」の数々が，若手のみならずベテランにとっても，日々の臨床で立ち止まったときにセラピーをスムーズに導いてくれるだろう。臨床家にただちに役立つヒントとアイデアが詰まったガイドブック。
定価 3,570 円

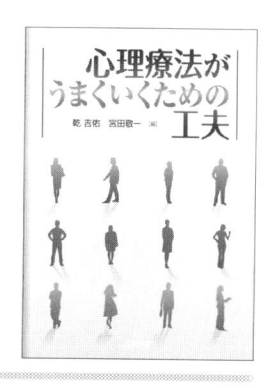

統合的アプローチによる心理援助
杉原保史著　統合的アプローチは、学派間の相違点と共通性を見極めながらその境界を越え、新たな理論的枠組を切り拓く。クライエントの求めに応える真のよき実践家の歩む道を示す好著。　2,940円

パーソナリティ障害の認知療法
J・E・ヤング著／福井　至，貝谷久宣，不安・抑うつ臨床研究会監訳　治療困難なパーソナリティ障害，慢性的な不安，抑うつの患者に有効な統合的アプローチ。巻末には数々の質問紙を収録。　2,730円

子どもの精神分析的心理療法の経験
平井正三著　ロンドンのタビストック・クリニックでの子どもの精神分析的心理療法の訓練の実際，そしてクライン派の理論と技法を，著者の解釈を通して懇切丁寧かつ平易に解説する。　3,570円

対人関係療法マスターブック
水島広子著　対人関係療法（IPT）の本格的な臨床指導書として，実際のケーススタディを通して読者がIPTの考え方・すすめ方をマスターできるように工夫されている。　2,730円

Ψ 金剛出版　〒112-0005　東京都文京区水道1-5-16　URL http://kongoshuppan.co.jp/
Tel. 03-3815-6661　Fax. 03-3818-6848　e-mail kongo@kongoshuppan.co.jp

（価格は税込（5％）です）

● http://kongoshuppan.co.jp/ ●

臨床実践としてのコミュニティ・アプローチ
窪田由紀著　コミュニティ心理学の発展とともに求められてきた臨床への応用が，精神科臨床や学生相談・学校臨床の現場での実践を中心に事例とともに描かれる。　3,570円

解決指向フォーカシング療法
B・ジェイソン著／日笠摩子監訳　自分と対話し〈今ここ〉を大事にする「フォーカシング指向心理療法」に，変化を提示し未来へ向かわせる「解決指向アプローチ」を統合する。　3,570円

子ども相談・資源活用のワザ
衣斐哲臣著　資源（リソース）を現場でどう有効活用するか。その「テクニック」とそこにある「考え方」を，初学者でもわかりやすいように，子どもと家族が直面する事例を通じて考える。　2,940円

認知療法の技法と実践
大野　裕著　精神分析的治療から統合的治療の中における認知療法へと到達した著者の精神療法経験を集大成。認知療法・認知行動療法の理論的基礎と臨床的応用の実際について述べる。　3,780円

精神分析の変遷
M・M・ギル著／成田善弘監訳／杉村共英，加藤洋子訳　さまざまな臨床的課題について，卓抜した論理的な思考力を持ち，誠実な臨床家であったギルを理解するための優れた臨床書。　3,570円

軽度発達障害
田中康雄著　「軽度発達障害」という深刻な「生きづらさ」に，診断による割り切りへの反省を携えながら，ともに繋がりあって生きることを目指してきた児童精神科医の中間報告。　3,990円

死刑囚と無期囚の心理（新装版）
加賀乙彦著　本名小木貞孝名義で刊行された名著が，読者の要望に応え，新装版として復刊！人が人を裁くとはどういうことか。拘禁反応を克明に論述し，改めて死刑制度の是非を問う。　6,090円

認知行動療法と構成主義心理療法
M・マホーニー編／根建金男，菅村玄二，勝倉りえこ監訳　エリス，マイケンバウム，ベック，ニーマイアー等，錚々たる執筆者が，基本的な認知心理療法を論じ，心理療法の統合への道を探る。　3,780円

犯罪・災害被害遺族への心理的援助
E・K・ライナソン著／藤野京子訳　Retelling（語り直し）という斬新な介入法を用いて，暴力死に遭遇した被害遺族を支援するための介入法をわかりやすく述べた実践書。　3,570円

スキーマ療法
J・E・ヤング，J・S・クロスコ，M・E・ウェイシャー著／伊藤絵美監訳　パーソナリティの問題をケアしていく統合的な認知行動療法アプローチ，スキーマ療法の全貌を述べる。　6,930円

必携 臨床心理アセスメント
小山充道編著　国内で利用される100弱の心理テストについて，詳細な解説と例，ワンポイント・アドバイス等が示される。この一冊ですべてがわかる心理テストの大全集。　8,925円

臨床心理アセスメント入門
下山晴彦著　全23回の講義を通して，臨床心理アセスメントの進め方を，最新の知見も交えて解説しており，総合的に心理的問題を把握するための枠組みが理解できる入門書。　3,360円

発達障害児への心理的援助
鶴　光代編著　発達障害児が抱える問題に対し，さまざまな観点からアプローチし，その解決の糸口を導く。第一人者の執筆陣がその心理的援助の可能性を探る臨床家必携の書。　2,940円

心理療法と生活事象
村瀬嘉代子著　実際の現場において使われる質の高い心理的援助には，学派を超えて通底するものがある。著者は，何気ない日常生活の中のやりとりにこそ，心理療法の骨子があると説く。　3,360円

Ψ 金剛出版　〒112-0005　東京都文京区水道1-5-16　URL http://kongoshuppan.co.jp/
Tel. 03-3815-6661　Fax. 03-3818-6848　e-mail kongo@kongoshuppan.co.jp

（価格は税込（5％）です）

● http://kongoshuppan.co.jp/ ●

子育て支援と世代間伝達
渡辺久子著　乳幼児期〜思春期の各段階で起こる問題を，母子の関係性の障害とし，その構造を「世代間伝達」の視点から捉えることで問題の理解と支援を説く。著者2冊目の論文集！　　　　3,360円

境界性パーソナリティ障害〈日本版治療ガイドライン〉
牛島定信編　厚生労働省が設置した研究班の6年間の成果を，一般の臨床家向けに書き下ろした。国内外のBPD治療を広く検討し，臨床現場で実践可能なガイドラインをめざす。　　　　3,570円

ロジャーズ辞典
K・チューダー，T・メリー著／岡村達也監訳　ロジャーズの思想とパーソン中心アプローチの全体像を，その理念にもとづいて，厳選された見出し語と有機的な構成により描き出す一つの試み。　3,780円

精神病の精神分析的アプローチ
松木邦裕・東中園聡編　統合失調症や非定型精神病などの精神疾患の臨床のなかで，いかに精神分析的心理療法による治療を進めていくかを，多くの事例をもとに論じる。　　　　　　　3,675円

子どもと若者のための認知行動療法ガイドブック
P・スタラード著／下山晴彦訳　認知行動療法（CBT）を，幼少期から思春期・青年期にかけての子どもにどう適用し，いかに回復に導くかについて書かれた実践的なガイドブック。　　2,730円

解決のための面接技法〈第3版〉
P・ディヤング，I・K・バーグ著／桐田弘江・他訳　実際に著者らとともに面接しているかのように解決構築のための技法が学べる本書は，格好の独習書となろう。大幅増頁の大改訂第3版！　5,040円

可能性としての心理療法
児島達美著　そもそも心理療法とは何だのだろうか。──多くの事例を通し，家族療法，ブリーフセラピー，そしてナラティヴへの変遷のなかにある心理療法の真髄を探る。　　　　　3,780円

PTSDの臨床研究
飛鳥井望著　多くの臨床事例をもとに，疫学研究，うつ病との合併例，診断基準，薬物療法，脳科学，トラウマ記憶，偽記憶をめぐる司法論争など，複眼的にPTSDへとアプローチする。　3,150円

ナラティヴ実践再訪
小森康永著　小児心身医学・一般精神医学・緩和ケアの3領域での著者の実践をなぞるように読みすすめることで，ナラティヴ・セラピーへのより深い理解を得ることになるであろう。　　　2,730円

やさしいベイトソン
野村直樹著　ベイトソン本人から学んだ人類学者が，その中核的な考えである「コミュニケーション論」をわかりやすく解説。ベイトソンのものの見方・考え方がよくわかる1冊。　　　　2,100円

解決志向アプローチ再入門
T・ピショー，Y・M・ドラン著／三島徳雄訳　初心者にもわかりやすく，経験者にも数々のヒントが得られる，ソリューション・フォーカスト・セラピーの入門書にして実践の手引き書である。　3,990円

家族のための心理援助
中釜洋子著　家族療法と個人療法の両立・統合を視野におきながら，家族・夫婦療法──特に家族合同面接を中心に，その理論と技法を多くの事例を用いながら解説する。　　　2,940円

発達障害と少年非行
藤川洋子著　わが国で初めて，少年犯罪における広汎性発達障害と犯罪特性との関係を論じた記念碑的研究を収録した，著者渾身の論文集。青少年の逸脱行動に関わるすべての臨床家必読の書。　3,360円

看護のための乳幼児精神保健入門
廣瀬たい子編著　乳幼児精神保健という概念と理論を用い，母親および家族とのパートナーシップの中で効果的な育児支援を実践し，それを理論化するための手がかりを示す。　　　　2,520円

Ψ 金剛出版　〒112-0005　東京都文京区水道1-5-16　URL http://kongoshuppan.co.jp/
Tel. 03-3815-6661　Fax. 03-3818-6848　e-mail　kongo@kongoshuppan.co.jp

（価格は税込（5％）です）

● http://kongoshuppan.co.jp/ ●

シュレーバーと狼男
J・グレン，M・カンザー編／馬場謙一監訳　人類の遺産ともいうべきフロイト症例（シュレーバー，狼男）を読み解く知的冒険の試み。　　　2,940円

詳解 子どもと思春期の精神医学
中根晃・牛島定信・村瀬嘉代子編　実践的臨床に役立つ内容を重視しながら，児童精神医学の領域の知見を広く深く集積したリーディング・テキスト。 21,000円

カウンセリングの心と技術
平木典子著　豊富な経験をもとに心理療法とジェンダー，アサーション，家族臨床などについて心理臨床のエッセンスと知見をわかりやすく解説。　3,675円

弁証法的行動療法
M・リネハン，A・ミラー，J・レイサス著／高橋祥友訳　思春期自傷行為や自殺行動にとくに効果のある心理療法についての最新の解説書。　　　　　6,825円

ナラティヴと心理療法
森岡正芳編　臨床心理におけるナラティヴをユング派的な物語論から思想的最前線にある構成主義まで多岐にわたって考察した論著を集めた最高の一冊。2,940円

新訂増補 青少年のための自殺予防マニュアル
高橋祥友編著／新井肇，菊地まり，阪中順子著　学校における相談体制，教師のバーンアウト対策にも言及し，現場で働く人々のニーズに応える。　3,360円

自傷と自殺
K・ホートン，他著／松本俊彦，河西千秋監訳　学校での調査から得られた実証的知見にもとづき，若年者に対する自傷・自殺予防活動のあり方を論じる。　3,780円

事実の治癒力
神谷信行著　非行・少年犯罪，いじめ，不登校など多くのケースを引用し，法律家の眼から現代の心の問題を読み解く。司法・心理に関わる臨床家必読。　　　2,940円

カウンセラー日誌
下司昌一著　教育相談室を舞台にした13の事例を紹介。著者の考えるカウンセリングのあり方を知り，カウンセリングの要諦にふれることができる。　2,310円

精神療法の工夫と楽しみ
原田誠一著　「臨床の場で現実に役に立つ精神療法」という視点から，さまざまな個人精神療法のアウトラインを整理し，重要テーマについて論及する。　3,780円

認知症と回想法
黒川由紀子著　老年期に固有な心理的課題，適切な介護，高齢者の心の理解とコミュニケーションなど多くの臨床的知見を，著者の経験を基に詳述。　3,150円

精神病理学の蒼穹
小出浩之他著／高岡健（小出浩之教授退官記念論文集編集委員会）編　精神病理学の可能性を一人ひとりが追求し，そのひろがりと到達点を示す論文集。　4,410円

サイコセラピューティックな看護
上別府圭子，森岡由起子編　心理学の理論に裏打ちされた精神療法的看護の道標として，看護と臨床心理の専門家によって編まれた実践手引き書。　2,520円

虐待サバイバーとアディクション
K・エバンズ，J・M・サリバン著　斎藤学監訳　白根伊登恵訳　多様な心理療法とAAアプローチを組み合わせ展開される統合的・実用的治療プログラム。　3,780円

セラピストと患者のための 実践的精神分析入門
O・レニック著　妙木浩之監訳　小此木加江訳　古典的精神分析理論の諸原則の意義を，セラピストと患者の相互作用のなかで再点検する。　　　　3,570円

精神分析的精神療法セミナー［技法編］
高橋哲郎著　精神分析的精神療法の新しい効果的な演習方法を公開。臨床実践の中で本当に使える技法と理論を学ぶことができる。　　　　　　　　3,780円

医療心理学実践の手引き
乾吉佑著　医療現場に力動的心理療法の視点を導入し，よりよい支援の方法が具体的に示されている。医療現場にかかわるすべての人に必読の一冊。3,150円

心理療法・失敗例の臨床研究
岩壁茂著　心理療法の失敗と治療関係の立て直しについての，実践と理論の両面から検討されたオリジナリティ溢れる臨床研究書。　　　　　4,200円

女性の発達臨床心理学
園田雅代・平木典子・下山晴彦著　さまざまな女性特有の心身の変化と，その背後にあるこころの課題や葛藤を，生涯を通じた発達の視点からとらえる。　2,940円

パーソナリティ障害治療ガイド
J・マスターソン，A・リーバーマン編　神谷栄治・市田勝監訳　著者らの長年の研究・臨床の成果に最新の臨床知見を加え，解説したBPD治療の入門書。　3,570円

説得と治療：心理療法の共通要因
J・フランク，J・フランク著　杉原保史訳　心理療法が共有する有効成分は何なのかという，心理療法における永遠のテーマを扱った名著の邦訳！　5,670円

子どもたちとのナラティヴ・セラピー
M・ホワイト，A・モーガン著　小森康永・奥野光訳　子どもたちやその家族とのセラピーの実践とアイデアが惜しみなく盛り込まれた1冊。　　　2,730円

医療専門職のための 研究論文の読み方
I・K・クロンビー著　津富宏訳　〈批判的吟味〉と言われる「読み方」を解説した，研究論文を科学的かつ合理的に読みこなすための手引き。　2,310円

学校臨床のヒント
村山正治編　実践に不可欠な知識やヒントをキーワードとして73にしぼり，ガイドとしても用語集としても使える学校教職員・心理職必携の一冊。　3,360円

弁証法的行動療法実践マニュアル
M・リネハン著　小野和哉監訳　境界性パーソナリティ障害に有効な治療の実際がコンパクトにまとめられた実用的な1冊。　　　　　　　　　　4,410円

抑うつの精神分析的アプローチ
松木邦裕・賀来博光編　5つの臨床論文を通して，「抑うつ」からくるさまざまな症状，そしてその背景にあるこころの葛藤が理解される。　　　　　3,780円

DV被害女性を支える
S・ブルースター著　平川和子監修・解説　和歌山友子訳　DV被害女性を支えるために必要な原則をわかりやすくまとめたガイドブック。　　　　2,730円

Ψ 金剛出版 〒112-0005 東京都文京区水道1-5-16　URL http://kongoshuppan.co.jp/
Tel. 03-3815-6661　Fax. 03-3818-6848　e-mail kongo@kongoshuppan.co.jp

（価格は税込（5％）です）

● http://kongoshuppan.co.jp/ ●

精神療法
JAPANESE JOURNAL OF PSYCHOTHERAPY

●隔月偶数月5日発売　●各号1,890円
●年間購読料 11,340円（送料不要）

●バックナンバーの詳細は営業部までお問い合わせください。
●定期購読のお申し込みは，何巻何号よりとご指定ください。
●全国書店・生協を通じても定期購読ができます。（版元定期・書籍扱いと書店にお伝えください）

第35巻第4号〈特集　薬物療法と精神療法〉

薬物療法と精神療法；総論 ……………………………………………………………………西園昌久
向精神薬と精神療法はヒト脳のどこに働きかけるのか——機能的脳画像の成果と限界——
　　　　　　　　　　　　　　　　　　　　　　　　　　　　　　　　　　田中徹平・黒木俊秀
不安障害における薬と精神療法 ………………………………………………………………越野好文
うつ病性障害における薬物療法と認知療法 …………………………………………………大野　裕
統合失調症における薬と精神療法 ……………………………………………………………池淵恵美
A-Tスプリットの利点と問題点——治療構造論を中心に——………………………………衣笠隆幸
思春期における薬と精神療法 …………………………………………………………………青木省三

〈エッセイ〉精神療法と薬物療法雑感：中村紀子／薬物療法と精神療法—医学教育の役割—：平安良雄／薬を飲むことの意味：野中　猛／服薬の心理・ことばの処方：中村　敬／プラシボー効果を上げるためには：牛島定信／私論「精神療法と薬物療法」：八木剛平／安易になされる子どもの薬物療法：山崎晃資／薬物療法と精神療法—わたくしの場合—：山上敏子

〈連載〉シリーズ／ケースの見方・考え方／精神分析臨床家の流儀／心理臨床スーパーヴィジョンほか
〈書評〉〈学会の印象〉など精神療法全域にわたる論文が満載

□既刊特集テーマ（詳細は営業部までお問い合わせください）

Vol.32 No.2　高齢者の心理的援助	Vol.34 No.1　障害者自立支援法と精神療法
Vol.32 No.3　うつ病態の精神療法	——保健・医療・福祉からの提言——
Vol.32 No.4　親面接・親相談再考	Vol.34 No.2　少年犯罪・非行と精神療法・その1
Vol.32 No.5　自殺予防	Vol.34 No.3　少年犯罪・非行と精神療法・その2
Vol.32 No.6　臨床の知——21世紀への提言——	Vol.34 No.4　精神科リハビリテーションと精神療法
Vol.33 No.1　精神療法・心理療法の統合	Vol.34 No.5　表現療法の可能性
Vol.33 No.2　トラウマの精神療法	Vol.34 No.6　精神療法と現代の母性
Vol.33 No.3　自己愛性障害の精神療法	Vol.35 No.1　家族の歴史を治療に活かす
Vol.33 No.4　アスペルガー症候群	Vol.35 No.2　解離とその治療
Vol.33 No.5　大学生のメンタルヘルスと学生相談	Vol.35 No.3　自閉症スペクトラムの人々の就労問題
Vol.33 No.6　精神科外来クリニック——精神療法最前線——	

Ψ金剛出版　〒112-0005　東京都文京区水道1-5-16　URL http://kongoshuppan.co.jp/
　　　　　　Tel. 03-3815-6661　Fax. 03-3818-6848　e-mail　kongo@kongoshuppan.co.jp

（価格は税込（5％）です）

対人援助の技とこころ――心理療法再入門

臨床心理学　増刊第1号　2009年10月10日発行
発行所　金剛出版　東京都文京区水道 1-5-16
定価（本体 2,400＋税）

ISBN978-4-7724-1100-4　　C3011　　¥2400E

臨床心理学

Vol.9 No.5　✣ 特集 **地域における自立支援再考**

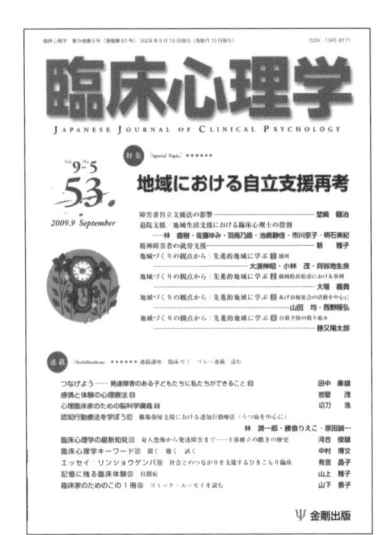

障害者自立支援法の影響 …………………………………………… 埜崎健治
退院支援／地域生活支援における臨床心理士の役割
　……　林　直樹・佐藤ゆみ・羽鳥乃路・池島静佳・市川京子・明石美紀
精神障害者の就労支援 ……………………………………………… 新　雅子
地域づくりの観点から ………………………… 大濱伸昭・小林　茂・向谷地生良
地域づくりの観点から …………………………………………… 大場義貴
地域づくりの観点から ………………………………………… 山田均・西野隆弘
地域づくりの観点から …………………………………………… 勝又陽太郎

● 好評連載　田中康雄「つなげよう――発達障害のある子どもたちに私たちができること」／岩壁茂「感情と体験の心理療法」／切刀浩「心理臨床家のための脳科学講義」／林潤一郎・勝倉りえこ・原田誠一「認知行動療法を学ぼう」／河合俊雄「臨床心理学の最新知見」／中村博文「臨床心理学キーワード」／有吉晶子「エッセイ：リンショウゲンバ」／山上雅示「記憶に残る臨床体験」／山下景子「臨床家のためのこの1冊」ほか，役に立つ論文が満載。

★ **好評発売中** ★

Vol.3 No.6 〈特集 心的外傷〉成田善弘 他	Vol.6 No.5 〈特集 対人援助職のこころの健康〉北山　修 他
Vol.4 No.1 〈特集 職場における心理臨床〉乾　吉佑 他	Vol.6 No.6 〈特集 母と子：周産期と乳幼児期への心理援助〉鑪 光代, 橋本洋子 他
Vol.4 No.2 〈特集 心理的援助と生活を支えること〉村瀬嘉代子 他	Vol.7 No.1 〈特集 心理臨床を学ぶ〉伊藤良子 他
Vol.4 No.3 〈特集 スポーツと心理臨床〉山中康裕 他	Vol.7 No.2 〈特集 描　画〉岸本寛史 他
Vol.4 No.4 〈特集 グループと心理臨床〉村山正治 他	Vol.7 No.4 〈特集 いじめと学校臨床〉森岡正芳 他
Vol.4 No.5 〈特集 子育て支援〉弘中正美, 三沢直子 他	Vol.7 No.5 〈特集 心理療法入門――各学派から見た1事例〉乾　吉佑 他
Vol.4 No.6 〈特集 被害者支援〉村瀬嘉代子 他	Vol.7 No.6 〈特集 箱庭療法の可能性〉伊藤良子 他
Vol.5 No.1 〈特集 不登校〉田嶌誠一 他	Vol.8 No.1 〈特集 河合隼雄――その存在と足跡〉伊藤良子 他
Vol.5 No.2 〈特集 体の病気の心理的援助〉岸本寛史 他	Vol.8 No.2 〈特集 コラボレーションとしての心理援助〉岸本寛史 他
Vol.5 No.3 〈特集 11歳から15歳の心的世界〉乾　吉佑 他	Vol.8 No.3 〈特集 性と性同一性――心理臨床の観点から〉北山　修 他
Vol.5 No.4 〈特集 痛みとそのケア〉森岡正芳 他	Vol.8 No.4 〈特集 自傷行為への対応と援助〉森岡正芳 他
Vol.5 No.5 〈特集 心理臨床と精神分析〉北山　修 他	Vol.8 No.5 〈特集 催眠と臨床応用〉鑪 光代 他
Vol.5 No.6 〈特集 統合失調症の心理療法〉伊藤良子 他	Vol.8 No.6 〈特集 がんと心理援助〉岸本寛史 他
Vol.6 No.1 〈特集 医療と臨床心理士〉河合隼雄 他	Vol.9 No.1 〈特集 心理学の実践研究入門〉下山晴彦 他
Vol.6 No.2 〈特集 学生相談〉鑪 光代 他	Vol.9 No.2 〈特集 日常臨床における危機対応〉乾吉佑 他
Vol.6 No.3 〈特集 中年期のこころ模様〉乾　吉佑 他	Vol.9 No.3 〈特集 子ども臨床において事実を分かちあう〉村瀬嘉代子 他
Vol.6 No.4 〈特集 10歳のころ――世界がひらかれるとき〉村瀬嘉代子 他	Vol.9 No.4 〈特集 パーソナリティ障害〉山田　均 他

● 欠号および各号の内容につきましては，弊社のホームページ（URL http://kongoshuppan.co.jp）に詳細が載っております。ぜひご覧下さい。
● Ｂ5判・平均150頁　● 隔月刊（奇数月10日発売）　● 一部 1,600円（税抜き）年間定期購読料 9,600円（税抜き）※年間定期購読のお申し込みに限り送料弊社負担
● お申し込み方法　書店注文カウンターにてお申し込み下さい。ご注文の際には係員に「2001年創刊」と「書籍扱い」である旨，お申し伝え下さい。直送をご希望の方は，弊社営業部までご連絡下さい。

Ψ 金剛出版　〒112-0005　東京都文京区水道 1-5-16　URL http://kongoshuppan.co.jp/
Tel.03-3815-6661　Fax.03-3818-6848　e-mail : kongo@kongoshuppan.co.jp